陈独秀的最后岁月

朱 洪◎著

中国出版集团
东方出版中心

目　录

引　子

　　陈独秀出生于 1879 年旧历八月二十四日辰时。两岁时，他失去父亲，十七岁时考取秀才第一名，一生只参加了一次举人考试，失败；随即闯关东，经历了国破家亡的流离；五次去日本，和章士钊一起办《国民日日报》，自办安徽第一份报纸《安徽俗话报》；辛亥革命中三度担任安徽省都督府秘书长，二次革命时在芜湖遇险，差一点被枪毙；1915 年创办《青年杂志》（《新青年》），高擎"文学革命军"大旗，力倡科学和民主，担任了北大文科学长，成为新文化运动的旗手和五四运动总司令，并被北洋政府逮捕，孙中山出面营救；出狱后由胡适的"问题"派转向了李大钊的"主义"派；1920 年发起成立中国共产党，连任五届中国共产党总书记；两个儿子陈延年、陈乔年先后在革命中牺牲；1927 年大革命失败后，他隐居上海，拒绝去莫斯科；因为和托洛茨基的关系，以及参加中国托派组织，1929 年 12 月被开除党籍。他个性倔强，拒绝去莫斯科出席中共六大，拒绝去苏联为自己开除党籍辩护。

　　作为教育家，他没有大学文凭；作为政治家，他先后被国民党、共产党、共产国际执行委员会、托派开除；作为人之父，儿子被杀，他不能够哭灵；女儿病死，他不能送葬；作为书生，生前没有出版社敢出一本他的学术专著；作为寄人篱下的外乡逃难者，他没有钱给自己预备一口棺材；作为"右倾投降主义者"，他的坟地在"文革"中被铲平，墓碑被砌到了村人的篱笆墙上。

本书开始的时候,曾坐牢三次的陈独秀,已步入了人生的最后十年。他是怎样怀着对人类的关注,对历史的关注,对文化的关注,以及对自己从前的回味,走完这段全靠朋友帮助的最后岁月的呢?

第一章　被捕与审判

(1932年10月～1933年5月)

1　被　捕

1932 年 10 月 15 日,星期六,傍晚,秋末的落日已徐徐西沉,上海岳州路永吉里 11 号一片寂静。几年前同居一起的年轻的女工潘兰珍,因为和陈独秀吵嘴,带着养女回南通的娘家去了。陈独秀一个人借着黄昏的微弱光线,吃力地看着当天的报纸。这时传来了急促的敲门声。

陈独秀脸色灰白,这个地方很少有人知道,而且敲门声也不对呀? 下午,濮德治等人在开会,自己因为胃病没有去,难道出事了? 但此时已无退路,他只好硬着头皮打开门,应声涌进了好几个来自上海公安局总巡捕房政治部和嘉兴路巡捕房的中西探员。

自去年 5 月 1 日,托派举行了"中国共产党左派反对派统一大会"后,托派组织连遭两次大破获。第一次是去年 5 月 23 日,逮捕托派中委郑超麟、王文元、陈亦谋、宋逢春、濮德治、何资深等十三人。第二次是去年 8 月,逮捕了宋敬修、尹宽、蒋振东、金鸿图、孙玉杰等人。

见陈独秀穿淡蓝色哗叽长衫,面色清癯,留有微髭,是一个手无缚鸡之力、面黄肌瘦的老书生,进来的几个人松了一口气,亮出了法院的搜查票及拘票,说是奉法行事,要陈独秀跟他们走。陈独秀说:我一身病,怎么上得了公堂?捕头说:有病不要紧,我们送你去医院。

陈独秀见拗不过去,转身找了一顶淡黄色呢帽,戴在花白的头发上,镇静了一下,神色安闲地和捕快出了门。陈独秀暗自思忖,这回完了。蒋介石已杀了他两个儿子,这回该轮到他了。蒋介石杀了那么多共产党人,单去年就杀了邓恩铭、恽代英、蔡和森、邓演达,自己是蒋介石通缉的首犯,这回在劫难逃了。但他不怕死,自1927年大革命失败后,陈独秀一直过着心惊肉跳的日子,吃不饱,穿不暖,东躲西藏。抓起来,无非一死了之。在两个儿子和女儿相继死后,陈独秀对生命看得很淡,对将来更没有什么幻想了。

巡捕房的人将陈独秀桌上和抽屉里的文件材料,一起放入纸箱中,搬到了红皮钢甲车上。门外已是黑暗一片,路上异常冷清。门前裁缝店的小老板伸了一下头,又赶紧缩了回去。“街坊犹唱别离歌”,身后传来的闩门声,叫陈独秀想起了南唐后主李煜的词。

到了嘉兴路捕房,陈独秀发现,彭述之(湖南人)、谢德盘(广东人)、罗世凡(安徽人)、濮德治(安徽怀宁人)、宋逢春(河北人)五人也关在里面。彭述之是中共四大中央局成员,一直追随陈独秀,也一起被开除党籍。为了侥幸过关,彭述之化名张次南,罗世凡化名王兆群,宋逢春化名王武。

原来这天下午二时半,这几个人在东有恒路春阳里二十号谢德盘家开托派常委会,每个人手里拿着一支笔,一个笔记本,突然一下子冲进来许多人将他们逮捕。濮德治被逮捕后,懊悔不及,他心里清楚,问题出在费克勤身上。

前几天,濮德治妻子张颖新在路上碰到费克勤,因是留苏同学,冒冒失失带她回家,正巧陈独秀在濮德治家。陈独秀发现这个女的眼神不对,鬼鬼祟祟,事后赶紧叫濮德治搬家。于是,濮德治立即搬到法租界圣母路商福里222号。费克勤已经知道濮德治在上海招商局工作,见濮德治搬了房子,起了疑心。这天下午被捕上车时,濮德治看见,费克勤在车子后面鬼头鬼脑的。

这次抓捕托派,无意中抓到了陈独秀,除了费克勤盯梢,还有国民党特务黄麻子及原托派组织"战斗社"成员解叔达、徐乃达,他们一起卖力。抓住陈独秀后,这些人获三万元奖金。

2 押 赴 南 京

陈独秀抓进捕房后,和濮德治关押在一起。

二十九岁的濮德治是安徽怀宁人,与陈独秀是亲戚。陈独秀母亲姓查,濮德治的母亲也姓查,是堂姐妹。陈独秀母亲比濮德治母亲大二十多岁,陈独秀比濮德治大二十岁。按辈分,他们是老表,按年龄,濮德治把陈独秀看成长辈。濮德治曾去日本早稻田大学读书,回国后在安庆一家中学任教一年。他爱好戏剧,后到上海从事文艺活动,参加了南国社。大革命失败后,濮德治参加了托派活动,并在第一次托派机关破获时被逮捕。濮德治保释后,陈独秀为了帮他找工作,1932年3月24日给蔡元培写了一封信,请霞飞坊72号柏烈武转。收到陈独秀的信,蔡元培将濮德治介绍给中大罗志希(罗家伦)、暨大沈鹏飞、商学院裴复恒等校长。后来,濮德治辗转在招商局找到了工作,任月刊编辑,月薪一百五十元。这次被捕,是第二次被捕。濮德治的性格是艺术家型的,王凡西说他的性格有些轻浮。

陈独秀纳闷,自己没有参加会议,住的地方偏僻,费克勤是肯定不知道的,怎么自己也被捕了呢? 而且,时间这么靠近,他们下午被逮捕,自己傍晚就被捕了。难道出了叛徒?

陈独秀问濮德治:你们五个人抓来后,可分开过? 濮德治说,我们抓来分开提审,谢小珊(德盘)才二十岁,提审的时间最长,回来后一直是恍恍惚惚的。陈独秀吃了一惊,看了谢德盘一眼,谢德盘正拿眼在看他们。陈独秀明白了,说,这孩子胆小。

到了夜里,梁有光、王晓春也被抓来了,两人在梁有光新闸大通路斯文里1044号被抓。王晓春因跳窗逃跑,被抓后挨了拳脚,身上青一块、紫一块的。10月16日,王子平、何阿芳两人在唐山路业广里335号被捕,王鉴堂在法租界福履理路建业里22号被捕。现在,陈独秀和濮德治等人相信,谢德盘叛变了。他是托派中常委秘书,只有他知道这么多人的地址。

1932年10月17日,陈独秀一行人被押到江苏高等法院第二分院。上海公共租界将搜到的十箱文件书籍,也随汽车送到。每个犯人前胸缀了一个号码。陈独秀前胸缀了个"6"字,因他是继彭述之、谢德盘、罗世凡、濮德治、宋逢春五人被捕后,第六个被捕。关押期间,侦缉队队长慕陈独秀的大名,请陈独秀写字。陈独秀写了"还我河山"和"先天下忧而忧"两幅字。

江苏高等法院第二分院审讯时,赵镇镗推事升座第一法庭,捕房律师厉志山陈述破案经过后,提出依据《民国紧急治罪法》第二条第二款及同法第六条起诉,但有关事项尚须调查,要求改期会审。陈独秀来前被送到医院看病,因病不重,仍来受审,赵镇镗允许他坐下。其他人仍一旁站着。

简单的会审后,法院即将情况告诉了上海市长吴铁城。吴铁城对如何处置陈独秀,不敢擅自做主。18日用快电报告了南京行政院。南京接到吴铁城电报后,立即下令将陈独秀、彭述之两人押解南京。当时汪精卫辞职赴德国,蒋介石在武汉。吴铁城命令上海公安局去火车站严加警戒,闸北五区警署临时安排保安大队一个排兵力在上海北站特别警戒。晚上,上海公安局将陈独秀、彭述之武装押解到北站,乘十一时夜车押解到南京首都卫戍司令部讯办。

在火车上,陈独秀对彭述之说:到南京凶多吉少,在上海是民事法庭,到南京是军事法庭。火车开出上海不一会,陈独秀便迷迷糊糊地睡着了,听着陈独秀悠然自得的鼾声,彭述之怎么也睡不着了。第二天清晨,陈独秀见彭述之脸色苍白,一夜未眠,说:你才三十几岁,来日方长,不要想许多。我已是半百老人,已无所求。

　　火车到南京,国民党中央组织部黄凯等人接车,交南京十凜巷军法司收押。

　　国民党中央组织部在转押陈、彭二人给军政部军法司时,拨洋一百元作备用金。陈独秀知道自己有特殊待遇,对中央党部的人提出要见蒋介石、陈立夫,他不知道蒋介石在武汉,来人答应转告上面。隔日,黄凯带上陈、彭案卷材料,赴武汉向蒋介石汇报情况。当时蒋介石以五十万军队,对中央苏区正进行第四次"围剿"。

3　移交法院公开审判

　　大革命失败后,陈独秀被汪精卫、蒋介石通缉,躲避在上海,音信全无,朋友们几乎把他忘记了。陈独秀被捕见报后,舆论大哗。

　　1932 年 10 月 21 日,在北京的胡适给在南京的中央历史研究所所长傅斯年写信说:"仲甫事,此间朋友均极盼公主持营救,能商请刘崧生、汪子建为主持辩护否? 送上《新青年》一至七卷。顷检《独秀文存》中,所收甚完全,而检读较方便。"刘崧生、汪子建是大律师,胡适希望法院审判陈独秀,帮助老朋友找一个好律师。

　　10 月 22 日,林语堂给蔡元培写信:

　　　　陈仲甫被捕,外间舆论皆谓此人不当杀,特无人敢说话。今已准许谒蒋,性命似可无虞,然亦在外间空气如何耳。堂与杏佛先生议,学界同人应以文化立场出来说话,况牛兰营救如彼,而对有文化贡献之国人,反漠然若此,似为失体。杏佛先生已经同意。本午亚子来电,亦谈此事。兹已由彼拟就电稿。如蒙同意,请斧正,交夫人转下。杏佛已允签名以外,学界列名,当亦不少。①

---

　　① 高平叔著:《蔡元培年谱长编》下(1),第 640 页,人民教育出版社,1998 年版。

10月24日,胡适给在上海的蔡元培发了一份电报:"请就近营救陈独秀。"接林语堂手札和胡适电报后,蔡元培、杨杏佛、柳亚子、林语堂、潘光旦、董任坚、全增嘏、朱少屏八人快邮代电,致国民党中央党部、国民党政府,为陈独秀说情:

> 南京中央党部、国民政府钧鉴:
>
> 闻陈独秀于卧病中被捕解京,甚为系念。此君早岁提倡革命,曾与张溥泉、章行严同办《国民日日报》于上海;光复后,复佐柏烈武治皖有功;而五四运动时期,鼓吹新文化,对于国民革命,尤有间接之助,此非个人恩怨之私所可抹杀者也。不幸以政治主张之差异,遂致背道而驰。顾其反对暴动政策,斥红军为土匪,遂遭共党除名,实与欧美各立宪国议会中之共产党议员无异。伏望矜怜耆旧,爱惜人才,特宽两观之诛,开其自新之路,学术幸甚,文化幸甚,临电不胜惶恐待命之至。①

上述电文在10月24日《申报》发表后,国民党南京市党部通电全国,呈请至于依法惩办陈独秀,并蔡元培等人是"为反动张目"。

因蔡元培、胡适等人的呼吁,杜威、罗素、爱因斯坦也拍来电报,请蒋介石放陈独秀。国内国际舆论果然发生了作用,在确信陈独秀已被共产党开除出党,并曾写文骂红军是"匪"以后,在武汉督促第四次"围剿"江西红军的蒋介石同意将陈独秀案移交法院公开审判,给了胡适等人顺水人情。10月22日,蒋介石让秘书陈布雷给翁文灏、胡适等人拍电报(养电):"北平翁泳霓先生并转胡、丁、任、顾、傅、唐诸先生同鉴:陈独秀案已电京移交法院公开审判矣。"

10月25日下午三时,军部何应钦请军法司司长王振南带陈独秀到他

---

① 强重华等编:《陈独秀被捕资料汇编》,第138页,河南人民出版社,1982年版。

办公室,告诉陈有关蒋介石来电内容,陈独秀表示感谢。何应钦问陈独秀,可知赣鄂共产党暴动情况。陈独秀答,均为干部派指挥,与我无关。何应钦请陈独秀谈谈他的托派活动和政治主张,陈独秀表示赞成开国民会议解决中国的大政问题,主张武装民众抗日,认为联俄抗日比联英美有利。两人谈了两个小时。何应钦请陈独秀题字,陈独秀写了"三军可夺帅也,匹夫不可夺志也"几个字。①

因为蒋介石、何应钦都表示由法院来办陈案,军法司也不愿作恶人头。王振南答应借一套《水浒》给陈独秀看,他在就接受记者采访时表示,一接到通知,就将陈、彭移交江宁地方法院。

陈独秀回到南京十禀巷军法司,情绪好转,大约生命无虑了。这时监狱办事人员送进来一张条子,说:"一位女士自称是你的家属,求人来见你,我们没有同意,她便写了一张条子。"陈独秀接过一看,是"特来探问未见,王哲亚"九个字,估计某位同志的妻子化名探望。陈独秀情绪更好,胃口大开,晚上多喝了两碗稀饭。彭述之见陈独秀情绪好,自己情绪也跟着好了起来。

4　江宁地方法院候审

1932 年 10 月 26 日上午十时,陈独秀和彭述之两人乘大卡车,被移解到江宁地方法院。院子平列三间房子,分为三号。其中一号是为该所法医办公室,二号是优待室,无人羁住。江宁看守所所长龚宽见陈独秀有来头,而且,加上他的案子类似牛兰,将他和彭述之送到主犯人病室二号房暂住。因彭述之一只眼睛患病,曹法医给他的左眼洗涤,包上硼酸纱布。曹法医,是记者曹聚仁的三妹。曹法医给彭述之看了眼睛后,又给陈独秀看了胃,并允许他到室外散步。

---

① 王树棣等编:《陈独秀评论选编》下,第 303 页,河南人民出版社,1982 年版。

二号房室内清洁宽敞,光线充足,放两张行军床,床上有铺盖。室内窗下有一张方桌,二只方凳,另有一个洗脸架。龚宽告诉陈独秀,这里先前是牛兰住的房间。陈独秀知道牛兰的案子,听了看守所所长的话,和彭述之对望了一下,点点头。

瑞士人牛兰是"赤色救难会"驻沪代表,1894 年出生于乌克兰,被共产国际派到中国,1931 年 6 月 15 日在上海公共英国租界被逮捕,8 月 10 日移交给国民党军事当局。1932 年 8 月 19 日,判处牛兰夫妇死刑,减判无期徒刑。

《晨报》记者 10 月 29 日下午要到看守所采访陈独秀和彭述之。陈独秀身穿灰布棉袍,棕色裤,正在房间徘徊,等候记者的到来。看他的神色,好像已经不生病了。彭述之也穿了件灰布棉袍,蓝色裤子,正仰卧在床上,左眼包了纱布,像个独眼龙。

记者问陈独秀:"在狱中有何感想?"

陈独秀说:"在狱之人,他无所望,唯一要求,即望当局予以公开审判。"

"你对南京有什么看法?"

"我有二十年未到南京,见各处之建设及商业之繁盛,真胜其百倍,在此国难日亟之时,政府仍能努力发展建设,此点实为国家前途庆幸。"辛亥革命失败后,陈独秀和柏文蔚一起到南京小居过。他赞美政府,算是蒋介石把他移交法院审判的回报。

"开庭时是否请律师代辩?"

"无钱。"陈独秀说。谈到章士钊、张耀曾、董康、郑毓秀等律师要给自己辩护,陈独秀说,此非法律事,是政治问题,请不请律师,尚未定下来。他的意思,自己的问题是政治问题,不是民事法律问题。郑毓秀(1891 ~ 1959),1925 年获巴黎大学法学博士,丈夫魏道明抗日战争时期接替胡适任驻美国大使。

记者又问了一些彭述之问题,见彭述之不断咳嗽,面呈倦容,又转问陈独秀。

隔日，龚宽告诉陈独秀，奉江苏高等法院检察官朱隽之命，在质查期中，陈独秀和彭述之不能接见客人，也不能有书信往来。陈独秀听了，心情晦暗。过了几天，龚宽见陈独秀沉闷，同意他和彭述之看中央军校出版的各种军事丛书。

10月底，高君曼生前好友刘梦符(赵畏天夫人)来看陈独秀。这次，龚宽放松了条件，允许外界来探望陈独秀。见到陈独秀，刘梦符谈了一些高君曼生前情况，令陈独秀伤感了一阵子。临走，陈独秀写了一个条子，请她设法交给吴静如。当时刘静贞化名吴静如，每月从上海到南京，探视军人监狱中的丈夫郑超麟。陈独秀希望建立和外界的联系，包括和上海的托派成员的联系。

刘静贞(吴静如)来时，拎着一盒饼干、几斤苹果。她比郑超麟小一岁，生于1901年，这年三十一岁。她戴着眼镜，圆圆的脸庞，看上去很文静，像一个知识女性。

贺贤深(何资深)关在中央军人监狱，和陈独秀一样，患了肠胃病，陈独秀请刘梦符带了一位医生去监狱替他看病，并给郑超麟看病。当时，郑超麟身体没有病。但他希望经常有人来看他，消磨时光。

5　已能照常写字读书了

蒋介石同意将陈独秀交司法审判后，罗文干没有立即将蒋介石的电报转给胡适，他是希望胡适因陈独秀的案子来南京一趟。1932年10月28日晚，罗文干给胡适回信说："岂知你太可恶，复电不来。"

胡适没有专程到南京看陈独秀，而是用另外的形式帮助陈独秀。10月30日，胡适在北大国文系讲演一科作了《陈独秀与文学革命》的演讲。这篇演讲文字当天和次日在北平《世界日报》上发表。演讲中，胡适谈了陈独秀对新文化(文学)运动的贡献及原因。陈独秀被捕了，关在监狱里，

出于同情和感念,胡适大谈老朋友对于文学革命三大贡献:

一、由我们的玩意儿变成了文学革命,变成三大主义。

二、由他才把伦理道德政治的革命与文学合成一个大运动。

三、由他一往直前的精神,使得文学革命有了很大的收获。①

谈到陈独秀对新文学运动贡献的原因,胡适谈了三点,一是陈独秀有充分的文学训练,旧文学很有根底;二是受法国文化影响大,其英文、法文都可以看书;三是受自然主义影响最大。

北大毕业生段锡朋在南京国民政府教育部任处长,他于11月3日给胡适写回信,谈到为陈独秀请律师一事。他写道:"蔡先生来函称汪有龄律师亦愿任辩护云。顷弟走访仲甫先生,彼云辩护事已委托章行严先生及另一位彭先生,其实案情亦不过如是,烦请律师过多,或转易间无谓之注意。惟深感先生之厚意,并乞代为谢谢刘律师云云。"

陈独秀看报,见胡适在北大发表演讲,介绍自己,非常感动。12月1日,陈独秀在南京给胡适写了一封信,说:

此次累及许多老朋奔走焦虑,甚为歉然。梦麟先生北返,当已详达鄙状。日来贱躯比梦麟先生到此时更好一点,已能稍稍吃饭与肉了,已能照常写字读书了,特此告慰故人。

审判约在本月底,计尚有月余逍遥。判决后,以弟老病之躯,即久徒亦等于大辟,因正式监狱乃终日禁闭斗室中(牛兰现在即是这样的生活),不像此时在看守所中尚有随时在室外散步及与看守者谈话的自由,狱中购买药品和食物当然更不方便。所以我以为也许还是大辟爽快一点,如果是徒刑,只有终日闷坐读书,以待最后。如果能得着纸

---

① 胡适著、季羡林主编:《胡适全集》,第12卷,第232页,安徽教育出版社,2003年版。

笔,或者会做点东西,现在也需要书看以销磨光阴。梦麟先生前曾送来几部小说,惟弟近来对于小说实无丝毫兴趣,先生能找几本书给我一读否?

　　……

　　存尊处的拼音文字稿,我想现在商务可以放心出版了,倘商务还不敢出版,能改由孟真先生在研究所出版否? 弟颇欲此书能早日出版,能够引起国人批评和注意。坑人的中国字,实是教育普及的大障碍,注音字母这一工具又太不适用,新制拼音文字,实为当务之急,甚望先生能够拿出当年提倡白话文的勇气,登高一呼。拙著至浅陋,只是引龙出水的意思而已。

　　先生著述之才远优于从政,"王杨卢骆当时体,不废江河万古流",近闻有一种传言,故为先生诵之,以报故人垂念之谊。①

"梦麟先生北返,当已详达鄙状。"指北大校长蒋梦麟该年 11 月来看过陈独秀,带来几部小说;"牛兰现在即是这样的生活",此时,牛兰也幽闭在单独房间。1937 年 8 月 27 日,日军炮轰南京时,牛兰夫妇才出狱。

陈独秀没有兴趣读蒋梦麟送的小说,希望胡适借几本书,如英文亚当·斯密的《原富》、英文李嘉图的《经济学与赋税之原理》、英文马可波罗的《东方游记》、崔适的《〈史记〉探源》以及甲骨文的有关著作。读小说,与现实太近,叫陈独秀很痛苦;读英文版著作和古籍以及古代文字,可以远离现实,减少幽禁之苦。

"存尊处的拼音文字稿",指陈独秀 1929 年 3 月写成的《中国拼音文字草案》(《国语稿本》)。他在人生低谷时期研究中国文字(汉学),一来打发时间,赚点生活费,此外,中国文字长期被用作八股文,影响了普及,也不容易造新字,虽然发明了注音字母,但不如日本的假名便当。研究文字,或

---

　　①　陈独秀著、水如编:《陈独秀书信集》,第 467~468 页,新华出版社,1987 年版。

许是中国文字走上拼音文字的过渡。他将书稿交胡适,请他推荐给商务出版,因自己被通缉,出版社不敢出。现在,或许可以出版了。

"王杨卢骆当时体,不废江河万古流"是杜甫《戏为六绝句》之一,原诗是:王杨卢骆当时体,轻薄为文哂未休。尔曹身与名俱灭,不废江河万古流。陈独秀将首尾两句联在一起,成了集句了。

6 第一次开庭

1933 年春天,陈独秀接到江苏省高等法院起诉书。朱隽检察官为准备《起诉书》,翻阅了十箱材料。他给陈独秀定的罪名是:

> 陈独秀作为共产党左派反对派一党之首脑,宣传共产主义,攻击国民党政府。察该被告所为,仅只共产主义宣传,尚未达于暴动程序。然以危害民国为目的,集会组织团体,并以文字为叛国宣传,则证凭确实,自应令其负责。①

为了这次法庭辩论,陈独秀 2 月 20 日写成《辩诉状》。他在开头写道:

> 予行年五十有五矣,弱冠以来,反抗帝制,反抗北洋军阀,反抗封建思想,反抗帝国主义,奔走呼号,以谋改造中国者,于今三十余年。前半期,即"五四"以前的运动,专在知识分子方面;后半期,乃转向工农劳苦人民方面。盖以大战后,世界革命大势及国内状况所明示,使予不得不有此转变也。②

---

① 强重华等编:《陈独秀被捕资料汇编》,第 159 页,河南人民出版社,1982 年版。
② 陈独秀著、任建树等编:《陈独秀著作选》,第 3 卷,第 315 页,上海人民出版社,1993 年版。

专在知识分子方面,指新文化运动;转向工农劳苦人民方面,指成立中国共产党。这是他对于自己半生事业的总结,即做了两件事情,一是发起了新文化运动,做了知识分子的工作;一是发起了中国共产党,做了工人和农民的工作。

陈独秀认为,他的一生言论行动,光明磊落。自己无罪,无非因为拥护中国民族利益和大多数劳苦人民而开罪于国民党。在谈了国民党仇视"彻底反对帝国主义、反对军阀官僚、始终努力于最彻底的民族民主革命的共产党人",在日本帝国主义方夺取山海关,急攻热河的时候,却集中军队于江西,围剿共产党之后,陈独秀写道:

予唯有为民族为民众忍受一切牺牲,以待天下后世之评判。若于强权之外,复假所谓法律以入人罪,诬予以"叛国"及"危害民国",则予一分钟呼吸未停,亦必高声抗议:法院若不完全听命于特殊势力,若尚思对内对外维持若干司法独立之颜面,即应毫不犹疑的宣告予之无罪,并判令政府赔偿予在拘押期内之经济上的健康上的损失![①]

这么一来,陈独秀把代表了国民党一党利益的法庭对自己的审判,变成了公开揭露国民党出卖国家和民族利益,批评中国法庭无司法独立,以及宣传自己为了民族和民众利益不惜牺牲一切的场所。

4 月 14 日上午九时,江宁地方法院在法刑二庭第一次开审陈独秀等人。审判长胡善俪及推事、检察官、书记官五人升座,章士钊等五位律师入辩护席,然后带入陈独秀等十人。去年 11 月初,陈独秀确定了章士钊等人为自己辩护律师,婉言谢绝了胡适为自己请的另外几位律师。章士钊在上海开设律师事务所,他免费为一起留学日本的老朋友陈独秀辩护。

---

① 陈独秀著、任建树等编:《陈独秀著作选》,第 3 卷,第 321 页,上海人民出版社,1993 年版。

闻讯前来参加公审各界人士百余人,挨肩擦背,挤满了旁听席。留着短短胡髭的陈独秀面色红润,已无病容。他被带进法庭后,四面瞻顾、神情自若。

审判长胡善偁先问陈独秀的姓名、年岁、籍贯,以及前期行止后。

问:当时共党之活动,第三国际态度如何? 是否满意。

答:无所谓满意不满意。

……

问:何时被开除?

答:记不清,大约在民国十七年十八年。

问:为何被开除?

答:因意见不同。

问:被开除后做何事?

答:未做事。

问:共党分几派?

答:分托洛斯基与史他林(斯大林)两派。

……

问:对于红军主张如何?

答:红军为特别组,要先组织苏维埃政府,照现在状况尚用不着红军。共党理论,先要有农工为基础,待有政权,才需要有军队。

……

问:又《告党内同志书》一文,内有当共党欲实行暴动,曾有信去指说现在尚未至革命高潮,国民政府尚不能崩溃,徒使党离开民众,应请改变政策等语。是否是你做的?

答:是有的。

问:中国共产党反对派即托派最终目的如何?

答:世界革命,在中国需要解放民众,提高劳动者生活,关于夺取政权,乃当然的目的。

　　……

　　问:与皖湘闽赣等省共党不能合作,是否因政策不同?

　　答:是。

　　……

　　问:被捕十人中,有几人认得?

　　答:以政治犯资格,不能详细报告,作政府侦探,只能将个人情形报告。

　　问:何以要打倒国民政府?

　　答:这是事实,不否认。至于理由,可以分三点,简单说明之:(一)现在国民党政治是刺刀政治,人民即无发言权,即党员恐亦无发言权,不合民主政治原则。(二)中国人已穷至极点,军阀官僚只知集中金钱,存放于帝国主义银行,人民则困苦到无饭吃,此为高丽亡国时的现象。(三)全国人民主张抗日,政府则步步退让。十九路军在上海抵抗,政府不接济。至所谓长期抵抗,只是长期抵抗四个字,始终还是不抵抗。根据以上三点,人民即有反抗此违背民主主义与无民权实质政府之义务。①

　　这时候,已经是十一时三十五分,陈独秀退下。胡善偁审讯陈独秀时,旁听席上交头接耳、啧啧赞赏。因为凡是党内机密问题,凡是同案犯的问题,陈独秀均拒绝回答。而无关他人的事情,陈独秀有问必答,并不拒绝。

　　这一天,审讯了陈独秀、彭述之、濮德治、宋逢春四人。

　　第二天继续审讯,审讯了王子平、何阿芳、王兆群、郭竟豪、梁有光、王莹堂六人。陈独秀在开庭初修正了一下昨日自己的答话,然后被带到庭外等候。到了中午,陈独秀又被带到庭上。胡善偁问:"托洛茨基派之最终目

---

①　强重华等编:《陈独秀被捕资料汇编》,第 162~164 页,河南人民出版社,1982 年版。

的如何,是否为推翻国民党,无产阶级专政?"陈独秀答:"是。"胡善俦不再问陈独秀,转问彭述之去了。

7 法 庭 辩 论

1933 年 4 月 20 日,江宁地方法院在法刑二庭第三次开庭审陈独秀等人,系最后法庭审讯,允许律师辩护和陈独秀等人自辩。这一次,旁听的人特别多,不少人从镇江、无锡、上海赶来旁听,法庭门厅、窗外过道、记者席都站满了人,总计二百多人。

审判长胡善俦等人上堂后,律师章士钊、彭望邺、吴之屏入律师席。然后带入陈独秀等十人。辩护开始,陈独秀对前几日审讯记录中托派最终目的问题作了修改。问过其他人问题后,朱隽检察官宣布陈独秀法庭审问结论,说:

> 史托两派不同的地方……都是内部问题……目的都是共产,都是危害民国……所以被告负有两个责任:(一)组织左派反对派他是主脑,所以无论宣传命令,他都要负责,被告个人之言论著述,当然亦要负责。(二)宣传部分,他们有一个系统,向一个目标进行,著作很多,被告当然亦要负责……综合所述被告实犯危害民国紧急治罪法第六条及第二条第二款。①

下午一时四十五分,朱隽检察官宣布完毕。

这时,胡善俦问:"是否尚有抗辩?"陈独秀说:"有抗辩。"陈独秀说:"我只承认反对国民党和国民政府,却不承认危害民国,因为政府并非国家……孙中山、黄兴等,曾推翻满清政府,打倒北洋政府,如谓打倒政府,就

---

① 强重华等编:《陈独秀被捕资料汇编》,第 172～173 页,河南人民出版社,1982 年版。

是危害国家,那么国民党岂非已叛国两次。"

听了陈独秀的话,旁听席上传出一阵阵哄笑声。陈独秀将他反对国民党、反对国民政府三点理由详细地陈述了一遍后,说:"检察官之控告,根本不能成立,应请庭上宣判无罪。"

● 章士钊

这时,章士钊律师起身为陈独秀辩护。他认为,第一,陈独秀言论无罪;第二,行动无罪;第三,说叛国危害民国罪没有根据。审判长问陈独秀与斯大林干部派何意见时,陈"惨然不答并求审判长勿复进叩党事,致陷彼于自作侦探之嫌"。章士钊宣读《辩护词》说:

> 清共而后,陈独秀虽无自更与国民党提携奋斗,而以己为干部派摈除之故,地位适与国民党最前线之敌人为敌,不期而化为缓冲之一团,即以共产党论,托洛斯基派多一人,即斯丹林派少一人,即江西红军少一人,如斯辗转相辅,谓托洛斯基派与国民党取犄角之势以清共也,要无不可。即以此论功罪,其谓托洛斯基派有功于国民党也,且不暇给,罪胡为乎来哉?[①]

章士钊知道陈独秀的性格和政党立场,补充说:"此义陈独秀必不自承。"最后他说:"应请审判长依据法文,谕之无罪,以保全读书种子,着重言论自由,格守法条之精神,省释无辜之系累。"章士钊辩护词洋洋千言,辩护时间达五十三分钟。

---

① 陈独秀著、任建树等编:《陈独秀著作选》,第 3 卷,第 329 页,上海人民出版社,1993 年版。

果然，章士钊发言一结束，陈独秀当庭声明："章律师辩护词只代表他的意见，我的政治主张，要以我的辩护诉为准。"台下哗然，议论纷纷。

下午六时三十五分，法庭辩论结束。

六天后，即 4 月 26 日下午二时，宣判的最后时刻来到了。检察官朱隽宣判时，大厅异常安静，弥漫着紧张的空气。他念判决词说："陈独秀、彭述之共同以文字为叛国之宣传，各处有期徒刑十三年。褫夺公权十三年……"

不知什么时候，朱隽宣判结束了。法庭内出奇地安静，突然，陈独秀吼道："裁决不公，我要上诉！"彭述之、王子平、何阿芳等人也一起喊冤。一时律师、旁听席上人也纷纷叫道："判得太重。"胡善偁见状不妙，立即宣布："宣判结束，退庭。"

陈独秀判刑后，坏事变好事，反而无杀头的顾虑了。不久，亚东图书馆出了一本《陈案书状汇录》，收进了《起诉书》、《辩诉状》、《辩护词》、《判决书》、《章士钊答中央日报记者》等材料，印了一千本，有几所教会学校打算收入课本，作法学课教材。国民党以不许为共产党"张目"为名，禁止报纸刊登，只有天津《益世报》刊登了一部分。

第二章 判决十三年

(1933年5月~1934年7月)

1 《上诉状》

判刑后,陈独秀、彭述之等人被关押到江苏第一监狱。

江苏第一监狱在南京老虎桥 45 号,呈正方形,占地面积 41 925 平方米,直属国民政府司法部管辖的普通监狱,主要关押刑事犯。牛兰被判无期徒刑后,和夫人也关在这里。陈独秀关押在一间单人牢房里。

1933 年 5 月 27 日,陈独秀接到判决书,开始准备《上诉状》。半个多月,陈独秀停停写写,到 6 月 15 日,写好了,约五千字。陈独秀不承认自己犯了《危害民国紧急治罪法》所谓的"叛国之宣传"。他写道:

> 何谓叛国并无定义,稽之此法全文亦无反对国民党、国民政府,即为危害民国及叛国之明文规定。贵院判词……忘却民主国家所应尊重之思想、言论自由精神……依上所述,予等认为贵院判词于理于法两具无当,此即所以不服判决要求上诉之理由也。[1]

---

[1] 陈独秀著、任建树等编:《陈独秀著作选》,第 3 卷,第 328 页,上海人民出版社,1993 年版。

陈独秀将《上诉状》交蒋士豪律师，请他转交章士钊代呈。

一天，陈独秀写了一封信，想请汪氏叔侄来南京狱中探望他。此时汪孟邹在长沙，汪原放在上海。

典狱长（监狱长）不同意，说，你住单人房间已经是优待，政治犯历来不准亲友探监、不能写信、不能读书看报。老虎桥监狱的监狱长姓李，叫李玉成（1898～1963）①，这年三十六岁。

陈独秀一听，火冒三丈。长此以往，如何是好？他大发脾气说，这是什么黑暗社会，连封建社会、奴隶社会也不如。中午、晚上，陈独秀拒绝吃饭。典狱长劝他，人是铁，饭是钢，犯不着难为自己。陈独秀头晕眼花，垂下眼皮，不听他的。

第二天一整天，陈独秀又没有吃饭，连水也不喝。脸成菜色，卷曲在床上，一动也不动。典狱长慌忙和上面商量，只好同意陈独秀写信。但全部的往来信件，需要监狱检查。陈独秀听说同意他写信，把送来的饭菜全部吃掉了。两天没有吃饭，陈独秀面黄肌瘦，差不多要送医院了。吃了饭，陈独秀给汪原放写了一信。他写道：

> 柏、章诸君曾有小款托尊处收转，不知全数若干？除以此扣还外，尚欠尊处若干？务请抄一细账赐知。无论如何深交，账目必须清楚。令叔对此往往胡里胡涂，望兄一矫正之。②

"柏"是柏文蔚，"章"是章士钊。他们赠送陈独秀钱，交亚东图书馆。陈独秀不希望欠亚东图书馆的，希望账目清楚。为了逃避监狱的下次检查，陈独秀落款写了教育部政务处段锡朋收转。为了防止监狱检查，陈独秀化名"明夷"，后来署名"季丹"。

---

① 丁弘：《陈独秀五年牢狱生活散记》，《同舟共进》，2006年第2期。
② 汪原放：《回忆亚东图书馆》，第168～169页，学林出版社，1983年版。

接到信,汪原放就来了。他说:"叔叔在报上看到你吃了官司,他说这一回仲翁的性命一定难保了。还好,你的命大,总算捡了一条命。"

陈独秀绝食争取到了写信的自由,但他的上诉失败了。6 月 22 日,江苏高等法院检察官朱隽驳回了陈独秀的上诉。他批字云:"被告上诉(意)旨。强为曲解。厥难认为有理,希请维持原判,驳回上诉。"

《大美晚报》(汉文版)后来登载了陈独秀写的《上诉状》,高语罕(一羽)见到了,寄给陈独秀,大概被监狱没收了,陈独秀未收到。陈独秀 8 月给汪原放写信,希望他再找一份寄来。

2　子女探监

1933 年夏天,陈松年利用暑假到南京探监。大革命失败后,父亲在上海音信全无,今年还是从柏文蔚那里才知道父亲公审的情况。柏文蔚在安徽枞阳县造了房屋,打算在这里养老。陈松年想到两个哥哥没有了,姐姐没有了,母亲和姨妈也相继于大前年和前年去世,这回在牢中见到唯一的亲人,陈松年的泪水一下子流了出来。陈独秀见了,不愿意增加儿子的痛苦,骂他没出息。

大姐的儿子吴季严因散传单被捕,化名周西岑,关在南京陆军监狱,和郑超麟关在一处。陈松年来探监,也到陆军监狱看过表兄吴季严。

关于吴季严,陈松年 1980 年回忆说:

> 大姑父家的小表兄吴季严,也曾留学苏联,认识张国焘,并与蒋经国是同学。在上海做地下工作,正在散发传单时被捕,化名周西岑。当时国民党当局不明其真实情况,所以押在南京的水西门监狱——陆军监狱。那时我父亲也正关在南京监狱里,所以我去探望父亲时,也曾去陆军监狱探望过吴季严,后来,国民党当局就以查无实据而释放了他。吴季严的妻子名叫李秀泉,也是共产党人,吴被捕后她曾来过

安庆。李是湖南人,大概是她设法通过何键的关系,经活动后才使吴季严释放的。抗战后,吴也到江津去了。一九四八年解放的前夕,小蒋(经国)要他去台湾,他不肯。小蒋就下令抓他,后来因大军渡江迅速,才没被抓去。解放以后,吴夫妇俩在上海作俄文的翻译工作,大概在六十年代逝世的。①

● 陈子美

女儿陈子美 1912 年生,这年二十一岁,在杭州电信局工作。父亲被逮捕后,她和弟弟陈哲民来看父亲。弟弟二十岁,在南京替《民声报》收发电讯。他提出帮父亲越狱逃跑,陈独秀骂他:"胡闹!"

陈子美在父亲出狱后见过一面,从此诀别。

3 有许多闲暇著述

陈独秀坐牢受到优待,不仅可以通信,可以看书,还可以随意见客。一些国民党要人,社会上的有钱人,附庸风雅,请陈独秀挥毫作书,留作谈资。因此,陈独秀在牢房的日子并不十分难熬。

时间久了,社会上一些不相干的人也要来看陈独秀,讲些闲话。见了几次,陈独秀对典狱长说:"这哪成啊,我还要点时间看书,有些人你通知我一声,不认识的就不要进来了。"典狱长说:"这是对你的优待,来看彭述之的人,必须要登记,说清两人关系,我不同意就进不来。"

———————————

① 王树棣等编:《陈独秀评论选编》下,第 329 页,河南人民出版社,1982 年版。

陈独秀被逮捕前,和托洛茨基派混淆不清,日日提心吊胆,担心被抓捕。一听警车乱叫,警察出动,心惊肉跳,过着饭无顿饱、卧不安枕的日子,哪有心事著书写文章?现在,他要利用坐牢的时间,多读些书,写出心里想写的书。

在汪原放等人的帮忙下,陈独秀陆续有了不少书,如《马可波罗游记》、《水浒》、《原富》、《西游记》(两册)、《马克思传》、《达尔文传》、《中国革命史》以及地图方面的书。此外,陈独秀还请汪原放代购商务新到《英文世界地图》(金元一元)、莫尔干的《古代社会》(英文版)、《世界地理新字典》等书。在另一封信里,陈独秀请汪原放买英德及德英小本字典(不要有汉文)各一册(小本,纵约三英寸,横约二英寸弱,一册中,英德及德英各半,解释少,单字不多,价钱一元左右)。此外,日本有一种各国语《独羽小丛书》,纵横不过二三寸,厚不过一百页,每册定价一二角,陈独秀开了一个单子,请汪原放寄到东京托人购:《蒙古语独羽》、《西藏语独羽》、《缅甸语独羽》、《暹罗语独羽》、《朝鲜语独羽》、《安南语独羽》、《马来语独羽》、《土耳其语独羽》。

汪原放还帮陈独秀搞到了《二十五史》的预约券。历史是陈独秀一直感兴趣的,当年办《安徽俗话报》,陈独秀介绍了历史知识;北大文科学长撤职后,他准备在北大教宋史。但系统地读《二十五史》,却没有时间。这次坐牢,正好安安心心地补课。

逐渐的,监狱放松了看管陈独秀,允许他看政治书了。陈独秀向汪原放列出的书,甚至有列宁的《组织论》、《卢森堡致考茨基书信》、《伦理与唯物史观》、《马克思主义方法论》等书。慢慢地,陈独秀的案几上书多了起来,朋友又送给他两个书架,不久,书架堆满了诗、书、史、学。

除了读书,陈独秀想选编翻译日本出版的《史学杂志》、《满洲历史·地理》、《史林》。辛亥革命前,陈独秀在杭州陆军小学教书,担任过地理教员。此外,他拟了两三年内的写作计划,撰写:《古代的中国》、《现代中国》、《道家概论》、《孔子与儒家》、《耶稣与基督教》、《我的回忆录》。①

1933年夏天,胡适去加拿大参加第五届太平洋国际学会会议。出国前,胡适于6月13日绕道南京。中午,他在教育部吃饭后,与段书贻、张慰慈、何仙槎一起看陈独秀。

这次见陈独秀,胡适说帮陈独秀做了一件事,路径上海时,把他的《国语稿本》转交上海商务,请他们帮忙出版。因为约好下午三点和汪精卫在顾孟余的铁道部一号官舍见面,胡适等人很快告辞了。陈独秀因书稿有了着落,也很高兴。

胡适很羡慕陈独秀有一个安静的写作环境,出门说:"我真羡慕陈仲子,匍匐食残李时,有许多闲暇著述。陈仲子若脱离苦厄,肯定不能安心著作。"言谈中,胡适深以为自己无陈独秀苦中之乐。

1952年5月27日,胡适看到英文报纸刊登《沙皇统治下的西伯利亚》一文,对比斯大林统治下和沙皇统治下的西伯利亚流放地的状况以及政治流放犯的待遇和生活状况,想到了陈独秀在南京监狱的情形。陈独秀在监狱里,可以读书,著书立说,朋友可以随时来看他,受到优待。胡适很羡慕,觉得这也是陈独秀一次很长的休假。他在日记里写道:

> 我屡次说,倘使国民党肯把我送到监狱里去同陈独秀享受一样的待遇(除了他的"土摩登"朋友的探视一项),只消三年,我的几部书都可以写完了!Sorohn[索罗金]的书,我没有看见,但他说的 Vacation with most of the expenses paid[开销很大的休假],大有我当日羡慕独秀的监狱生活的神情!②

---

① 陈独秀著、任建树等编:《陈独秀著作选》,第3卷,第342~343页,上海人民出版社,1993年版。

② 胡适著、季羡林主编:《胡适全集》,第34卷,第224页,安徽教育出版社,2003年版。

4 潘兰珍到南京

1933年盛夏的一天,一位七分人才、三分打扮的时髦女士来探监。因为说是看陈独秀,典狱长没有叫她填登记簿。见她只有二十五六岁,问她和陈独秀是什么关系,女士说,是陈先生的学生。

典狱长见是年轻的少妇,放下别的事,带她到了陈独秀牢房。陈独秀一看是潘兰珍,又惊又喜。典狱长听他们说了几句,再看两人的表情,感觉到其中的滋味,知趣地点点头,离开了陈独秀的号房。

来人不是别人,正是陈独秀的落难时的女友,比他小三十岁的潘兰珍女士。大革命失败后,陈独秀躲藏在上海提篮桥熙华德路石库门的亭子间。这是一个贫民窟,住的人很杂,有一位年轻的单身女士,圆圆脸,大眼睛,穿着朴素,行为本分,引起了陈独秀的注意。陈独秀和她聊天,知道她叫潘兰珍,在英美烟草公司做过工,老家在苏北南通,四岁时,随父母逃荒到上海,父亲在外滩码头搬东西,母亲捡煤渣,后来父亲到英美烟草公司当工人。潘兰珍十三岁到纺织厂当童工,因受一个流氓的哄骗,同居后生了一个小孩。小孩夭折后,潘兰珍被抛弃。

陈独秀见潘兰珍是工人,顿生好感。陈独秀自称姓李,南京人。两人都是独身,无依无靠。时间长了,潘兰珍帮陈独秀洗洗衣服、收拾房间,陈独秀帮潘兰珍识字学文化。一来二去,两人产生感情,终于搬到一起同居了。潘兰珍生于1908年,陈独秀生于1879年,两人年龄相差三十岁。有时一起走路,潘兰珍一手搀着陈独秀走路,路人以为是父女同行,不以为怪。谁也想不到他们俩是一对半路夫妻。

后来,因潘兰珍领养了一个女孩子,生活困难,加上陈独秀心情、身体不好,两人常常吵架。去年夏秋,潘兰珍离开了陈独秀。潘走后,陈独秀因生活困难,把她的一件羊皮袄送到当铺了。陈独秀被捕后,潘兰珍听人说抓到了共产党的头子,还有照片。潘兰珍好奇,伸头看报纸。这一看不要紧,伸出的头回不去了。她差一点喊了出来:啊?这不是我家的老头子吗?潘兰珍是一个有同情心的人,陈独秀不抓无所谓,他真地被逮捕了,要被人杀头了,她却放心不下了。

正在着急时,陈独秀委托朋友高语罕来看她,让潘兰珍知道了陈独秀的情况。高语罕探望潘兰珍后,把见面的情况写信告诉了陈独秀。去年11月30日,陈独秀给高语罕写信说:"我真对不起她,务请先生再去探望一次。"12月13日,陈独秀再次给高语罕写信说:"鄙人生活情况,且语以案情无大危险,免她惧虑。"

今年春天,高语罕再次去看望时,潘兰珍告诉高语罕,她想到南京监狱看望老头子。听说潘兰珍要来探监,陈独秀欢喜无拟。虽然心里希望见到潘兰珍,但4月5日,陈独秀给高语罕写信说,"婉言劝她不必来看我"。陈独秀担心自己"以前未曾告以真姓名,及她此次失去衣服,有怨言否?"

这会见了陈独秀,潘兰珍两眼就红了。老头子编排得真像,一会儿是南京人,一会儿姓李,这会真成了南京人了。陈独秀忙赔不是,说没有办法。蒋介石到处抓自己,随便说出自己的名字,那还得了?

潘兰珍来了后,陈独秀牢壁生辉、霞光万丈。坐牢之前,他穷得当衣当被,成天啃几个面包。坐牢之后,吃穿不愁,也无须东躲西藏,女伴失而复得。潘兰珍年轻,比陈独秀女儿子美大四岁,年龄上,两人是两代人了。

当晚,潘兰珍住到了中华门附近的刘梦符家。

5 邓以蛰探监

1933年10月4日,中秋节这天,狱方多烧了几个菜,陈独秀中午贪吃,晚上腹胀如鼓。他担心自己得了"大肠癌肿症",当年,苏曼殊即患此病。或者,自己肚子里有寄生虫?

次日,陈独秀的腹部胀痛,药品 Biolacty 偏偏吃完了,接连两日未服,不得不给汪原放去信,请他找一趟黄钟医生。黄医生是夏天汪原放推荐来南京给陈独秀看病的,因为受朋友所托,没有收病人的钱。黄医生所开的药方,陈独秀已购服了两次,但没有什么特别,估计病未发,不易试出它的效力。现在发病了,想吃又没有了。

陈独秀生病的消息,报纸上刊登了出来。在清华大学执教的邓以蛰,在去欧洲的途中,特地经过南京,要看看近二十年没有见面的陈独秀。邓以蛰的父亲邓艺孙(1857~1913),字绳侯,1904年就和陈独秀在芜湖认识。1907年春,陈独秀第四次来到日本,经常和邓艺孙的两

● 邓以蛰年轻时摄

个儿子邓初(仲纯)、邓以蛰来往。那时,邓初学医,邓以蛰在宏文书院学日语,后入千叶医专读书。1913年二次革命前,苏曼殊在安庆教书,曾想约邓以蛰一起赴小龙山一游。二次革命失败后,邓以蛰就再也没有见过陈独秀了。但背地里,邓没少替他说话,有时和别人争得面红耳赤。其实,他并不知道陈独秀的思想和所热心的事业。他只是维护少年时代在日本就住在一起的老大哥。

这是秋日的一个雨天,段书贻(锡朋)驾车带着邓以蛰,在南京的小巷道里绕来绕去,雨越来越大。到了看守所门口,邓以蛰拿出专为探望陈独秀印的名片。果然,看门的很客气,立即请他们进去,并替他们打了伞。邓以蛰是第一次探监,有受宠若惊的感觉,想不到狱卒这么客气。

走出号房的门外,在看守所狭窄的廊下,陈独秀见到几十年未见面的小友钝生(邓以蛰二十岁后取名钝生,陈独秀很喜欢这个名字),并没有大吃惊的样子。但他并不隐瞒见到少年朋友的高兴神情,真的是"最难风雨故人来"啊!

陈独秀的须发大半白了,面容黑瘦,八字胡挂在菜色的脸上。陈独秀身穿一件灰色的哔叽呢夹袍,很旧,只有边上是深色的本色,其他的地方,褪色成了皮蛋纹了。他握着邓以蛰的手说:"你也老了呵。"邓以蛰比他小

十二岁,这年四十二岁。

邓以蛰拉着陈独秀的手,说:"仲甫哥! 你为何老得这样? 瘦得这样? 报纸上说你的胃病厉害,到底现在怎样? 好了些么?"

陈独秀说:"我没有胃病,是大小肠子的毛病,老是小肚子的左边痛。"

邓以蛰问:"还有他种病么? 饮食如何?"

陈独秀说:"从前所疑的肺病了,心脏病了,概无根据;此地饮食的还可以,自己要弄东西吃也很自由,只是我没有这种兴致就是了。"

邓以蛰说:"叔雅曾嘱他的学生的太太每日送菜进来,不是么?"

陈独秀说:"哪有这回事,他的话多不可信。"

说话工夫,大家已经走进陈独秀号房里。邓以蛰看了,像家乡安庆的小客栈。牢房里的木地板,比门外的廊檐下的砖面还低,走在上面吱吱响,整个号房都在动。破旧的洋式小窗户安得很高,恐怕不想犯人望见外面。窗下面是黏手的黄色的桌子,光线阴暗,投在桌子上的一柱光,只有书那么宽。

四方形的房子左边靠墙壁是一张没有蚊帐的木架床,床前放了一张旧藤椅子。这大约是陈独秀的势力范围。对着窗子的一边靠墙支着木板铺,上面的被条比床上的被条脏得多。不用说,这是彭述之的地方了。与床相对的一面墙,是满满的几架书,有线装书和洋装书,十分整齐。陈独秀自己虽然不注意整洁,但他注意整理书案。

段书贻和邓以蛰进来后,陈独秀请段书贻坐到了自己平常坐的藤椅上,彭述之坐在书架前的一条窄凳子上,邓以蛰和陈独秀面对面坐在桌子旁边。陈独秀和段书贻谈到商务印书馆承印《四库全书》和中日问题,然后,陈独秀问邓以蛰:"清华为何还不预备搬呢?"

邓以蛰说:"清华还在建筑房子呢!"陈独秀叹道:"那又何苦呢?"

两人谈话内容并不重要的,只是要找些话说。陈独秀想一句,问一句:"仲纯在青岛一切还好吗?"仲纯是邓以蛰的二哥,即邓初,在青岛开了一家诊所。邓以蛰说："他因为孩子伤得太多,最近一个男孩又死去了,非常懊丧。"

"在这种时代,那不是好极了？何必懊丧？"陈独秀的背有点佝,说话时喜欢看上面,有时闭着眼睛,有时睁着眼睛。陈独秀口才流利,邓以蛰在日本时就很喜欢和他聊天。因为陈独秀是个性格外露的人,心里想什么,就说什么,高兴起来,骂爹骂娘,无拘无束,和他对坐,受其情绪影响,让人无拘无束。

出门时,陈独秀迈着一点摇摆的身躯,让邓以蛰想到家乡老私塾先生特有的架步。站在屋檐下,看着已经停了雨的天气,段书贻和邓以蛰还想和陈独秀再说几句。陈独秀说起当年第一次到南京和哥哥赶考的事。那年在考棚,因为天热,徐州的一个胖子一丝不挂,走到陈独秀旁边,猛的一拍大腿,言"今科必中",吓得陈独秀三魂吓掉二魂半。谈起这段故事,段书贻和邓以蛰两人忍不住笑了起来。难得啊,坐牢人还有这么好心情。

回去的路上,邓以蛰想起,自己喜爱字画,还是受陈独秀影响呢！当年,大约是辛亥革命后吧,陈独秀到过自己的怀宁山庄,将邓家收藏

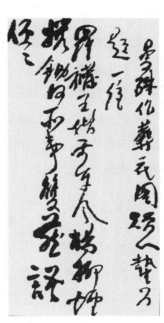

● 曼殊作葬花图赠邓以蛰题诗

的字画评价一番。邓以蛰是书法大家邓石如嫡传后代,家中有不少墨宝珍玩。陈独秀特别喜欢邓家的弘光时成回和尚的山水小幅、浙江山水幅等。陈独秀过目不忘,回去告诉了在安庆教书的苏曼殊,苏曼殊顺手题在自己的画里了。

回到旅社,邓以蛰写了访问陈独秀的文字,以《癸酉行箧杂记》为总题目,刊登在 11 月 15 日《大公报·文艺副刊》上,落款署名"邓叔存"。

6 两个月后南下,当来奉看

1933 年 10 月 25 日下午七点半,胡适乘加拿大皇后号回到上海。几天后,胡适经南京回到北平。因为来不及,胡适没有去看望已关押在看守所的陈独秀。陈独秀在从报上知道,胡适来南京与国民党一班达官贵人吃酒拜会,而不来看望自己,十分生气,在给汪原放的信里,发了一顿怨气。汪原放忙给仲叔来信,说胡适太忙,叫陈独秀不要介意。

知道陈独秀生气后,胡适于 11 月 2 日给陈独秀写了一封信。陈独秀推荐李季翻译《资本论》,但出版社已托社会调查所的吴半农、千家驹两人合译《资本论》,而且,他们已译好第一册的三分之二了。其中,第一分册已在四个月前,就交付商务排印。至于这两个人的能力,胡适很相信。他在给陈独秀的信中说:

> 此二人皆极可靠,皆能用英德两国本子对勘。其第二册中 Rent 的一部分也已译成。此间与社会调查所已订有契约,不便再约季子重译。季子译书能力,自然能胜任此书。但我听说中山文化馆有约季子译此书之说。如此则季子另译一本,已有着落。如不归商务发行,则两书并无冲突。如两本均归商务印行,则商务不能不因此间契约关系,继续接受此间吴、千二君之译本。①

"季子",即李季。"吴、千"指吴半农、千家驹。

胡适 1920 年夏天,曾到商务印书馆,帮他们搞了一个改革方案。陈独秀知道,要到商务出版书,找胡适最方便。因此,他不仅要胡适向商务推荐出版自己的书,还推荐朋友的书。大革命时期,陈独秀请胡适推荐过蔡和

---

① 胡适著、季羡林主编:《胡适全集》,第 24 卷,第 165 页,安徽教育出版社,2003 年版。

森、瞿秋白等人的书,还推荐张申府去工作。但大部分,胡适没有帮忙。原因是陈独秀的朋友,一般带有政治色彩。

信末,胡适说:"此次过京,匆匆不能来省视吾兄,十分失望。两个月后南下,当来奉看。"根据计划,胡适那时要去南京出席基金会第八次董事会。话虽然写得很轻淡,"十分失望"四个字,含义却很多,有自己上次很想去探监,而时间不允许的意思。或者说,上次未去看老兄,不仅是你失望,我自己也遗憾的意思。但这几行字放在信末,看似随笔带过,其实是该信的最要紧的一句话,说明胡适很在意老朋友的情绪。

陈独秀大气不消,不依不饶,11 月 15 日给汪原放写信说:

> 不错,他很忙,我知道他在此间即和一班达官贵人拜会吃酒,已经够忙了。弟前函及此函所说;老胡的事,望勿告他人,即令叔亦不令知之,君与之绝交,不出恶声也,我和他仅仅友谊关系,其他一切不必谈,他现在既不以友谊态度待我,不过旧朋友,又失去一个,如此而已。①

汪原放见"望勿告他人"句,知道陈独秀留有余地,把这件事放了下来。一个人真的想绝交,是不会挂在嘴上的。"不过旧朋友,又失去一个",这是实话。陈独秀的旧朋友,几乎失去了。日本留学时期的朋友,苏曼殊不在了,章士钊本来闹了矛盾,这次打官司又恢复了友谊;《新青年》同人中,李大钊不在了,鲁迅、钱玄同、刘半农已不往来;党内的朋友,有的已经牺牲,有的因自己党籍被开除,已经丧失了。

陈独秀叫汪原放不告诉别人,他自己却把胡适来信寄给李季。一则是因为胡适在信中提到《资本论》已请吴半农、千家驹合译,所以陈独秀答应推荐由李季译办不到了。但胡适信中说明了自己已经尽力了。此外,胡适在信中向自己道歉,陈独秀很高兴,让第三人知道,也没有什么不好。

---

① 转自林茂生等编:《陈独秀年谱》,第 445 页,上海人民出版社,1988 年版。

陈独秀主张"君子绝交不出恶声",这也是胡适的观点。几年前,胡适在上海给戴季陶写信,也说"君子绝交不出恶声,故前函只是很客气的辞职"。

7 学生岂能天天来看老师

天凉后,典狱长发现潘女士几乎天天探监。她来监狱很有规律,上午九点来,下午五点回去,中午在牢房里和陈独秀一块用餐。女士探监,并没有什么不方便。当时江苏第一监狱关了几十名女政治犯,如刘少奇爱人何宝珍、赵世炎爱人夏之栩、《洪湖赤卫队》中韩英原型钱瑛、解放后曾任中共中央组织部副部长帅孟奇、解放后曾任国务院副秘书长杨放之等都关在这里。

不久,陈独秀因与潘兰珍的过分亲密,引起了狱方的不满。

有一天,典狱长提濮德治到他办公室询问。进了典狱长的办公室,濮德治见典狱长脸色严肃且带怒容,以为大祸将临,心想只有与他周旋了。典狱长叫看守退出,然后把门关紧。濮德治莫名其妙,什么事这么严重?

典狱长说,我今天把你提来,有件事要你转告。陈先生在我们这里,我们没有把他当做犯人看待,上面叫我们优待,我们也尽量给他以优待。但是优待也有个界限,这里是监狱,不是旅馆。陈先生近来忘记了他在坐监狱,把我们这里当做旅馆,这是使我们很为难的。

濮德治听了,心里平静下来,问,究竟出了什么事,请你直说吧。

典狱长问,你可知道有个姓潘的女士经常来看望陈先生,她是他的什么人?

濮德治答,大概是他的学生。

典狱长说,不像学生,学生岂能天天来看老师。

濮德治问,是不是他的小女儿?

典狱长说,更不是了,他的小女儿我见过。

濮德治说,那么是谁呢? 我推想不出。

典狱长说,你恐怕知道的,碍于陈先生的面子,你不肯说罢了。

濮德治说,请你直截了当地说吧。

典狱长说,根据看守人的报告,陈先生和那个姓潘的女士,在他的监房里发生过肉体关系,这怎么行呢? 这事传出去,岂不要叫我同他一样坐牢吗? 请你婉言转告他,要为我的处境想一想。面子要双方来顾,如再有这样行动,那就莫怪我无情了。

濮德治忙替老表说话,怕不会吧? 请你再调查一下。

典狱长说,调查过了,千真万确。不瞒你说,当年我也是崇拜陈先生的一人,以为他的道德文章可以做青年模范,现在看来,他的文章虽好,道德有限。你告诉他,往后请他自爱一点,也为我们着想一下。

谈话结束时,典狱长叫濮德治把话转告陈独秀。濮德治听了,唯唯而退。

第二天,濮德治一五一十地把监狱长的话说了。陈独秀神色自若,毫无赧颜。濮德治生气地说,你这个人在政治、思想方面都非常偏激,在行为方面也很乖张。一个政党的首脑,这样对待生活,对吗? 外面小报上说你不以嫖妓为耻反以为荣,确有此事吗? 陈独秀最初听了,默无一言,似有愧色。但听了小报所说,火起来了。他说,大报造大谣,小报造小谣,你怎么信它? 这是私人生活,不用别人管。

濮德治说,你是一个政党领袖,对妇女问题,没有正确而严肃的态度行吗? 陈独秀自知理屈,沉默良久,然后说道,在建党以前,在这方面,我是放荡不羁的,可是建党以后,我就深自检点没有胡来了。

濮德治说,这位潘女士从哪里来的呢?

陈独秀说,难道我不能有个伴侣吗?[①]

有一点,濮德治还是赞同陈独秀的。陈独秀说:"朋友妻不可欺。"陈

---

① 王树棣等编:《陈独秀评论选编》下,第 370~371 页,河南人民出版社,1982 年版。

独秀讲到有的同志被捕入狱,有人与其妻发生关系的事,大骂这人是畜生,连青洪帮都不如。

陈子美来看父亲,知道父亲和潘兰珍的关系后,劝父亲同她结婚,以便于照应,可父亲不肯。陈子美希望名正言顺,怕人家说闲话。

8　究竟谁人是浅薄

陈独秀在日本时,受章太炎的影响,喜欢研究文字学(汉学、朴学),这和他发起新文化运动,反对包括桐城派在内的"十八妖魔"一脉相承。汉学(文字学)与宋学相对,重考据和语言,远离程朱理学。

一天,江苏南通有一位叫陈训廷(濮清泉在回忆文章中误写"程",安庆方言,陈程不分)的老先生,是个小学家,因慕陈独秀之名,来监狱里看他,和陈独秀谈文字学。这一下,挠到了陈独秀痒处。两人一见如故,初期互道钦佩,中期交换著作,互称对方有卓见,后来有一天,发生了一次激烈的争论。两人面红耳赤,互斥浅薄,两人都高声大叫,拍桌对骂,幸而没有动武。

原来,两人为了一个"父"字争吵。陈独秀说,父字明明是画着一个人,以手执杖,指挥家人行事。陈训廷说,"父"字明明是捧着一盆火,教人炊饭。

陈独秀说,你不通! 陈训廷说,你不通!

陈独秀说,你浅薄! 陈训廷说,你浅薄!

当时,国内史学界正在争论中国历史上是否存在奴隶制。大多数托派分子认为中国没有奴隶社会,在氏族的废墟上产生了封建社会,秦汉以来是商业资本主义社会。陈独秀同意这个观点,并在《实庵字说》中予以论证。他认为,从文字形成和发展可以看到社会和国家的形式和发展。因此,南通陈训廷先生的话,不仅仅是反驳陈独秀关于"父"字一个字的训诂问题,而且,涉及陈独秀文字学研究的方法和对古代社会史分期的看法问题。

濮清泉好不容易把他俩劝开,说学术讨论应心平气和,不应发火拍桌子,并诌了几句打油诗嘲讽他俩:

> 一曰执杖一曰火,二翁不该动肝火。
> 你不通来我不通,究竟谁人是浅薄。
> 若非有我小濮在,遭殃不只是板桌。
> 异日争论平心气,幸勿动怒敲脑壳。①

陈老先生看了濮清泉写诗,笑了起来。他骂濮清泉:"你这小鬼是浅薄","我要敲打你脑壳"。濮清泉说,我岂止浅薄,对于你们这一行,我简直是无知。

隔了一会,陈独秀又和陈老先生和好了。

秋天,陈独秀写信给中央大学校长罗家伦,推荐陈训廷教文史,罗家伦以陈训廷迷信鬼神而拒绝了。陈独秀对濮清泉说,罗家伦自诩不信鬼神,其实他信的鬼神是万鬼之中最恶的鬼(指蒋介石)。

1933年11月1日,星期三,天气已经很冷了。陈老先生又来看陈独秀。这次,陈独秀给蔡元培写了一函,嘱陈训廷出去邮寄。陈独秀写道:

> 比月以来,得晤海门陈训廷先生,与谈文字学,甚为快慰。陈先生于此道颇有深造,且多创见,独秀以能时与晤教为乐;陈君亦以居通州太孤寂,思来京获得友朋商榷之机会。因此,日前曾言之于志希、孟真二兄,为寻一相当职业,使陈君得以常居京中,闻中大及史语研究所目前均无法可设,故特陈情于先生。倘研究院其他部分与教部之图书馆及编审方面,如有可谋,请先生为之一言,使陈君有居京研究著作之

---

① 濮清泉:《我所知道的陈独秀》,《陈独秀评论选编》下,第356~357页,河南人民出版社,1982年版。

机,则独秀之所渴望也。①

"比月以来",是说近月以来,说明陈独秀和陈训廷先生交往1933年夏秋(濮清泉回忆文章没有说具体时间,只说在南京监狱);"得晤海门陈训廷先生",说明濮清泉说的"姓程的老先生",叫陈训廷,海门人;"陈君亦以居通州太孤寂",与濮清泉说"江苏南通"一致,"通州"距南通市区三十里;"日前曾言之于志希、孟真二兄,为寻一相当职业,使陈君得以常居京中,闻中大及史语研究所目前均无法可设",也说明濮清泉关于"罗家伦以程老先生迷信鬼神而拒绝了"的话,不是无源之水。此外,说明陈独秀还为老先生谋事,也写信给傅斯年了。

9 胡适"走了一步,就倒退两步"

1934年1月30日上午八时,胡适在蒋梦麟夫妇等相送下,去南京参加基金会第八次董事会,这次胡适去南方待了十来天。

2月10日,腊月二十七日上午九点,胡适在惠龙旅社等侄子胡思敬,这是胡适事先要胡思猷约好的。胡适这次到南京出席基金会第八次董事会,专为见侄子逗留一日。但九点过了,还不见胡思敬的人影。打几次电话到中央政治学校找他,也打不通。段书贻来了后,打电话到中央政治学校去给他的一个旧仆人,总算把胡思敬找到了,这时已是十二点半了。

因为约了去见陈独秀,胡适着急了,在电话里怪他:"怎么不来?也不接电话?"胡思敬说:"学校规矩严,今天不能出来。"胡适不好多怪他,说:"那你明天一早来。"胡思敬答应了。

这时,张慰慈、刘英士来了。胡适肚子也饿了,和他们一起到益州饭店

---

① 高叔平著:《蔡元培年谱长编》下,第85页,人民教育出版社,1998年版。

吃午饭。饭后,大家买了礼品,同去地方法院看守所访问陈独秀。自上次到南京未看陈独秀,引起这位老兄发火后,胡适过南京再忙,也要抽空去监狱一趟。

陈独秀身穿黑色长棉袄,见到胡适和张慰慈、刘英士,非常高兴。陈独秀有肠病,近日肚痛病,脸色很黑,精神稍不如前。胡适环顾四周,见书架上有不少书,劝陈独秀写自传,并谈到自己的《四十自述》。陈独秀担心不好出版,希望胡适在叶楚伧处说说话。叶楚伧是国民党中央政府宣传部长。

胡适劝陈独秀先放手写,不必先求早出版。若此时即为出版计,写的必不得不委曲求全,反失真相。不如不作出版计,放手写去,为后人留一真迹。陈独秀点头同意胡适的话,他也相信,自己的东西,迟早是能出来的。下午四点,胡适回到旅馆,感觉疲劳,小睡了一会。

一次,陈独秀和濮清泉聊天,谈到胡适。陈独秀说:

> 胡适这个人,实在难测,在《新青年》上有大胆狂言的勇气,也写过一些号角式的文章。新文化运动,也是有贡献的。但他前进一步,就要停步观望一下,后来他走了一步,就倒退两步,这就难以挽救了。当初,我曾寄希望于他,同他谈马克思主义,有时他兴奋起来,也说马克思是一大思想家,有独到的见解。但考虑良久,又退回到杜威那里去了,如是者几次,都不能把他拉到革命人民这方面来。[①]

"如是者几次",指陈独秀在 1923 年、1925 年、1926 年三次拉胡适到国共联合战线的旧事。第一次是 1923 年 7 月 1 日,陈独秀在召开中共三大以后,因为与孙中山的矛盾,写了《思想革命上的联合战线》,称赞了胡适,

---

① 濮清泉:《我所知道的陈独秀》,王树棣等编:《陈独秀评论选编》下,第 372 页,河南人民出版社,1982 年版。

说,号称新派的学者如蔡元培、梁启超、张君劢、章秋桐、梁漱溟等人中,"真正了解近代资产阶级思想文化的人,只有胡适之……实在是中国思想界一线曙光。"① 第二次是 1925 年春天,争取胡适参加孙中山召集的国民会议,拒绝参加善后会议。第三次是 1926 年 7 月下旬,胡适途径苏联,发表了"我们这个醉生梦死的民族怎么配批评苏俄!"的感叹,陈独秀 10 月 12 日写《我们的教育家还要反赤吗?》说:"如此看来,我们的教育家还要反赤吗?"

胡适为什么不接受陈独秀的争取? 1930 年 11 月 27 日,胡适写《介绍我自己的思想》一文,谈到自己为什么不能与马克思主义者组成联合战线的原因:"从前陈独秀先生曾说实验主义和辩证法的唯物史观是近代两个最重要的思想方法,他希望这两种方法能合作一条联合战线。这个希望是错误的。"

胡适认为,辩证法出于海格尔的哲学,是生物进化论成立以前的玄学方法。实验主义是生物进化论出世以后的科学方法。这两种方法所以根本不相容,是因为中间隔了一层达尔文主义。达尔文的生物演化学说表明,生物进化在于一点一滴的变异,决没有一个简单的目的地可以一步跳到,更不会有一步跳到之后可以一成不变。②

10 沈雁冰删改《红楼梦》

1934 年春,沈雁冰(茅盾)为了中学生便于从《红楼梦》里学一点文学的技巧,编辑了中文节本《红楼梦》。这年 5 月,他写《节本红楼梦导言》时,提到了当时还关在南京监狱里的陈独秀十三年前说的话:

---

① 陈独秀著、任建树等编:《陈独秀著作选》,第 2 卷,第 517 页,上海人民出版社,1993年版。

② 胡适著、季羡林主编:《胡适全集》,第 4 卷,第 658 ~ 659 页,安徽教育出版社,2003 年版。

陈独秀先生曾说:"我尝以为如有名手将《石头记》琐屑的故事尽量删削,单留下善写人情的部分,可以算中国近代语的文学作品中代表著作。"(见亚东版《红楼梦》陈序)在下何敢僭称"名手",但对于陈先生这个提议,却感到兴味,不免大着胆子,唐突那《红楼梦》一遭儿。①

"对于陈先生这个提议,却感到兴味,不免大着胆子,唐突那《红楼梦》一遭儿。"这话是说,沈雁冰删改《红楼梦》,是根据陈独秀关于删改的意见来的。"唐突"一词用在这里,也说明沈雁冰在这个问题上,是矛盾的。

1921 年 5 月,亚东图书馆的汪原放请陈独秀为初版《红楼梦》写序,陈独秀写了《红楼梦(我以为用《石头记》好些)新叙》。陈独秀认为,《石头记》的作者,既有述故事的本领,也有写人情的本领;但他述故事太琐屑,因为我们到底是把他当作小说读的人多,把他当作史料研究的人少。如何解决《石头记》琐屑可厌的地方呢?陈独秀提出"将《石头记》琐屑的故事尽量删削,单留下善写人情的部分,可以算中国近代语的文学作品中代表著作。"②言下之意,如果不"尽量删削"其中的"琐屑的故事",《红楼梦》就算不上"中国近代语的文学作品中代表著作"。

陈独秀认为,《红楼梦》是小说,不是历史。这和胡适不一样。胡适认为《红楼梦》是历史,不是小说。因为把《红楼梦》当小说看,陈独秀就认为这本小说虽然善写人情,但过于琐碎,主张删减。但一般写小说的人,驾驭不了这个题材,所以需要"名手"。陈独秀本人写过小说,甚至写过章回体小说,在自己办的《安徽俗话报》上连载,尽管写得不地道。此外,他还打算写自己的传记。

---

① 上海《申报》,1936 年 1 月 1 日。
② 上海亚东图书馆 1921 年 5 月初版《红楼梦》卷首。

陈独秀当初提出的"尽量删削"是什么意思呢？陈独秀在监狱里，沈雁冰不方便直接去问，他自己从三个方面去理解：

第一，"通灵宝玉"、"木石姻缘"、"金玉姻缘"、"警幻仙境"等神话，是曹雪芹的烟幕弹，而"太虚幻境"里的"金陵十二钗"、三副册以及"红楼梦新曲"十二支等"宿命论"，是曹雪芹的遁逃薮，与"写实精神"浓厚的全书不调和，也不精彩，应该割去。

第二，大观园众姊妹结社吟诗，新年打灯谜等"风雅"的故事乏味，也全部删去。

第三，贾宝玉挨打、"王熙凤毒设相思局，贾天祥正照风月鉴"，贾政放外任、门子舞弊，焙茗闹书房、蒋玉函的故事、贾琏和多姑娘的故事等，与全书故事的发展没有关系，一笔勾销。

根据这个了解，沈雁冰将亚东翻印的"程乙本"作底本，删削了五分之二，并改了回目。沈雁冰大刀阔斧删改《红楼梦》的思想，接近陈独秀的观点，而与胡适所赞赏的王际真的"稍事删节"不同。

沈雁冰1920年和陈独秀一起参加了上海共产党小组的活动；陈独秀去广东后，沈雁冰在上海帮助陈望道编辑《新青年》。此外，沈雁冰曾与陈延年一起工作过。办《小说月报》时，沈雁冰还聘请过陈独秀。因此，两人是老朋友了。所谓不方便直接去问陈独秀，不是因为关系一般，而是说自己在上海，陈独秀在南京，两地不方便。

11 鲁迅：遵命文学

1920年陈独秀到南方后，鲁迅和陈独秀信件来往逐渐地少了。大革命失败前夕，鲁迅在广东，还见了陈延年。1927年，他和陈独秀几乎同时到上海。他们虽然没有直接往来，但陈独秀被捕后，鲁迅一直关注陈独秀的案子。和胡适、蔡元培不同的是，鲁迅没有去监狱看望陈独秀，而是在自己的文章里提一下这位老朋友。

1932 年 12 月 14 日,鲁迅写《〈自选集〉自序》时,提到陈独秀和自己的早年交往:

　　我的作品在《新青年》上,步调是和大家大概一致的,所以我想,这些确可以算作那时的"革命文学"……这些也可以说,是"遵命文学"。不过我所遵奉的,是那时革命的前驱者的命令,也是我自己所愿意遵奉的命令,决不是皇上的圣旨,也不是金元和真的指挥刀。后来《新青年》的团体散掉了,有的高升,有的退隐,有的前进……①

"我的作品在《新青年》上,步调是和大家大概一致的",是说自己的观点,和陈独秀一致;"不过我所遵奉的,是那时革命的前驱者的命令",把陈独秀看成"革命的前驱者",自己是听将令的;"有的高升,有的退隐,有的前进",前者指胡适,次者指钱玄同、刘半农,后者指李大钊、陈独秀。

　　这年春天,鲁迅写《集外集·自传》,因为避讳的缘故,没有提陈独秀的名字,但提到《新青年》杂志。他说:"1918 年'文学革命'运动起,我始用'鲁迅'的笔名作小说,登在《新青年》上,以后就时时作些短篇小说和短评。"陈独秀被国民党通缉,是政治犯,所以,鲁迅不提他的名字。鲁迅的名字家喻户晓,是在陈独秀主编的《新青年》发表了他的小说《狂人日记》以后。因此,鲁迅不忘陈独秀的帮助。

　　陈独秀被逮捕后,特别是移交法院审判后,提他的名字已经不需要避讳了。这年 12 月 31 日夜,鲁迅写《南腔北调·〈守常全集〉题记》,回忆李大钊,再次直接提到了陈独秀的名字:"我最初看见守常先生的时候,是在独秀先生邀去商量怎样进行《新青年》的集会上,这样就算认识了。"

　　1933 年 3 月 5 日,鲁迅写《南腔北调集·我怎么做起小说来?》,第三

---

① 《鲁迅全集》,第 4 卷,第 456 页,人民文学出版社,1981 年版。

次提到陈独秀的名字："但是《新青年》的编辑者,却一回一回的来催,催几回,我就做一篇,这里我必得记念陈独秀先生,他是催促我做小说最着力的一个。"当时上门催鲁迅写小说的是刘半农、钱玄同,陈独秀没有到过鲁迅的家。但鲁迅知道,是陈独秀要钱玄同、刘半农来催的。

1934年8月1日,鲁迅写了《怀刘半农君》,提到了陈独秀。他写道:

> 他到北京,恐怕是在《新青年》投稿之后,由蔡子民先生或陈独秀先生去请来的,到了之后,当然更是《新青年》里的一个战士。他活泼,勇敢,很打了几次大仗……《新青年》每出一期,就开一次编辑会,商定下一期的稿件。其时最惹我注意的是陈独秀和胡适之。假如将韬略比作一间仓库罢,独秀先生的是外面竖一面大旗,大书道:"内皆武器,来者小心!"但那门却开着的,里面有几支枪,几把刀,一目了然,用不着提防。适之先生的是紧紧的关着门,门上粘一条小纸条道:"内无武器,请勿疑虑。"这自然可以是真的,但有些人——至少是我这样的人——有时总不免要侧着头想一想。半农却是令人不觉其有"武库"的一个人,所以我佩服陈胡,却亲近半农。①

刘半农到北京,的确是因为给《新青年》投稿,认识了陈独秀,经陈独秀的推荐、蔡元培同意,到北大来的。"独秀先生的是外面竖一面大旗,大书:'内皆武器,来者小心!'但那门却开着的,里面有几支枪、几把刀,一目了然,用不着提防。"这话是说,陈独秀是阳谋,不搞阴谋。

12　无人不哭半农

1934年夏天,刘半农去内蒙古调查方言,不幸感染了回归热,回北京

---

① 《鲁迅全集》,第6卷,第73~74页,人民文学出版社,2005年版。

碰上庸医死了。7 月 16 日晨八时,刘半农遗体移厝于北京西城北海后门外之嘉兴寺。10 月 14 日上午十点,蒋梦麟在景山东街北大二院大礼堂主持了刘半农追悼会。追悼会上,胡适、钱玄同、魏建功讲了话。胡适致哀辞时,提到陈独秀。他说:

> 半农与我相处有二十余年的历史,回忆过去,我等同在北京大学教书时,寓今日第五宿舍之卯斋,当时同室者,计有陈独秀、刘半农、赵元任及余共八九人,每日除读书外,即以谈玄为消遣,在吾国干支时辰上讲,卯本属兔,余等所住之宿舍,即卯字斋,而同室又多属卯字者,又适半农辛卯年生,余亦为辛卯年生,陈独秀较余长十二岁,生辰为庚卯,故当时同学,皆称我等为一群兔子,而称我等宿舍为兔窟,今日回忆斯情,不胜留恋。①

"寓今日第五宿舍之卯斋,当时同室者,计有陈独秀、刘半农、赵元任及余共八九人",胡适谈话有误。实际上,陈独秀当时有家室,不住在北大校内卯子号,而是租住在箭杆胡同;赵元任 1924 年才认识刘半农,不在北大;胡适虽然住在北大教员宿舍,但时间不久,很快就和高一涵在竹杆巷合租房子住了。

追悼会场,挂了胡适写的挽联:

> 守常惨死,独秀幽囚,新青年旧友,而今又弱一个;
> 打油风趣,幽默情怀,当年知音者,无人不哭半农。②

"独秀幽囚",因为陈独秀在牢房里可以写书,可以和女友见面,可以见客,还可以写字应酬,所以叫"幽"囚。"老朋友之中无人不念半农"里的

---

① 朱洪著:《刘半农传》,第 267 页,东方出版社,2007 年版。
② 濮德治回忆胡适写刘半农的挽诗,有误。胡适送的挽联曰:守常惨死,独秀幽囚,新青年旧伙如今又弱一个;拼命精神,打油风趣,老朋友之中无人不念半农。

"老朋友",包括了陈独秀。陈独秀在南京监狱见到报纸上刊登的胡适写挽联,对濮德治说,此联写得不高明,但余有同感焉。言下之意,"打油风趣,幽默情怀"与哭刘半农不协调。陈独秀坐牢,不能参加追悼会,胡适的话,代表了自己的意思。故陈独秀说,余有同感。胡适的挽联虽然值得推敲,但内容不错。

刘半农 1920 年去欧洲后,陈独秀曾把别人带给刘半农的点心在上海打劫吃了。因为刘半农给陈独秀写了几封信,陈独秀均没有回,从此两人失去了联系。(陈独秀 1920 年年初离开北大,刘半农的信未必可以收到。)

陈独秀被捕后,刘半农因为好久没有和他往来,如鲁迅、钱玄同一样,没有公开写文章呼吁营救他。1932 年冬日的一天,刘半农选新诗二十六首,集成《初期白话诗稿》,由北平星云堂书店出版,其中就有陈独秀的诗一首《丁巳除夕歌》。这是刘半农以自己的方式,表示对故人的友情。陈独秀的这首诗,发表在 1918 年,刘半农已保存了十五年了。

在监狱,陈独秀和濮清泉谈到刘半农在欧洲的一件事。濮德治写道:

> 他[刘半农]对音韵一道并没有什么研究,但在法国人面前,大谈音韵,以为法国人不懂音韵,讵料法国的音韵学家,把他驳得体无完肤,使他面红耳赤,息鼓而逃。一个人应该本着知之为知之、不知为不知的精神去做学问,不知并不羞耻,强不知以为知,必然要大丢其脸,弄到无地自容。刘半农就是"猪八戒的妈妈飘海——丑死外国人",应引为教训。①

刘半农到欧洲学习,因为英国物价贵,后到法国学习。他因为经济问题,不得不写点文章,到处投稿,加上他离开英国,引起了英国的个别学者的不满。胡适曾在日记里记录了一位英国教授不满刘半农精力不集中的评价。陈独秀对濮德治说的故事,不知可是胡适所记的故事的误传?

---

① 王树棣等编:《陈独秀评论选编》下,第 372~373 页,河南人民出版社,1982 年版。

第三章 改判八年

(1934年7月~1937年8月)

1 疏处可容走马,密处不使通风

1934年7月21日,国民党最高法院公布,改判陈独秀有期徒刑十三年为八年。狱方同意只判了五年的濮德治和罗世凡两人轮流照看陈独秀,平时每周一次,生病时期不受此限制。两人捕前都是托派中央常委。罗世凡问陈独秀:"习惯吗?"陈独秀和蔼地说:"可以,还可以。"这是他的口头禅。

减刑后,陈独秀情绪很好,增加了风花雪月的兴趣。当时,南京有个经营中药的商人龚怀甫,希望得陈独秀的手迹。在狱卒的帮忙下,陈独秀给龚怀甫写了杜甫的《秋兴八首》中的第八首:

> 昆吾御宿自逶迤,紫阁峰阴入渼陂。
>
> 香稻啄余鹦鹉粒,碧梧栖老凤凰枝。
>
> 佳人拾翠春相问,仙侣同舟晚更移。
>
> 彩笔昔曾干气象,白头吟望苦低垂。

陈独秀在龚怀甫提供的长六尺、宽一尺五寸的屏条纸上,写了四页,字

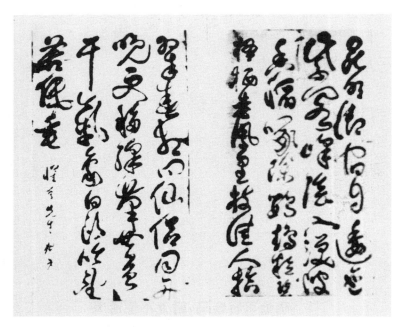

● 陈独秀书法

或大八九寸，或小五六寸，龙飞凤舞，一气呵成。上款书"怀甫先生"，落款"独秀"，加盖"陈独秀印"。"昆吾御宿自逶迤"中的"昆吾"，陈独秀写成"昆明"。"碧梧栖老凤凰枝"中的"凰"字，写成"皇"字。

牢卒见外面人喜欢陈独秀的字，找陈独秀写了许多字。开始，陈独秀无所谓，要写就写，反正自己要靠狱卒照顾。后来陈独秀才意识到，狱卒把自己的字拿去卖钱了。狱卒再要他写，他是要几次，才写一张。后来，狱卒不好意思老找陈独秀要字了。

濮德治见了陈独秀写字，说："你的字我很喜欢，狂草、郑板桥体，都有功夫，很像你的为人。"

陈独秀小时候在嗣父昔凡的朋友曾子固家练过几个月的毛笔字，有童子功。他认为，临帖会流于笨拙，不临帖又有肉无骨，要达到书法妙境，既要天分，也要功夫，才会内劲外秀。因为好久不写毛笔字，他说自己的字差得远了。

陈独秀写字,粗中有细,密中有疏。他晚年在江津给葛康素写回信,谈自己多年书法体会,提醒初学书法的人注意三事:

一、作隶宜勤学古,始能免俗;疏处可容走马,密处不使通风;

二、作书作画,俱宜疏密相间;

三、初学书者,须使粗笔有骨而不臃肿,细笔有肉而不轻,然后笔笔有字而小成矣。笔划拖长宜严戒,犹之长枪大戟,非大力者不能使用也。①

这三句话,分别谈书法的疏密关系、粗细关系和长短的关系。因为有这些观点,陈独秀的书法,已经自成一家。密中有疏,粗中有细,短中见长,并非随心所欲,每次书法,均见其书法观念。

因为知道长笔不易,陈独秀写字,很少用笔下拖,字常常成圆形。又因知道"疏处可容走马,密处不使通风"的道理,陈独秀的字看上去像夏天的树阴,粗看满目浓郁,细看枝叶分明。

2 《金 粉 泪》

一天,汪孟邹来探监,陈独秀将自己写的《金粉泪》(五十六首)交他带回。这些诗,是陈独秀读报或听到什么消息的一时之作,类似大革命失败后写的《寸铁》。他喜欢写七绝,四句一首,记录下了兴致所至的感念。

其一云:

放弃燕云战马豪,胡儿醉梦倚天骄。

此身犹未成衰骨,梦里寒霜夜渡辽。②

---

① 转自朱洪:《陈独秀风雨人生》,第 368 页,湖北人民出版社,2004 年版。

② 陈独秀著、任建树等编:《陈独秀著作选》,第 3 卷,第 347 页,上海人民出版社,1993 年版。

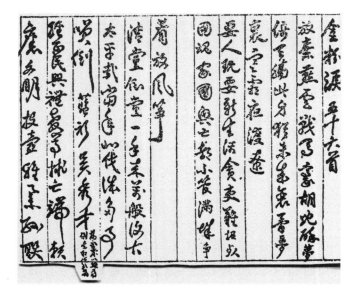

● 《金粉泪》手稿

这是反对日本侵略东三省的诗。

其二云：

> 要人玩耍新生活，贪吏难招死国魂。
>
> 家园兴亡都不管，满城争看放风筝。①

这一首反对蒋介石的玩弄"新生活"，自己剃了光头。"放风筝"，说明写在 1933 年的春天。金陵是六朝故都，有放风筝的传统。

其七云：

> 五四五卅亡国祸，造反武昌更不该。
>
> 微笑捻须张大辫，石头城上日徘徊。②

---

① 转自朱洪：《陈独秀风雨人生》，第 321 页，湖北人民出版社，2004 年版。

② 杜宏本主编：《陈独秀诗歌研究》，第 206 页，国际炎黄文化出版社，2005 年版。

"五四五卅亡国祸，造反武昌更不该"，是说按国民党的逻辑，陈独秀犯叛国罪，当年搞五四、五卅运动，是祸国殃民；按这个逻辑，孙中山搞辛亥革命，也是叛国罪。陈独秀在法庭上，就是这样为自己辩护的。"微笑捻须张大辫，石头城上日徘徊"，是说你们的种种做法，只有复辟派张勋高兴，在金陵上空，流连忘返。

其五十六首云：

> 自来亡国多妖孽，一世兴衰过眼明。
> 幸有艰难能炼骨，依然白发老书生。[①]

经历了辛亥革命、大革命和这些年的到处躲藏，陈独秀已经看通了人情世故和古往今来，故具有"一世兴衰过眼明"的洞察力；"幸有艰难能炼骨，依然白发老书生"，把监狱看作烤炉，锤炼自己，同时读书写作，不改书生的本性。

陈独秀是研究古代读音和现代读音变化的人，研究了《诗经》上的押韵和现代读音不合的问题，并研究了各地方言与古代人发音的关系。故他的诗，有的地方表面上看，不符合今天的韵，却符合古人的韵。这是他的诗看上去平易，甚至"肤浅"，实际上包含了很深的功力，非文字学家和音韵学家，难识其真味。

汪孟邹连看了几首，没有看懂要害。见陈独秀在一些诗后作了简短的注脚，讽刺一些党国要人蒋介石、杨永泰、邵元冲、戴传贤、吴敬恒、何应钦、陈公博、李石曾、张人杰、汪兆铭、孙科、胡汉民、陈济棠、陈立夫等，汪孟邹不敢看了，忙悄悄地收起，大气不敢出一口。

濮清泉见陈独秀喜欢写七绝，问他，诗歌到底用白话好，还是文言好？陈独秀说：

---

① 杜宏本主编：《陈独秀诗歌研究》，第 209 页，国际炎黄文化出版社，2005 年版。

以前之所以不谈,是要看看白话是不是可以写出好诗来。现在看起来,白话诗还不能证明它已建立起来,可以取古体诗而代之。我看了许多新诗。还没有看到优秀的作品,能使人诵吟不厌的。我认为诗歌是一种美的语言和文字,恐不能用普通语言来表达。诗有诗的意境、诗的情怀、诗的幻想、诗的腔调等等需要去琢磨。决不是把要说的话,一字不留地写出来就是诗。①

"我看了许多新诗。还没有看到优秀的作品",说明当初陈独秀夸奖胡适等人的白话诗,是文学革命的需要。

3　章士钊:红叶聚散原如此

1934 年 9 月 27 日,郑超麟妻子吴静如(即刘静贞)自上海来南京监狱探望陈独秀。陈独秀给汪原放写了一信,并托她带上宣纸一条,转送章士钊。陈独秀想找四个朋友各写一幅字,拼成一小屏挂在墙上,朝夕相对。陈独秀写道:

请其大笔一挥,写好仍交兄觅便寄来。并请兄转告行翁,最好能写他的近作诗词,愈速愈好。拟择朋友中能书者四人,各书一幅,合为一小屏,朝夕瞻对,以释消愁,兹托行翁书即四幅之一,望以此意告之行翁。②

章士钊事情多,虽然有幸列入了陈独秀的四分之一,但仍然拖了不少日子。直到冬天,他见一年将尽,树叶快落光了,不能再拖了,写了《诗二

① 王树棣等编:《陈独秀评论选编》下,第 362～363 页,河南人民出版社,1982 年版。
② 陈独秀著、任建树等编:《陈独秀著作选》,第 3 卷,第 346 页,上海人民出版社,1993 年版。

首》送陈独秀,并裱好了寄来。

其一云:

夜郎流客意何如,犹记枫林入梦初。

夙鄙诸生争蜀洛,那禁文网落吴潘。

议从刻本威奥在,煎到同根泣亦徒。

留取心魂依苦县,眼中台鹿会相呼。①

这首诗写得古奥,颇有怪陈独秀热心政治之意(争蜀洛);"那禁文网落吴潘",指陈独秀落难,本质是文字狱。

其二云:

三十年前楚两生,君时扪虱我谈兵。

伯先京口长轰酒,子谷香山苦嗜物。

昌寿里过梅福里,力山声杂溥泉声。

红叶聚散原如此,野马风椴目尽迎。②

"三十年前楚两生",指安徽和浙江,曾经都是楚地;"三十年前",指1903 年,章士钊和陈独秀同在上海办《国民日日报》;"君时扪虱我谈兵",陈独秀身上的虱子多,叫章士钊不忘;"伯先京口长轰酒",赵伯先好酒;"子谷香山苦嗜物",苏曼殊好吃甜食;"昌寿里过梅福里",报社的地址;"力山声杂溥泉声",潘力山和张继喜欢抬杠子;"红叶聚散原如此",大家如同红叶,到冬天就零落凋谢了。

章士钊在诗后题跋云:"独秀兄近自江宁函索拙书,因便为长句写寄。世乱日亟,衣冠涂炭,如独秀幽居著书似犹得所。奉怀君子,不尽于言。"

---

①② 　汪原放:《回忆亚东图书馆》,载《自述与印象:陈独秀》,上海三联书店,1997 年版。

"独秀幽居著书似犹得所",与胡适的看法不约而同。

章行严的诗,有些像陈独秀早年的《存殁六绝句》,尽谈人世沧桑,有些悲凉。陈独秀和濮德治谈起章士钊,说他和苏曼殊不同,不爱文艺,而致力于政法,是个十足的官迷。

4 研 究 文 字 学

陈独秀研究文字学的兴趣,一方面是安徽人研究文字学有传统,一方面是早年在日本听章太炎讲文字学引起的。二次革命失败后,陈独秀无钱养家糊口,写了《字义类列》一书。1917 年年初,蔡元培聘请陈独秀到北大任文科学长,就以陈独秀擅长文字学研究,封了旧派的口。但后来从事新文化运动和政党活动,没有继续文字学的研究。大革命失败后,尤其是党籍被开除后,陈独秀重操旧业,继续研究文字学。

陈独秀研究文字学不人云亦云,对以往的许多小学家拘泥于许慎、段玉裁的《说文解字》,采取了批判的态度。他定购了《东方杂志》,这个杂志在五四时代和《新青年》是唱对台戏的。现在,陈独秀写了《荀子韵表及考释》、《实庵字说》等文字学文章寄给他们,该杂志是很高兴的。

一天,濮德治问陈独秀,研究文字学有什么用处? 陈独秀说:

> 你不知道,用处可大了,中国过去的小学家(研究《说文》的人),都拘泥于许慎、段玉裁的《说文解字》和注,不能形成一个文字科学,我现在用历史唯物论的观点,想探索一条文字学的道路,难道没有用处? 我当然不劝你们青年人去研究这种学问,可是我已搞了多年,发现前人在这方面有许多谬误,我有责任把它们纠正过来给文字学以科学的面貌。我不是老学究,只知背前人的书,我要言前人之未言,也不

标新立异，要作科学的探讨。①

据魏建功说，仲甫在狱中写成《实庵字说》，每在《东方杂志》上发表，钱玄同先生即于东安市场书摊"争先寻求，津津乐道，喜至功家清谈。从违取舍，间有发明。"②钱玄同是文字学家，他以这样的特殊方式，表达对于老朋友的关心。

在南京监狱，陈独秀写了《以右旁之声分部计划》。"右旁之声"指形声字的声符。汉字结构一般指象形、指事、会意、形声、假借、转注。形声字占汉字总数的百分之八十以上，声形的位置关系不固定，多数形声字，系左形右声。

一种观点认为，形声字的声符与意义无关。陈独秀认为，形声字的声音与意义，不少是有关系的。如《孟子》"仁，人也"，即以声音表达意义。宋代"右文说"，也是说形声字中的声符有达义的作用。

陈独秀写的《以右旁之声分部计划》是未定稿，没有名字，是一些以声符义的字表。陈独秀去世后，学生何之瑜负责处理他的遗作，加了这个题目。该文"从丁之字"到"从甫之字"，共八十八项，数万字。每项字数多寡不等，少则一字，多则百字。字不是单一的，还包括词，如"从草之字"的"芙蓉"、"蔷薇"等。每项下的字，有的详细训释。陈独秀旁征博引，参照各种字书、金文、甲骨文、经典史籍等。

也有不少字头，陈独秀未加训释，或很简单，估计是资料缺少，或者没有把握，打算逐渐地补充。

研究文字学，陈独秀接触不少稀罕的史料。偶尔，他也写一点随笔。其中一短文《刘銮与刘銮塑街》，仅三百字。《中国美术史》、《中国人名大辞典》等书，介绍元人刘銮塑造佛像的资料很简单，尽管元都胜境毁于雍正

---

① 王树棣等编：《陈独秀评论选编》下，第 355 页，河南人民出版社，1982 年版。
② 《魏建功文集》，第 3 卷，第 399 页，江苏教育出版社，2001 年版。

八年(1730)的地震,刘妾的塑像消失,但其人的名字却进了北京的地名。据《日下旧闻孝》,元都胜境之故址为北京西城区的西什库。至今,北京西什库附近尚有刘兰塑胡同(或谓刘蓝塑胡同)呢!

5 可叹者诸先知先觉耳

1935 年 2 月 14 日,陈独秀收到胡适寄段书诒(锡朋)转来的一封信,并将陈独秀的稿件退给他修改。听说商务同意出自己的书,陈独秀非常高兴,当天写回信说:

> 由书诒兄转来信及稿均收到。闻此稿费已付账,如释重负,请转达云五先生致谢,千万。此稿改好交何人转致他,并求询明示知!(弟常向此间商务分馆购书,不知可否交那里转云五先生?)我拟写各书他们要么? 不知是顺口应酬话,还是真话? 倘真要,我便真写。他们倘真要,望示以内容大致范围,即确能出版者。著书藏之名山,则非我所愿也。乞便中转达此意于云五先生。
>
> 兄南游中,此间颇有谣言,兄应有纪行一文公表,平心静气描写经过,实有必要。弟私心揣测,兄演词或有不妥处,然圣人之徒不过借口于此,武人不足责,可叹者诸先知先觉耳![1]

"闻此稿费已付账",指商务将稿费已给亚东转陈独秀;"此稿改好交何人转致他",说明商务退稿叫陈独秀改;"我拟写各书他们要么?"胡适信中谈及商务约陈独秀写其他的书稿内容。因为不知是客气话,还是真话,陈独秀将信将疑。

"兄南游",今年春天,胡适到广东、香港演讲,受到军阀陈铭枢等人的

---

[1]　陈独秀著、水如编:《陈独秀书信集》,第469页,新华出版社,1987年版。

冷遇;"武人",指陈济棠等人,"诸先知先觉"指邹鲁辈。当年,两人一起搞新文化运动,现在,胡适在广州遭到反击,自然引起陈独秀的同情。十几年前,陈独秀在广州被旧派挤走,想不到,胡适今天也遭到同样的命运。

此外,"武人"还包括何键。就在陈独秀给胡适写信这天,香港《循环日报》刊登了湖南省政府主席兼"追剿"军总司令何键的指责胡适的电文。沉默并不意味着自己无理,因为对方是地方实力派,胡适开罪不起,只好忍气吞声,不默一言。

王云五这次并没有真的出版陈独秀的书,给陈独秀留下很坏的印象。晚年在江津,他在信里多次抱怨王云五,说他看人做事。

夏天,陈独秀在监狱里突然想起研究太平天国史,写信叫汪原放帮助找参考书。他很欣赏罗尔纲写的《太平天国广西起事史》,对汪原放说,"很希望罗尔纲到南京一谈"。当时,罗尔纲在胡适家中帮助抄写整理胡适父亲铁花先生遗著。

章希吕到北京后,问胡适:"陈先生希望尔纲去南京,他准备去不?"胡适说,"仲甫是有政治偏见的,他研究不得太平天国,还是让尔纲努力研究吧!"胡适记得陈独秀当年议论义和团,一会骂拳匪,一会为之曲说强辩。仲甫这样的性格,是不能研究史学的。在胡适眼里,研究学问不能有政治偏见。

值得一提的是,陈独秀去世后,提倡读经的陈铭枢写了一副挽联:

> 官皆断制,行绝诡随。横览九州,公真健者!
> 谤积丘山,志吞江海。下开百劫,世负斯人!①

上联说陈独秀做的官历史上没有过,行为少有,"公真健者",予以肯定;下联说陈独秀引起许多是非和议论,但志向远大。"下开百劫,世负斯

---

① 靳树鹏:《陈独秀的墨宝》,《博览全书》,2003 年第 8 期。

人"，认为陈独秀的遭遇开了一个不好的头，社会对他不公道。

陈铭枢嘱江津的朋友转请其佛学老师欧阳竟无书写该挽联，准备在追悼会上挂出，没有想到，追悼会并没有开成。

6 刘海粟：你伟大

1935 年冬日的一天，刚从欧洲回国的刘海粟见到蔡元培①等人，蔡元培等人想去看陈独秀，又不便去，就委托无党派的刘海粟去。刘海粟拎着礼品袋到南京狱中看陈独秀，典狱长不认识刘海粟，阻止他进去。刘拿出国民党教育部政务处长段锡朋写的条子。典狱长就客气了，赶忙带他进去。

在一间单人牢房里，穿着一件酱色毛线衣的陈独秀正扑在桌上写文章，案前到处是摊开的书。刘海粟紧紧握着陈独秀的手说："你伟大！"留着短短胡髭的陈独秀面色看上去有些病容。"你伟大，敢画模特儿，和封建势力斗。"

早在 1926 年 6 月 30 日，即北伐开始前，陈独秀在《向导》上发表短文《美术家再往何处遁？》说：

> 上海县知事禁止美术专门学校不良科学（人体模特儿），孙传芳斥刘海粟校长，"不顾清议罔识礼教"。且看大美术家刘海粟再往何处遁？②

当时，南方正准备北伐。陈独秀密切关注占据上海的军阀孙传芳的动态，注意到了孙传芳对刘海粟的驳斥。此外，为刘海粟说话，还有站在新文

---

① 1985 年 10 月 2 日，任建树访问刘海粟于上海衡山饭店，其谈话笔录说："刘海粟说：1935 年秋，我刚从欧洲回来，见到蔡元培、杨杏佛。"杨杏佛于 1933 年 6 月 18 日被刺杀，此处有误。

② 陈独秀著、任建树等编：《陈独秀著作选》，第 2 卷，第 1086 页，上海人民出版社，1993 年版。

化运动发起者的立场,继续推进新文化运动的意思。

这次见面,刘海粟讲了一下自己在法国举办画展情况后,拿出一幅册页请陈独秀题签。原来,刘海粟刚去黄山,想不到黄山雨雪早,遇风雪躲到文殊院,画了这幅古松图。陈独秀见画上树干龟裂、簇叶盘丫,满纸阴浓,题款云:

> 黄山孤山,不孤而孤,
>
> 孤而不孤。孤与不孤,
>
> 各有其境,各有其图。

> 此非调和折衷于孤与不孤之间也。题奉海粟先生
>
> 独秀①

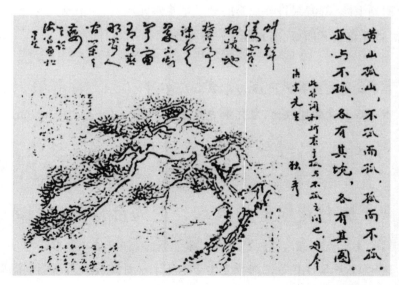

● 陈独秀为刘海粟画题字

陈独秀的题字,像诗,又像格言。表面上谈黄山,实际上谈自己。自己

---

① 任建树等编注:《陈独秀诗集》,第187页,时代文艺出版社,1995年版。

在监狱,和黄山一样,是孤孤单单,"不孤也孤"。"孤而不孤",有许多朋友来看自己,有书可读,有书可写,因此孤中有不孤。"孤与不孤,各有其境,各有其图。"自己未被逮捕,活在人群中,看起来自由,不孤,其实比坐牢还孤单,隐藏在贫民窟里,朋友不敢看他,自己的文章没有地方发表。现在坐牢了,表面孤单,实际不孤单。因此,"各有其图"。陈独秀承认,孤与不孤,是相对的。"此非调和折衷于孤与不孤之间也",陈独秀明确地说,这个题字,不是玩文字游戏。

刘海粟一下没有看清陈独秀的题字的要害,连声说:好!好!见陈独秀行书流畅,刘海粟请陈独秀写幅字作纪念。陈独秀很高兴,大笔一挥道:"行无愧怍心常坦,身处艰难气若虹。"他指着对联,大声说:"蒋介石要我反省,他倒要反省。"刘海粟怕狱卒听了不方便,赶忙朝门外看。这次见面,两人谈了一个多小时。

回到上海,刘海粟将陈独秀的题字拿给蔡元培看,并请蔡先生题《黄山松》。蔡元培投其所好,凑兴题了一首七绝:

> 黄山之松名天下,夭矫盘挐态万方。
> 温说盆栽能放大,且凭笔力与夸张。

> 海粟先生于本年十一月游黄山,在风雪中作此,不胜岁寒后凋之感。
>
> 二十四年十二月　元培①

这年11月8日立冬,"海粟先生于本年十一月游黄山",说明刘海粟见陈独秀的时间,在这年冬季,具体时间在11月中下旬或12月初。

五十年后,刘海粟回忆陈独秀写"行无愧怍心常坦,身处艰难气若虹"

---

① 高平叔著:《蔡元培年谱长编》下(2),第266页,人民教育出版社,1998年版。

对联的经过,说:

> 陈在狱中没有忧忧不乐,很自然,有气派。我说到我在法国开画展的情况,他听了很高兴。我们谈话约一个小时,门口站着特务。临别时,我请他题字留念。他写了这幅对子。在十年浩劫中,我把它辗转藏匿,才得以保存了下来。①

7　托洛茨基:陈独秀应参加第四国际总理事会

1935 年 12 月 3 日,托派中央临委在上海召开了一次会议。会议的一项内容是,讨论托洛茨基提名陈独秀参加第四国际总理事会的问题。

陈独秀被捕后,对托派产生了微妙的变化,变得没有以前热心了。如美籍加拿大人、美国托派负责人之一、上海《达美晚报》编辑李福仁(法朗克·格拉斯)几次叫刘静贞(吴静如)带话,想来狱中见陈独秀,但陈独秀拒绝了。陈独秀不想和上海的托派的关系过于密切。偶尔,陈独秀忍不住还和彭述之争几句。彭述之主张以"倒蒋"口号代替"打倒国民党"口号,陈独秀写了《对区白两篇文章的批评》,反驳"区白"(彭述之)。

另一方面,陈独秀不满斯大林和苏联,与日俱增。去年 5 月 15 日,陈独秀给托派国际书记局写了一封信,同情托洛茨基的遭遇。他写道:

> 从报纸上见到托洛茨基同志遭受法帝国主义的种种刁难,又见到斯大林主义者的所行所为的如何反动,我感到非常悲痛。斯大林的官僚党制已经摧毁了共产党的活力和精神……斯大林在替全世界的资产阶级服务。在苏联,斯大林的个人独裁正在代替无产阶级及其先锋

---

① 陈独秀著、任建树等编:《陈独秀著作选》,第 3 卷,第 351 页,上海人民出版社,1993年版。

队的专政。①

因为陈独秀对于托派关系不即不离，上海的托派临委在研究是否推荐陈独秀参加第四国际总理事会时，发生了争论。

尹宽认为可以推荐陈独秀，说："陈独秀不是一个马克思主义者，假如我们考虑选他基于他的威望和影响力，我们就欢迎他做候选人。但是我们应当讨论他的政治意见，判定他是否为一个马克思主义者。虽然如此，我们应当接受托洛茨基的陈独秀提名。因为他的威望和影响力。"

陈其昌不赞成尹宽把问题复杂化，说："中国同志中没有一个是百分之百的马克思主义者。我们要把这两个问题分开，第一个问题：我们能否选陈独秀进总理事会，第二个问题：陈独秀是否一个真正的马克思主义者。现在我们应当只讨论第一个问题，他的提名接受与否。"

蒋振东支持尹宽的意见，说："陈独秀的政治意见不能代表布尔什维克——列宁派，因此联系到他够不够当代表。两个问题一定得合起来讨论。"

李福仁说，现在的目的是联合所有赞成建立第四国际的革命党派到一个组织里来。大家围绕是否接受托洛茨基的提议以及陈独秀的真正立场进行长久的讨论。他正式提议：本组织赞成托洛茨基的提议，即陈独秀由国际书记处提名参加第四国际总理事会。

尹宽说：我们接受托洛茨基的提议，同时我们告诉托洛茨基：我们（中国布——列派）不承认陈独秀的政治领导。

陈其昌说："我们接受托洛茨基提议陈独秀作为总理事会候选人，不管陈独秀与我们政治上有多少分歧。我们必须仅仅从第四国际的大原则来考虑这个建议。"

李福仁说："我们还不能说我们不接受陈独秀的政治领导，我们立场的方案尚未做出。这决议案只能简单地赞成陈独秀参加总理事会的提名，无

---

① 《陈独秀研究动态》，第 1～22 期合订本，第 22 页。

任何保留。我们不希望为未来的工作先疏远陈独秀,特别是我们尚未将我们的立场规定下来,接受建议不需要加上什么保留。我们应当是接受或拒绝。"

尹宽说,我的意见是应当接受建议,但要加上一句说明我们与陈独秀之间的分歧。

最后投票表决,做出决议案:"我们赞成托洛茨基的提议:提名陈独秀参加总理事会。"四票赞成,三票反对,通过。尹宽最后仍保留意见,说:"如果委员会举行投票,那得让全体同志们批准。"①

8　胡适和汤尔和的争论

1935 年 12 月 23 日,胡适给国民政府行政院驻北平政务整理委员会委员汤尔和写了一封信。这几天,胡适在家看汤尔和 1917 年、1918 年、1919 年三册日记。特别是 1919 年日记,因为涉及撤销陈独秀文科学长的内幕,胡适看得很详细。隔日,在送还日记时,胡适给汤尔和写信说:

　　前所欲查的一个日子,乃是八年三月廿六夜,先生记在次日(廿七)。此夜之会,先生记之甚略,然独秀因此离开北大,以后中国共产党的创立及后来国中思想的左倾,《新青年》的分化,北大自由主义者的变弱,皆起于此夜之会。独秀在北大,颇受我与孟和(英美派)的影响,故不致十分左倾。独秀离开北大之后,渐渐脱离自由主义者的立场,就更左倾了。此夜之会,虽有尹默、夷初在后面捣鬼,然子民先生最敬重先生,是夜先生之议论风生,不但决定北大的命运,实开后来十余年的政治与思想的分野。此会之重要,也许不是这十六年的短历史

---

　　①　《1935 年 12 月 3 日托派中央临委会议记录(摘要)》,载《陈独秀研究动态》,第 1~22 期合订本,第 23 页。

所能论定。可惜先生不曾详记,但有月日可考,亦是史料了。先生试读四月十一日记末行,可知在当时独秀与先生都知三月廿六夜之会之意义。①

12月28日,汤尔和给胡适写回信,为自己劝蔡元培解除陈独秀职务辩白:"当时所以反对陈独秀,是因为他与北大的学生同嫖一个妓女,因而吃醋……一时学校社会都盛传这件事。这种行为如何可作大学师表呢?"胡适不同意汤尔和的辩解,连夜回信反驳他:

> 三月廿六夜之会上,蔡先生颇不愿于那时去独秀,先生力言其私德太坏,彼时蔡先生还是进德会的提倡者,故颇为尊议所动。我当时所诧怪者,当时小报所记,道路所传,都是无稽之谈,而学界领袖乃视为事实,视为铁证,岂不可怪?嫖妓是独秀与浮筠都干的事,而"挖伤某妓之下体"是谁见来?及今思之,岂值一噱?当时外人借私行为攻击独秀,明明是攻击北大的新思潮的几个领袖的一种手段,而先生们亦不能把私行为与公行为公开,适堕奸人术中了。当时我颇疑心尹默等几个反复小人造成一个攻击独秀的局面,而先生不察,就做了他们的"发言人"了。②

第二天,12月29日,汤尔和给胡适写了第二封回信,继续辩解:

> 陈君当然为不羁之才,岂能安于教授生活,即非八年之事,亦必脱韝而去。尊见谓此后种种皆由一夕谈所致,似太重视。③

————————————

①② 胡适著、季羡林主编:《胡适全集》,第24卷,第266页、第278～279页,安徽教育出版社,2003年版。

③ 《胡适来往书信集》中,第291页,中华书局,1979年版。

隔日，胡适和汤尔和见面，两人"晤谈甚慰"。但对于汤尔和的第二封回信，胡适耿耿在怀。次日是新年元旦，胡适出席千家驹和杨梨音女士的婚礼作证婚人。1936 年 1 月 2 日夜，胡适给汤尔和写回信说：

> 独秀终须去北大，也许是事实。但若无三月廿六夜的事，独秀尽管仍须因五月十一夜的事被捕，至少蔡、汤两公不会使我感觉他们因"头巾见解"和"小报流言"而放逐一个有主张的"不羁之才"了。
>
> 我并不主张大学教授不妨嫖妓，我也不主张政治领袖不妨嫖妓，——我觉得一切在社会上有领袖地位的人都是西洋人所谓"公人"（Public men），都应该注意他们自己的行为。①

胡适说："当日攻击独秀之人，后来都变成了'老摩登'"，"老摩登"不仅指汤尔和，也包括蔡元培本人三次结婚。1923 年 7 月 10 日，蔡元培五十七岁时，与第三夫人周峻女士结婚。蔡元培在婚礼上说："余今年五十七，且系三娶。"所谓"三娶"，指蔡元培先后娶王昭、黄仲玉、周峻为妻。1889年 3 月，蔡元培与王昭结婚。胡适对蔡元培并没有成见，他的话，主要指汤尔和本人。

9 请蔡元培帮忙

1936 年 2 月 7 日，陈独秀给中央研究院院长蔡元培写了一信，云：

> 舍亲某承先生之力保，前日已释出，其本人及独秀均至感。又有王简、贺贤深，五年前，同在上海被捕，王判十五年，贺判十年，经过大赦之后，王之刑期只余四年余，贺之刑期只余二年余。二人均日久重

---

① 胡适著、季羡林主编：《胡适全集》，第 24 卷，第 281 页，安徽教育出版社，2003 年版。

病,再羁迟狱中,必无生理。兹特请求先生函向上海警备司令部保释就医,此二人现在京中中央陆军监狱,原判机关则为上海司令部也。屡渎至歉。

　　送此信至先生处之吴女士,即王君之妻也。又及。①

　　"王简"、"贺贤深"即郑超麟、何资深。1931 年 5 月 23 日,国民党抄查了托派中央机关,逮捕了郑超麟、郑超麟妻子刘静贞共十三人。刘静贞早已放出,常常来南京看丈夫郑超麟,同时看望陈独秀。这封信,即在刘静贞来探监时所写。

　　2 月 28 日,蔡元培给杨虎写信,云:

　　　　径启者:查有郑超麟、贺贤深二人,于民国二十年五月二十日在上海被捕,由尊处判决郑十五年、贺十年之徒刑,经大赦减轻后,刑期尚未满,现在中央陆军监狱拘押。二人在狱日久,不无悔悟,现均患疾病,日见沉重,拟请由弟作保,准其出外就医,俾得相当调理,早日就痊。特为函达于左右,还希察裁允许,不胜感荷。②

　　蔡元培的信,没有结果。

　　陈独秀几次被捕,蔡元培均出面参与营救。和濮德治谈起蔡元培,陈独秀说:"孑民是一个忠厚的长者,这一点很像李大钊,在大节上,蔡校长能坚持真理。'五四'运动时,他是带头辞职的。"

　　陈独秀判刑后,亚东图书馆抓住陈独秀案沸沸扬扬,抓紧出版了《独秀文存》,并请蔡元培写《独秀文存》序。蔡元培十分乐意,写道:

---

　　①②　高平叔著:《蔡元培年谱长编》下(2),第 278～279 页、第 278 页,人民教育出版社,1998 年版。

后来陈君离了北京，我们两人见面的机会就很少；我记得的，只有十五年冬季在亚东图书馆与今年在看守所的两次。他所作的文，我也很难得读到了。这部文存所存的，都是陈君在《新青年》上发表过的文，大抵取推翻旧习惯、创造新生命的态度；而文笔廉悍，足药拖沓含糊等病；即到今日，仍没有失掉青年模范文的资格。我所以写几句话，替他介绍。①

"今年在看守所的两次"，说明蔡元培在 1933 年春天，陈独秀关押候审期间，到看守所看了陈独秀两次。1919 年春天，因为谣传陈独秀逛八大胡同，在汤尔和、沈尹默和马叙伦的劝说下，蔡元培撤了陈独秀的文科学长的职务，其理由即陈独秀私德不修。现在，蔡元培说他"仍没有失掉青年模范文的资格"，含了替他恢复名誉的意思。

蔡元培帮助陈独秀，除了营救他，帮助他保释朋友，找工作以及写序外，他的亲戚还帮助陈独秀看病。如 1932 年春天，蔡元培的一位亲戚给陈独秀看过胃病。那年 3 月 24 日，陈独秀给蔡元培写信，说："贱恙时益时发，亦是肠胃的常态。近日令亲周仲奇先生来赐诊治（金家凤兄介绍），颇见效，知注特以奉闻。"周仲奇是蔡元培第三个妻子周峻的娘家人，故云令亲。

陈独秀是招惹是非的人，他几乎没有给蔡元培帮过什么忙。但他一旦能够帮助别人，一定也是竭尽全力的人。事实上，他请蔡元培保释朋友，替出监狱的朋友找工作，都是热心地帮助别人。

10　茅盾约稿：中国的一日

1936 年春，茅盾写给汪原放一封短信，要他转请陈独秀翁写一篇《五

---

① 　高平叔著：《蔡元培年谱长编》下（2），第 42 页，人民教育出版社，1998 年版。

月二十一日》，并附了几张《〈中国的一日〉征文简章》。十年前，1927 年 5
月 21 日，是马日事变，那时，沈雁冰也在武汉，但茅盾不是指这个历史事
件，模仿《世界的一日》的题目，目的是请一些名人写同题文章，活跃一下
沉寂的文坛。

5 月 6 日，汪原放到了南京。在南京期间，汪原放曾几次到监狱里去
看过陈独秀，并把茅盾的信和征文简章给了陈独秀。陈独秀因为不能马上
写好，11 日汪原放回上海前，嘱仲翁写好寄给他。

汪原放走后，陈独秀寻思了几天，什么感想也没有。为了交差事，陈独
秀不得不就事论事，围绕《中国的一日》这个题目来写。陈独秀认为，世界
是分阶级的，没有完整的世界，也没有完整的中国。因此，理想的世界一日
和理想的中国的一日，都是不存在的。他写道：

> 朋友嘱我为《中国的一日》写点感想，在这天，我没有什么感想，
> 且就本地风光，即就《中国的一日》这个题目，说几句话吧。
>
> 《中国的一日》似乎是模仿《世界的一日》而作的。在阶级的社会
> 里，一个国际主义者的头脑中所谓世界，只有两个横断的世界，没有整
> 个的世界，在这两个横断的世界之斗争中，若有人企图把所谓整个的
> 世界这一抽象观念，来掩盖两个横断的世界之存在，而和缓其斗争，这
> 是反动的观点，若有人把整个的世界纵断成不相依赖的无数世界，幻
> 想在纵断的各别世界中，完成人类的理想，而不把国际间两个横断的
> 世界之斗争看成各别的纵断世界中斗争胜利之锁钥，这也是反动的观
> 点。在一个国家中，也是这样，也只有两个或两个以上横断的社会之
> 存在，抽象的整个国家是不存在的。这两个或两个以上横断的社会，
> 利害不同，取舍各异，如果有人相信这利害根本不同的横断世界及横
> 断社会，可以合作，可以一致，这不是痴子，便是骗子。痴子犹可恕也，
> 骗子不可恕矣！
>
> 整个的国家，永远是不存在的，整个的世界，只有在阶级消灭以后

才会出现。凡是读《中国的一日》,以至读《世界的一日》的人们,应该很客观地想想这个问题,不要做痴子,而受骗子的骗!①

"如果有人相信这利害根本不同的横断世界及横断社会,可以合作,可以一致,这不是痴子,便是骗子",指共产党和国民党合作的事;"痴子",指陈独秀自己和当时一班共产党人;"骗子"是指苏联和共产国际。"痴子犹可恕也,骗子不可恕矣!",指苏联领导人斯大林、布哈林等人的错误不可饶恕。

写好《五月二十一日》,陈独秀寄给了汪原放。汪原放按照茅盾的嘱咐,于 5 月 28 日把仲翁的文稿寄给了生活书店的徐伯昕先生,再转交给茅盾。徐伯昕(1905 ~ 1984),这年三十二岁,江苏武进人,原名徐亮,1932年,和邹韬奋一起创办生活书店。

在狱中,陈独秀对于斯大林耿耿于怀。写《中国的一日》,本来是很文学化的题目,虽然内容可以随意,文风可以五花八门,但像陈独秀这样写到政治,是沈雁冰没有想到的。因为没有直接批评国民党,而是批评斯大林和共产国际,没有犯忌,该文仍被收入了茅盾主编、1936 年 9 月初版的《中国的一日》一书,署名陈独秀。

大革命失败后,陈独秀思考最多的问题,仍然是该不该加入国民党的话题。

11　鲁迅"是一名战将,但不是主将"

1936 年,徐懋庸、周扬提倡国防文学,引起了与鲁迅的矛盾。陈其昌在北大时就崇拜鲁迅,夏天,听到了这个消息后,化名陈仲山,兴奋地写了

---

①　陈独秀著、任建树等编:《陈独秀著作选》,第 3 卷,第 352 ~ 353 页,上海人民出版社,1993 年版。

一封信给鲁迅,并附上托派刊物《斗争》、《火花》及几册中译的托洛茨基的书,请内山书店转送,想拉鲁迅支持他们反对毛泽东等提出的建立抗日联合战线的主张。

● 鲁迅摄于 1936 年 10 月 2 日

本来,病中的鲁迅对陈独秀并没有什么不好。去年 12 月 18、19 日,他写《"题未定"草》,还提到陈独秀,说:"据我所知道,则《独秀文存》,也附有和所存的'文'相关的别人的文字。"指与共产党有关的文字,说明鲁迅看过《独秀文存》。他在文章里提到陈独秀,说明陈独秀在他心目中,还有地位。

对托派陈其昌拉自己的做法,鲁迅很反感。因病得很重,几乎不能执笔了,鲁迅口授、由 O·V(冯雪峰)笔录了一封公开信,给予答复,在《现实文学》登了出来。鲁迅公开信的口气很严厉,说,"自觉和你们总是相离很远的罢","我只要敬告你们一声,你们的高超的理论,将不受中国大众所欢迎,你们的所为有悖于中国人现在为人的道德。我要对你们讲的话,就仅仅这一点。"陈其昌见自己一直崇拜的鲁迅如此严厉地批评自己和托派,很难过,写了一封长信给鲁迅,但没有答复。

听说这件事后,陈独秀在濮德治面前,深怪陈其昌对鲁迅发生幻想。

10 月 19 日,鲁迅去世了。报纸刊登了蔡元培在鲁迅追悼会上的发言,引起了陈独秀的感慨。他在监狱对濮清泉谈起鲁迅,说:

> 他在中国现代作家中,是首屈一指的人物。他的中短篇小说,无论在内容、形式、结构、表达各方面,都超上乘,比其他作家要深刻得多,因而也沉重得多。不过,就我浅薄的看法,比起世界第一流作家和

中国古典作家来,似觉还有一段距离。《新青年》上,他是一名战将,但不是主将,我们欢迎他写稿,也欢迎他的二弟周作人写稿,历史事实,就是如此。现在有人说他是《新青年》的主将,其余的人,似乎是喽啰,渺不足道。言论自由,我极端赞成,不过对一个人的过誉或过毁,都不是忠于历史的态度。①

濮德治这段文字,记载了陈独秀在监狱里(1933～1937)说的话,"他是一名战将,但不是主将",不是针对毛泽东的话。因为毛泽东说"鲁迅是中国文化革命的主将",是 1940 年 1 月 9 日讲演《新民主主义论》,时间在此之后。

"他是一名战将,但不是主将",与鲁迅对自己在新文化运动中的作用的估价,是一致的。因为鲁迅 1932 年写文集自序,把陈独秀看成"革命的前驱者",自己是听将令的。鲁迅喜欢"咬文嚼字",在意文字的准确性。他这么说,不是一时的客气话。

陈其昌对鲁迅发生幻想,根源于鲁迅对国防文学的批评。1938 年春,徐懋庸到延安,在毛泽东接见他时,重点谈了自己在上海和鲁迅的矛盾。毛泽东仔细听了他的陈述,然后婉转地批评他说:

> 但是你们是有错误的,就是对鲁迅不尊重。鲁迅是中国无产阶级革命文艺运动的旗手,你们应该尊重他。但是你们不尊重他,你的那封信,写得很不好。当然,如你所说,在某些具体问题上,鲁迅可能有误会,有些话也说得不一定恰当。但是,你今天也说,那是因为他当时处境不自由,不能广泛联系群众的缘故。既然如此,你们为什么不对他谅解呢?②

---

① 王树棣等编:《陈独秀评论选编》下,第 373 页,河南人民出版社,1982 年版。
② 徐懋庸:《我和毛主席的一些接触》,《徐懋庸回忆录》,人民文学出版社,1982 年版。

12　我决不会反骂他是妙玉

陈独秀不认为鲁迅是新文化运动的主将,反对党内人过分地抬高他。濮德治听了,问:"是不是因为鲁迅骂你是焦大,因此你就贬低他呢?"

濮德治的话,是指 1933 年 4 月 22 日,鲁迅在《申报·自由谈》署名何家干发表《言论自由的界限》一文,其中谈到《红楼梦》里的焦大因为酒醉后骂了主子,被塞了一嘴马粪的故事。鲁迅写道:

> 看《红楼梦》,觉得贾府上是言论颇不自由的地方。焦大以奴才的身份,仗着酒醉,从主子骂起,直到别的一切奴才,说只有两个石狮子干净。结果怎样呢? 结果是主子深恶,奴才痛嫉,给他塞了一嘴马粪。

> 其实是,焦大的骂;并非要打倒贾府,倒是要贾府好,不过说主奴如此,贾府就要弄不下去罢了。然而得到的报酬是马粪。所以这焦大,实在是贾府的屈原,假使他能做文章,我想,恐怕也会有一篇《离骚》之类。①

焦大是《红楼梦》中贾家的一个忠实的老仆,他酒醉骂人,被塞马粪事见该书第七回。只有两个石狮子干净的话,见第六十六回,系另一人物柳湘莲所说,鲁迅在这里记错了。

濮德治以为,鲁迅写焦大被塞马粪,是讽刺关押在监狱里的陈独秀。实际上,鲁迅是讽刺胡适得罪国民党和蒋介石的事。胡适于 1929 年写了三篇大文章,得罪了国民党,不得不辞去中国公学校长,于 1930 年 11 月离开上海,回到北平。胡适的本意不是推翻国民党,而是提出改良的意见。

---

① 鲁迅著:《言论自由的界限》:《鲁迅全集》,第 5 卷,第 115 页。

所以鲁迅说,"并非要打倒贾府"。

听了濮清泉的话,陈独秀很生气,也没有弄清鲁迅并非骂自己,说:

> 我决不是这样小气的人,他若骂得对,那是应该的,若骂得不对,只好任他去骂,我一生挨人骂者多矣,我从没有计较过。我决不会反骂他是妙玉,鲁迅自己也说,谩骂决不是战斗,我很钦佩他这句话,毁誉一个人,不是当代就能作出定论的,要看天下后世评论如何,还要看大众的看法如何。①

妙玉一生守节,后在庵里被强盗抢了,污了清名。陈独秀说,"我决不会反骂他是妙玉",是说鲁迅晚年在政治上是有倾向的,但自己不愿意说他什么。"我很钦佩他这句话",说明陈独秀对已经去世的鲁迅,是尊重的。

值得一提的是,胡耀邦 1984 年 11 月 23 日谈到评价陈独秀,要学习鲁迅临终前写的《关于太炎先生二三事》一文的方法。他说:

> 要学习鲁迅的这种客观公正地评价历史人物的科学态度……对陈独秀复杂的一生应当根据详尽确实的材料进行深入细致的分析,得出正确的结论。过去很长时期对陈予以全盘否定是不公正的。陈在本世纪的最初二十几年中为中国革命建立了很大的功劳,后来犯了错误,但也不能将大革命的失败完全归咎于陈。当时敌强我弱的阶级力量对比形势十分悬殊,我们党又处在幼年时期,缺乏革命经验,即使是中央领导人,在理论上政治上也很不成熟,加上共产国际脱离实际的指导,在这种条件下,陈独秀是很难不犯错误的……写陈独秀这种对革命有过很大贡献的历史人物,要像鲁迅写章太炎那样,有一种深远的历史眼光,采取厚道公正的写法,这样才能正确评价前贤,深刻吸取

---

① 王树棣等编:《陈独秀评论选编》下,第 373 页,河南人民出版社,1982 年版。

历史教训，坚持马克思主义的实事求是精神，使后人受到教益。①

1937 年 11 月 21 日，上海的《宇宙风》散文十日刊第五十二期刊登了陈独秀写关于鲁迅的文章。去年 12 月鲁迅去世后，陈独秀就考虑写一短文纪念鲁迅。陈独秀认为，人们对于鲁迅毁誉过当。鲁迅和周启明都是《新青年》作者之一，不是最主要的作者，但发表的文字不少，周启明比鲁迅还要多。谈到他们的特点，陈独秀说：

　　然而他们两位，都有他们自己独立的思想，不是因为附和《新青年》作者中哪一个人而参加的。所以他们的作品在《新青年》中特别有价值，这是我个人的私见。

　　鲁迅先生的短篇幽默文章，在中国有空前的天才，思想也是前进的。在民国十六七年，他还没有接近政党以前，党中一班无知妄人，把他骂得一文不值，那时我曾为他大抱不平。后来他接近了政党，同是那一班无知妄人，忽然把他抬到三十三层天以上，仿佛鲁迅先生从前是个狗，后来是个神。我却以为真实的鲁迅并不是神，也不是狗，而是个人，有文学天才的人。②

"民国十六七年"，即 1927 年、1928 年。陈独秀肯定鲁迅的政治思想和独立精神。

13　狱　中　祭　子

1936 年 12 月中旬，南京老虎桥监狱内气氛十分紧张，狱卒如临大

---

① 郑惠：《胡耀邦对陈独秀评价的关注》，《怀念耀邦》第四集，第 252～253 页，香港亚太国际出版有限公司，2001 年版。
② 陈独秀著、任建树等编：《陈独秀著作选》，第 3 卷，第 430 页，上海人民出版社，1993 年版。

敌,日夜值班。听说蒋介石在西安被张学良东北军、杨虎城西北军扣住,囚犯兴高采烈,大声说话。典狱长和狱卒大声疾呼,有再叫嚷者,拖出去枪毙。监狱中央的岗亭临时架上了两挺机枪,枪口对着各监房的出口。这期间,探监的人受到严格控制。为了封锁消息,报纸也不允许随便传看了。

● 蒋介石(左)与张学良

已关了四年的陈独秀听到蒋介石被抓,像儿童过节一样高兴,叫潘兰珍去打酒买菜。他对濮德治、罗世凡说:"今天我们好好喝一杯,我生平滴酒不沾,今天要喝个一醉方休。"他想,蒋介石这回是死定了。

酒买来后,陈独秀将书案拾空,找来几个茶杯作酒杯。他倒一杯酒后转身将之洒在凳子周围,说:"大革命以来,为共产主义而牺牲的烈士,请受奠一杯,你们的深仇大恨有人给报了。"将酒倒地下,古人叫灌祭,又叫"裸"。陈独秀又倒一杯,说:这一杯是为了延年、乔年儿,为父的为你们斟上这一杯。说话时,陈独秀声音有些哽塞。接下来,陈独秀与濮德治、罗世凡痛饮了几杯。

延年牺牲后,敌人造谣说陈延年在监狱中曾写悔过书。郑超麟知道,这是敌人对烈士的侮辱。延年牺牲后,董必武称赞延年是"党内不可多得的政治家"。斯大林称陈延年为天才政治家。延年牺牲时,正是大革命失

● 陈延年雕塑

败的前夜，是陈独秀一生步入低谷的时期。一年后，乔年也在上海被捕，很快被杀。弟兄两人一前一后，相隔不到一年被杀。

乔年被捕前，已经调到上海工作，任江苏省委组织部部长。他曾与妻子史静仪抱着儿子红五看过父亲。两人谈到大革命失败原因，父子俩话不投机，陈独秀发了脾气。这次见面，父子俩不欢而散。乔年牺牲后，陈独秀为此次争吵，懊悔不及。

延年和乔年惨死后，高君曼曾在家中哭泣。潘赞化是邻居，听到哭声问她哭什么？她说："为延年兄弟家中设位，剪纸招魂耳。"陈独秀仍说她"迂腐"。潘赞化说："人之所以为人也，应如此。"于今，高君曼已经去世五六年。经历许多坎坷，陈独秀也改变了性格，祭奠两个儿子了。

潘兰珍原来不清楚老先生的两个儿子死得这么惨，听了老先生的话，对老先生更加敬重了。她不懂得革命的道理，但知道老先生的两个儿子因为帮助贫苦的人，被坏人杀了。

12月26日夜里，一阵阵爆竹声将陈独秀从梦中炸醒，仔细一听，监狱外似乎还有锣鼓的声音，一打听，是蒋介石被放回南京了。典狱长和狱卒兴高采烈，陈独秀很怅然，再也不能入睡。第二天，他对濮德治说："爆竹昨晚炸了一夜，从爆竹声中，可以看出他（蒋介石）有群众基础。"

寒假时，陈松年照例自安庆来南京探监。祖母谢氏在家常常念叨，将来自己百年以后，不知道能否等到陈独秀送终。陈松年和潘兰珍年龄差不多，一个1910年生，一个1908年生，陈松年比潘兰珍只小两岁，这年二十六岁。见到潘兰珍,他不知道喊什么好,只好含糊其辞,哼哈几句,搪塞过去。陈独秀知道儿子不好喊,也装糊涂。

蒋介石回南京后,陈独秀一度思想低沉。他对松年说:"到了八年,我还不一定能出去。"他见陈松年低头不语,又说:"我要出去马上就可以出去。"他的意思,办了手续就可以出去。

陈松年知道父亲的性格。他若没有骨气,早就出去了。判刑后,不少国民党要人来狱中探望劝降陈独秀。宋美龄在原北大教授、教务长,现在的铁道部长顾孟余陪同下也来过,此外,还有徐恩曾、陈公博等人。蒋夫人来看陈独秀,一是代表蒋介石,一是看看能否争取陈独秀与国民党合作。

14　给张玉良画题跋

1937 年 5 月,初夏时令,在南京中央大学艺术系任教的潘玉良,带了自己创作的几幅人体白描,到监狱看望陈独秀,并请他题跋。

潘玉良的丈夫潘赞化,是陈独秀的老朋友。潘赞化 1885 年生,安徽桐城练潭乡潘楼村人。他的祖父潘黎阁曾任清廷京津道台,后举家迁居天津,1895 年迁回桐城,是一个有根底的人家。1900 年,陈独秀第一次去日本,与潘赞化认识,两人一起于次年冬天回国。回安庆后,他们一起发起成立了"青年励志社",在安庆宣传爱国和西方新思想。两人是三四十年的老朋友了。

二十年前,1916 年,潘赞化到芜湖海关任监督,认识了卖身芜湖的青楼女子张玉良,几次交往后,潘赞化尽管家中有妻子,不顾风俗和传统观念,出钱赎买了张玉良,帮她获得了人身自由。次年,潘赞化带张玉良到上海度假,送她到上海美专学习绘画。陈独秀怂恿了潘赞化与张玉良(后改姓潘)的结合,并鼓励玉良学习画画。刘海粟后来回忆说,陈独秀曾对潘赞化、潘玉良说:"女子无才便是德的时代应该死去了……如果尽心栽培她,说不定将来会在艺术方面有些出息呢!"在上海办《新青年》时,陈独秀与潘赞化是邻居，他们夫妇二人常出入陈独秀的家。因此，陈独秀认识潘玉良，也有二十年了。

见到潘玉良来看自己，陈独秀非常高兴。他移开桌子上的书籍，擦干净桌面，在潘玉良的协助下，徐徐展开画面。仔细看眼前的画，一幅白描画的是女裸体《俯首背立体》，长四十五厘米，宽二十七厘米。图画笔法简便，构图明快。画中一位裸体女性站立，低头，背朝外，画左下角题"玉良"二字，盖"潘玉良"三字正方形白文印。

在该画的右上角空白处，陈独秀想了一下，题跋云：

> 以欧洲油画雕塑之神味入中国之白描，余称之曰新白描，玉良以为然乎？
>
> 　　　　　　　　　　　　　　　　廿六年初夏
> 　　　　　　　　　　　　　　　　　　独秀①

陈独秀平常习惯写草书，龙飞凤舞，因为是题画，他静心写了蝇头小楷。潘玉良十分高兴，忙着请陈独秀为下一幅画题跋。

另一幅女裸体画是《侧卧女人背体》，长二十六厘米、宽四十六厘米。和前一幅纸差不多大小，前者是竖画构图，便于画立者；这一幅是横着构图，便于画卧者。笔法和前一幅一样，明快简洁，仍然是侧卧裸体女人的背体朝外。画的左下角"玉良 1937"字样，盖"玉良"三角形印章，在画的右上角，陈独秀题跋云：

> 余识玉良女士二十年矣，日见其进，未见其止，近所作油画已入纵横自如之境，非复以运笔配色见长矣。今见其新白描体，知其进扰未已也。
>
> 　　　　　　　　　　　　　　　　　　独秀②

----

① ②　魏宏伟：《陈独秀为潘玉良画作题跋》，《档案与史学》，2003 年第 6 期。

"日见其进,未见其止",说明陈独秀与潘玉良保持了往来,并不是1917 年年底去北大后,就无往来了。

"好! 好!"潘玉良连声称赞。她一连请陈独秀写了好几幅,直到带来的画全部题跋,才罢手。她马上去法国办画展,陈独秀也是成全她,不遗余力。陈独秀的这些题跋画,被潘玉良带到法国后,经过半个世纪的蹉跎岁月,辗转回到家乡安徽。

● 陈独秀照片(1937 年春)

15　自　传

早在 1933 年,汪原放就建议陈独秀写自传。在此之前,胡适于 1930年自己四十岁写了《四十自述》,大家都喜欢看。胡适在《四十自述》中,也提到希望陈独秀写自传,后来探监,也面劝陈独秀写,并说先写出来,然后再谈出版。那一年,陈独秀在江宁候审,高语罕也写信叫陈独秀写自传。因为陈独秀的故事,不比胡适的故事差,应该更吸引人。但汪孟邹胆子小,没有答应出版。群益公司托曹聚仁找陈独秀写自传,开出稿费每千字二十元,每月付二百元,曹聚仁的妹妹是看守所的法医,面子很大,但陈独秀没有答应。他和群益公司因为《新青年》印刷的事,闹了矛盾,从此不喜欢群益公司。

陈独秀何尝不想写自传，人在无聊时极易想起平生往事，但写什么呢？写少年幼年事记得的已极少，而且也无意义；记得的事，都是党事，不是与国际纷争的事，就是与蒋介石之间的过节，此时也不能写，弄不好八年牢还要加几年，那岂不是永无出头之日？想来想去，陈独秀又回到中国文字学和音韵学上来了。钻进故纸堆，寻找字的来源，字在不同时代的变化、发展以及向别的字的演化、转义等，可使人暂时远离政治、世俗，忘记许多苦恼。

1937 年 7 月初，汪原放去北平经南京，到一监看陈独秀。去年 5 月初，汪原放受茅盾之托到南京向陈独秀约稿，两人见过一面，一晃已是一年多了。汪原放说，《宇宙风》杂志主编陶亢德写了几封信找叔叔，希望你早日写出自传。

汪原放抬头看了看墙上挂的几幅字，请仲叔给他题一幅字。陈独秀悬腕挥毫，写了："天才贡献于社会者甚大，而社会每迫害天才。成功愈缓愈少者，天才愈大；此人类进步之所以为蚁行而非龙飞，独秀书于金陵。"又提笔写《古诗十九首》中《冉冉孤生竹》①：

> 伤彼蕙兰花，含英扬光辉，
> 过时而不采，将随秋草萎。

墨迹干后，汪原放等陈独秀收好笔砚，又谈了一会，看天色已晚，欢欢喜喜地告辞出门。陈独秀将汪原放送出门，神情有些黯淡，他们没有想到，这是他们的最后一面。

许多人催自己写，而且杂志也乐意刊登，触动了陈独秀的情绪。7 月 8 日，陈独秀给《宇宙风》编辑者兼发行者陶亢德写了一信，说：

---

① 《古诗海》上，第 146 页，上海古籍出版社，1992 年版。

许多朋友督促我写自传也久矣，只以未能全部出版，至今延未动手。前次尊函命写自传之一章，拟择其一节以应命，今尊函希望多写一点，到五四运动为止，则范围扩大矣，今拟正正经经写一本自传，从起首至五四前后，内容能够出版为止，先生以为然否？以材料是否缺乏或内容有无窒碍，究竟能写至何时，能有若干字，此时尚难确定。①

信写好，和从前一样，交监狱长检查，在信纸上盖上"江苏第一监狱第二科发受书信查讫"印章后，再寄出。

7 月 16 日，陈独秀起笔写自传。几天里，平生往事奔腾而来，竟食味不甘，夜不能寐。到 7 月 25 日，陈独秀花了十天时间，写了《实庵自传》前二章，约一万字。月底，陈独秀写信告诉陶亢德，《自传》前二章写好了，即第一章"没有父亲的孩子"，第二章"由选学妖孽到康梁派"。濮德治、罗世凡两人都喜欢看《实庵自传》，陈独秀写一节，他们看一节，都说写得不错。潘兰珍识字少，不能自己看，她听先生自己讲。每听老先生小时候的调皮的故事，潘兰珍都忍不住笑了起来。想不到老头子小时候，原来是很顽皮的呢！

本来打算写到五四运动为止，因为抗日战争气氛越来越浓，影响了陈独秀的写作计划。《宇宙风》第四十九期即刊登了《实庵自传》广告，称"传记文学之瑰宝"。《宇宙风》1937 年 11 月第五十一、五十二和五十三期连载了《实庵自传》。

《实庵自传》写了两章，引起了很大的反响，许多读者等着看下文。陶亢德几次写信催陈独秀按时写下文，但陈独秀只打算写到北伐以前。因为以后，涉及共产党内的意见分歧，属于党内机密。而且，他不同意每期连载，需要慢慢写，如果陶亢德逼自己每日写多少字，一定要粗制滥造，他就情愿不写。

---

① 　陈独秀著、水如编：《陈独秀书信集》，第 470 页，新华出版社，1987 年版。

和自己的老乡张恨水写连载小说比,无论在速度上,还是勤奋上,陈独秀甘拜下风。

因为抗日战争的爆发,耽误了陈独秀写自传。这年 11 月 3 日,陈独秀在武昌给陶亢德写信,谈到他写自传的情况:

> 日来忙于演讲及各新出杂志之征文,各处演词又不能不自行写定,自传万不能即时续写,乞谅之。杂志登载长文,例多隔期一次,非必须每期连载,自传偶有间断,不但现在势必如此,即将来亦不能免。佛兰克林自传,即分三个时期,隔多年始完成者,况弟之自传,即完成,最近的将来,亦未必能全部发表,至多只能写至北伐以前也。弟对于自传,在取材、结构及行文,都十分慎重为之,不愿草率从事,万望先生勿以速成期之,使弟得从容为之,能在史材上文学上成为稍稍有价值之著作。世人粗制滥造,往往日得数千言,弟不能亦不愿也。普通卖文餬口者,无论兴之所致与否,必须按期得若干字,其文自然不足观,望先生万万勿以此办法责弟写自传,倘必如此,弟只有搁笔不写,只前寄二章了事而已,出版家往往不顾著作者之兴趣,此市上坏书之所以充斥,可为长叹者也! 率陈乞恕。
>
> 独秀手启　十一月三日①

"至多只能写至北伐以前也。"原来计划写到 1919 年五四运动,现在计划写到 1927 年 7 月北伐;"出版家往往不顾著作者之兴趣,此市上坏书之所以充斥,可为长叹者也!"批评出版家只考虑市场,不考虑出好书和作者的想法。

---

① 陈独秀著、水如编:《陈独秀书信集》,第 471~472 页,新华出版社,1987 年版。——作者注:蒙江苏省溧阳市岳虎源先生推荐,笔者藏有陈独秀此页手迹。手迹和《陈独秀书信集》上的此信有两点区别:1. 原件中"出版家往往不顾著作者之兴趣",现在印成"出版家往往顾著作者之兴趣",意思正好相反;2. 原件是"独秀手启"四字,《陈独秀书信集》上是"独秀"二字。

16　孔子与中国

1937 年,是五四运动爆发十八周年。夏天,陈独秀写了《孔子与中国》一文,对其在《新青年》时代批判孔子的思想作一个回顾,同时消除一些人对自己反对孔子观点的误解。该文直到抗日战争爆发后,于 1937 年 10 月 1 日,在《东方杂志》三十四卷第十八、十九号发表。《东方杂志》当年和《新青年》唱对台戏,代表了旧派或传统文化的一派。现在,陈独秀肯专门写一篇谈孔子价值的文章刊登在《东方杂志》上,其含义是多方面的。

一般人认为,陈独秀对于孔子和传统文化,采取了全盘否定的态度,虚无主义的态度。实际情形并非如此。陈独秀反对绝对的崇拜孔子,同时肯定孔子有历史的价值。这不仅是他现在的观点,也是他当年发起新文化运动时期的观点。但那时,他没有专门写文章,去谈孔子的价值。因为那时的主要任务,是扫除崇拜孔子的浓厚的风气,为新文化开辟道路。

孔子在当时,第一价值,是反对宗教迷信。陈独秀写道:"自上古以至东周,先民宗教神话之传说,见之战国诸子及纬书者,多至不可殚述,孔子一概摈弃之。"①孔子对于天道鬼神的态度,陈独秀在《论语》里找到了许多文字,这个思想,"影响于中国之学术思想不为小也"。言下之意,孔子反对宗教迷信,无论过去,还是现在,均有价值。

孔子在当时的第二价值,是建立了三权一体的礼教。陈独秀说:"中国的社会到了春秋时代,君权、父权、夫权虽早已确定,但并不像孔子特别提倡礼教,以后的后世那样尊严,特别是君权更不像后世那样神圣不可侵犯,而三权一体的礼教,虽有它的连环性,尊君却是主要目的。"②陈独秀认为,孔子建立的"礼教",今天已经"一文不值",也就是说,过去有价值,现在无

①②　陈独秀著、任建树等编:《陈独秀著作选》,第 3 卷,第 377 页、第 379 页,上海人民出版社,1993 年版。

价值。既然现在无价值,且"造过无穷的罪恶",因此,当年陈独秀在新文化运动中对孔子采取了有选择的批判。

陈独秀对于孔子的态度,是否定中有肯定,肯定中有否定。他说:

> 我向来反对拿二千年前孔子的礼教,来支配现代人的思想行为,却从来不曾认为孔子的伦理政治学说在他的时代也没有价值;人们倘若因为孔子的学说在现代无价值,遂极力掩蔽孔子的本来面目,力将孔子的教义现代化,甚至称孔教为"共和国魂",这种诬罔孔子的孔子之徒,较之康有为更糊涂百倍。①

陈独秀当年高举科学和民主的旗帜,在这两个根本的问题上,他与孔子仍然是同中异。孔子并不排斥科学,因为他反对迷信;但孔子绝对排斥民主,因为他是为统治阶级服务的,宣传君权至上。陈独秀发现一个奇怪的现象,中国人喜欢孔子的非民主的一面,而看不到他的科学的一面。他说:

> 科学与民主,是人类社会进步之两大主要动力,孔子不言神怪,是近于科学的。孔子的礼教,是反民主的,人们把不言神怪的孔子打入了冷宫,把建立礼教的孔子尊为万世师表,中国人活该倒霉!②

在监狱中的陈独秀,仍然坚持从前的立场,反对"力将孔子的教义现代化",即反对抬高孔教,反对将孔子推崇到万世师表的地位。在陈独秀看来,如果人们一定要尊孔,应该推崇其不言神怪的方面,而不应该推崇其阻碍人权民主运动的方面。他认为,反对礼教与推进民主运动是一个事物的两个方面。

———————————

①② 陈独秀著、任建树等编:《陈独秀著作选》,第3卷,第385页、第386页,上海人民出版社,1993年版。

17 出 狱

1937 年七七事变后,中国共产党提出保释政治犯,成立全国抗日民族统一战线。8 月 13 日日军进攻上海,8 月 15 日,日本飞机空袭南京,令人窒息的飞机轰鸣声、炸弹爆炸声,跑警报的声音,使监狱里气氛十分紧张。陈独秀对濮德治、罗世凡说:"我们要么被解决,要么提前释放了。"

日军飞机轰炸南京时,老虎桥监狱也被炸,一颗炸弹将监狱里一间房屋顶炸塌。陈独秀慌乱中躲到桌子下面,玻璃碎片哗哗往桌子上掉。事后濮德治跑了过来,见陈独秀在拍身上的灰,忙问:"没有事吧?"陈独秀说:"没有事,好像外面的窗子震塌了。"

次日,北大毕业生、金陵女子大学教授、中文系主任陈仲凡来狱中探监。听说监狱被炸,陈独秀差一点被炸到,陈仲凡赶忙去找胡适,请他保释陈独秀。七七事变后,周恩来与蒋介石在庐山就第二次国共合作举行了会谈,胡适参加了庐山谈话会。陈仲凡找到胡适后,兴冲冲来告诉陈独秀,说:胡适、张伯苓找了政府,他们同意保释,但要你写"悔过书"。陈独秀生气地说:我要是写悔过书早就出来了。我宁愿炸死狱中,实无过可悔! 附有任何条件,皆非所愿。陈仲凡知道陈独秀的脾气,去和胡适商量。胡适也知道陈独秀不会写,只好直接给汪精卫写信。

8 月 19 日,汪精卫给住在南京教育部内的胡适写了一个便条:

适之先生惠鉴:

　　手书奉悉,已商蒋先生转司法院设法开释陈独秀先生矣。

敬复,并顿著安

　　　　　　　　　　　　　　弟 汪兆铭顿首 8 月 19 日①

---

① 强重华等编:《陈独秀被捕资料汇编》,第 230 页,河南人民出版社,1982 年版。

就在汪精卫给胡适写便条这天,蒋介石要胡适到美国、英国去,进行民间外交,作非正式的外交使节。

隔日,星期六,国民党政府主席林森接到国民党司法院院长居正"请将陈独秀减刑"的公文。公文说:"该犯入狱以来,已逾三载,近以时局严重,爱国情殷,益深知悔悟,似宜宥其既往,籍策将来,拟请钧府依法宣告,将该犯陈独秀原处刑期减为执行有期徒刑 3 年,以示宽大。"林森在批文上批示:"呈悉,应予照准。业经明令宣告减刑矣。仰即转饬知照,此令。"司法院当天给司法行政部部长王用宾发出"训令"说:"现值时局紧迫,仰即转饬先行开释可也。"

8 月 23 日,星期一,处暑,陈独秀出狱。算起来,陈独秀在狱中待了二千零八十四天(五年差五十三天)。潘兰珍高兴得流下了眼泪,赶忙收拾东西和书籍。典狱长和几个狱卒来贺喜,见濮德治、罗世凡、潘兰珍都在,客气了几句,就退出去了。

中午,国民党调查统计局处长丁默村(丁竹倩)去狱中接陈独秀。丁默村当年从事早期社会主义活动,加入过共产主义共青团,后来当了中统特务。丁默村希望陈独秀出狱后住到国民党中央党部的招待所(今南京湖南路十号)。国立中央研究院总干事、中央大学教授傅斯年也来接陈独秀,并请陈独秀住到傅厚岗他的家中,陈独秀答应了。

第四章　自南京到武汉

(1937年8月~1938年7月)

1　和傅斯年谈中国未来

陈独秀出狱后,包惠僧遇到丁默村,知道陈独秀出狱了,立即去傅斯年家看望陈独秀。陈独秀还没见老,五十多岁,胡子没有刮,正和一位潘女士在做饭。包惠僧问:好不好住,他说可以还可以。这是陈独秀习惯的说法。他在监狱接待记者采访,也喜欢这么说。当时,包惠僧住在莫愁路一座独院里,想接他去住。陈独秀不愿意给别人找麻烦,说:哪儿都一样,常见面就行了。

陈独秀住到傅斯年家后,国民党中央秘书长、教育部长朱家骅来见陈独秀。他说,蒋总统建议,由你再组织一个共产党,参加国民参政会,给你们十万元经费和五个名额。陈独秀不乐意装点门面,婉言谢绝了。

傅斯年和陈独秀谈论世界大势,很颓丧地说:"我对于人类前途很悲观,十月革命本是人类运命一大转机,可是现在法西斯的黑暗势力将要布满全世界,而所谓红色势力变成了比黑色势力还要黑,造谣中伤,倾陷,惨杀,阴贼险狠,专横武断,一切不择手段的阴谋暴行,都肆无忌惮地做了出来,我们人类恐怕到了最后的运命!"

陈独秀说:"不然,从历史上看来,人类究竟是有理性的高等动物,到了绝望时,每每自己会找到自救的道路,'山重水复疑无路,柳暗花明又一村',此时各色黑暗的现象,只是人类进化大流中一个短时间的逆流,光明就在我们的前面,丝毫用不着悲观。"

傅斯年很严肃地向陈独秀说:"全人类已临到了窒息的时候,还能够自救吗?"

陈独秀说:"不然,即使全世界都陷入了黑暗,只要我们几个人不向黑暗附和、屈服、投降,便能够自信有拨云雾而见青天的力量。譬如日本的黑暗势力,横行中国,压迫蹂躏得我们几乎窒息了,只要我几个人有自信力,不但可救中国人,日本人将来也要靠我们得救,不要震惊于他那种有强权无公理的武装力量!"①

傅斯年听了连连点头,以陈独秀的见解为然。

次年6月5日,陈独秀在武汉《政论》旬刊一卷十三期发表《我们断然有救》,谈到自己在南京曾与傅斯年关于世界大势的对话。尽管法西斯的黑暗势力将要布满全世界,陈独秀还是相信"山重水复疑无路,柳暗花明又一村"的话,相信现在是人类进化大流中一个短时间的逆流,光明就在我们的前面。

2 悔悟应属他人

在傅斯年家,陈独秀见《大公报》发表的短评《陈独秀减刑了》,其中"深知悔悟"句。陈独秀看了,很不舒服。1937年8月25日,即陈独秀出监狱的第三天,他给申报馆编辑部写了一个短函,说:

> 鄙人辛苦狱中,于今五载。兹读政府明令,谓我爱国情殷,深自悔

---

① 陈独秀著、水如编:《陈独秀书信集》,第471~472页,新华出版社,1987年版。

悟。爱国诚未敢自夸,悔悟则不知所指。前此法院科我之罪,诬以叛国,夫叛国之罪,律有明文,外患罪与内乱罪是也。通敌之嫌,至今未闻有人加诸鄙人之身者,是外患罪之当然不能构成。迩年以来,国内称兵据地或企图称兵据地之行为,每役均于鄙人无与,是内乱罪亦无由,周内无罪而科以刑,是谓冤狱,我本无罪,悔悟失其对象。罗织冤狱,悔悟应属他人。鄙人今日固不暇要求冤狱之赔偿,亦希望社会人士,尤其是新闻界勿加我以难堪之诬蔑也,以诬蔑手段摧毁他人人格,与自身不顾人格,在客观上均足以培养汉奸。此非吾人今日正所痛心之事乎! 远近人士或有以鄙人出狱感想见询者,益以日来都中有数报所载鄙人言行,皆毫无风影。特发表此书面谈话,以免与新闻界诸君面谈时口耳之间有所讹误。

陈独秀(章)

八月廿五日①

"前此法院科我之罪,诬以叛国",是明确针对国民政府;"通敌之嫌,至今未闻有人加诸鄙人之身者,是外患罪之当然不能构成。"这句话,陈独秀本意是说自己既无内乱罪,也无外患罪。他万万没有想到,几个月后,就有人说他是"汉奸"了。"鄙人今日固不暇要求冤狱之赔偿",意思是自己蹲了冤狱,本可以要求索赔,现在就算了。为了表示重视,陈独秀在署名后盖了私章。

因涉及政治观点,《申报》不敢刊登此信。

8 月下旬,罗汉来见陈独秀。1932 年"一·二八"事变时,陈独秀、罗汉、彭述之三人联名给中共中央写信,提出联合抗日,没有得到回音。陈独秀被捕时,罗汉因不是托派常委逃脱。此后躲到苏州一家私营漆染厂做

---

① 陈独秀著、任建树等编:《陈独秀著作选》,第 3 卷,第 480 页,上海人民出版社,1993年版。

● 陈独秀致函《申报》

事。抗战爆发后，经上海到南京。他转来陈清晨的希望陈独秀去上海领导反对派工作的话，但陈独秀认为，上海那一班人搞不出什么名堂，拒绝了。罗汉到南京后，在南京鼓楼的东北角傅厚岗66号（现为青云巷41号）八路军驻京办事处见到了叶剑英，叶叫他根据所知情况，开一个保释政治犯名单。陈独秀要罗汉再和叶剑英谈谈。

自1927年大革命失败后，陈独秀如一条溪流，流进了沼泽地，一直到1932年被逮捕，与托派消磨时间。到了国民党的监狱，陈独秀如从沼泽地到了死潭，过了五年没有自由的日子。现在，经过十年生活的颠簸和比较，他知道，自己这条水只有流到延安，才是一条活水，否则，无非如罗章龙、李达等一样，做一个民主人士，在教育和学术上争碗饭吃。水到山口，进退维谷，罗汉如果能够打通眼前的"谷"，自己今后或还可有一番作为。

3　与郑超麟最后一面

1937年8月29日,星期天,早晨,中央军人监狱教诲所所长沈炳铨告诉郑超麟,他可以出狱了。九天前,贺贤深(何资深)已经放出。

早在7月24日,陈独秀在狱中给南京国立中央研究院院长蔡元培写一信,说:

> 在报上见先生病后已复康宁,至为喜慰。兹特恳者,前承盛意,致函军政部请释放中央陆军监狱郑超麟一事,至今延宕未行。顷据人云,此事非有先生亲笔信,恐难生效。不审先生已完全康复,能为郑生作一短函否? 闻该监狱近来保释之人颇多。酷暑中续求,惶恐无似。①

写好信,陈独秀请汪原放转给蔡元培②。蔡元培是个有求必应的大好人,见到汪原放带来陈独秀的信,小心地关起房门,问起陈先生的健康和生活。汪原放告诉他:陈先生身体还好,没有大病。蔡元培放心了,他没有对信上的话发表议论,认真地看了汪原放代拟好的给军政部长何应钦信后,默默地签了字。汪原放代拟的信说:

> 敬启者,前函关于保释现押中央监狱政治犯郑超麟事,谅达台览。兹悉该犯郑超麟胃病日愈加深,惟恐久系狱中,危及生命,殊非国家爱护人才之道。用特再函恳请从速准予保释,俾得保全生命,实为德便。③

---

① ③　高平叔著:《蔡元培年谱长编》下(2),第397页,人民教育出版社,1998年版。
②　一说是请霞飞坊72号柏烈武转给蔡元培。

对于蔡元培出面保郑超麟，何应钦开始不理睬，在蔡的信上批道："此老爱管闲事，相应不理可也。"陈独秀出狱后，何应钦遂改变念头，于8月25日复函蔡元培：

> 敬复者：大翰祗悉。查郑超麟因犯危害民国罪，原判有期徒刑十五年，经大赦，减处有期徒刑十年。兹既在监患胃病甚剧，已饬由军法司饬中央军人监狱长，通知本人觅保出监就医矣。专此奉复。①

出狱后，郑超麟和妻子刘静贞（化名吴静如）找到陈独秀，和他告别。坐了几年牢房，一身病，打算到安徽乡下养病。彭述之、罗世凡出狱后，去了上海，濮德治回了安庆老家。这天晚上，陈独秀和潘兰珍睡床上，郑超麟、刘静贞夫妇睡在地板，四个人勉强住了一晚。②

这天下午，周佛海和国民党内政部参事包惠僧一起去看陈独秀。陈独秀放出后，周佛海一直没有去看他。上次见面是1922年，已经十五年过去了。大家见面，欷歔不已。包惠僧问陈独秀："可考虑回党内工作？"陈独秀说："老干们不会欢迎我，我也犯不着找他们。"这次谈了两个小时，周、包告辞出门。临走，周佛海邀请陈独秀第二天去他家吃午饭，约胡适和高宗武作陪。

第二天，陈独秀送郑超麟出门，走了很长一段路。陈独秀心里清楚，两人从此各奔前程，很可能见不上面了。郑超麟擅长写文章，但不擅长说话。他后来自安徽南部到了上海，和从前的托派搞到一起了。

4　搬到陈仲凡家

1937年9月1日，陈独秀、潘兰珍搬到陈仲凡家。陈仲凡将楼上腾出，

---

① 高平叔著：《蔡元培年谱长编》下(2)，第397页，人民教育出版社，1998年版。
② 1996年夏天，作者在上海郑超麟家中采访郑超麟记录。

让陈独秀、潘兰珍住。刚搬来那天,陈仲凡不知陈独秀与潘兰珍是什么关系,问:"这是先生什么人?"陈独秀答:"是我的女朋友。"陈仲凡很高兴,以为先生近得女伴,足慰寂寥。

一天,包惠僧来陈仲凡家看陈独秀,他以为陈独秀和陈仲凡是亲戚,因为都姓陈。陈仲凡的房子不错,比傅斯年家好些。包惠僧请陈独秀给他写个字留念,因家中没有纸,陈独秀答应近日就写。事后,陈独秀上街买了宣纸,抄了岳飞《满江红》一段,"三十功名尘与土,八千里路云和月,莫等闲,白了少年头,空悲切。"①上款题:"赠惠僧老兄",落款"独秀",等墨迹干后,陈独秀换了一件深青色对襟褂子,用报纸夹了刚着墨的宣纸,到了莫愁路包家。

包惠僧见陈先生来了,忙叫妻子夏松云去做饭。他看了陈独秀的字想,从陈先生选材的思想看来,他对自己是悲观感叹的。吃饭时,包惠僧劝陈独秀赶快离开南京,这几天日本飞机轰炸更紧,码头上早已水泄不通。陈独秀本来想等罗汉回来,听听延安消息。但南京气氛越来紧张,陈独秀决定去武汉再说。

临行之前,陈仲凡赠诗给陈独秀,诗云:

> 荒荒人海里,聒目几天民?
> 侠骨霜筠健,豪情风雨频;
> 人方厌狂士,世岂识清尘?
> 且任鸾凤逝,高翔不可驯。②

"聒目几天民?",意思陈独秀获释才几天,没有过几天自由的日子。"高翔不可驯",指陈独秀的脾气和性格不变。

---

① 王树棣等编:《陈独秀评论选编》下,第 303 页,河南人民出版社,1982 年版。
② 陈独秀著、任建树等编:《陈独秀著作选》,第 3 卷,第 405 页,上海人民出版社,1993 年版。

陈独秀写了《和斠玄兄赠诗原韵》：

> 莫色薄大地，憔悴苦斯民。
>
> 豺狼骋郊邑，兼之惩尘频。
>
> 悠悠道途上，白发污红尘。
>
> 沧溟何辽阔，龙性岂易驯。①

"憔悴苦斯民"，为中国的老百姓担忧。"白发污红尘"，"白发"喻自己，"红尘"暗指潘兰珍。"龙性岂易驯"承认自己的性格难改变了。

5　和胡适的最后交往

1937 年 9 月 2 日，星期四，这天没有日本飞机空袭警报。陈独秀吃过早饭回访周佛海家。他们谈了不少目前的时局。这时，高宗武、陈布雷、程沧波也来到周佛海家，大家谈外交情形，陈布雷还谈到侍从室改组情形。当时，周佛海兼任侍从室副主任。

最后一次见胡适，是在中英协会。傅斯年当陈独秀的面向胡适说："我真佩服仲甫先生，我们比他年纪轻，还没他精神旺，他现在还是乐观。"

陈独秀出狱后，胡适当张国焘的面，劝陈独秀去美国写自传，因为美国一家图书公司看中了陈独秀刚刚发表的《实庵自传》前两章。陈独秀拒绝了。包惠僧问陈独秀为什么不去，陈独秀说，他生活很简单不用去美国，也厌烦见生人。②

胡适建议陈独秀参加"国防参政会"，陈独秀摇了摇头说："蒋介石杀了我许多同志，还杀了我两个儿子，我和他不共戴天，现在大敌当前国共二

---

① 陈独秀著、任建树等编：《陈独秀著作选》，第 3 卷，第 321 页，上海人民出版社，1993年版。

② 王树棣等编：《陈独秀评论选编》下，第 304 页，河南人民出版社，1982 年版。

次合作,既然是国家需要他合作抗日,我不反对他就是了。"①

　　此后,胡适不再向陈独秀提出参加国防参政会的事。9 月 8 日,胡适离开南京,根据蒋介石的意见,去美国从事民间外交。

　　胡适离开南京这天,陈独秀给汪孟邹写了一短信,告诉他自己明天去武汉。他写道:

　　耕野兄左右:

　　　　羽兄夫妇来此已见面畅谈多次。弟明日由此乘轮赴武昌,俟到彼处再行奉告。沪上诸兄均平安否? 至以为念。弟到武昌处住尚未定,赐示望寄实庵收,外加封致武昌武汉大学王抚五校长收可也。

　　　　此祝秋佳

　　　　　　　　　　　　　　　　　　潘女士附候　弟　实庵　叩

　　　　　　　　　　　　　　　　　　　　九月八日②

　　"羽兄"指高语罕。"潘女士"指潘兰珍,汪孟邹信中尊称她潘女士。

　　9 月 9 日,国防参议会成立,成员有中共代表周恩来、林伯渠、秦邦宪;青年党曾琦、李璜、左舜生、陈启天;国社党张君劢、张东荪;国民党陈布雷、周佛海、陶希圣;无党派人士张伯苓、梅贻琦、傅斯年、胡适、蒋梦麟、罗文干、蒋百里、黄炎培、梁漱溟、晏阳初、沈钧儒等。

　　酝酿名单时,胡适、张伯苓、周佛海、傅斯年等想拉陈独秀进国防参议会,他不去。张恨水后来见到这份名单,见陈独秀不在列,颇感失望。

6　逃难到武汉

　　因为寻船的缘故,陈独秀没有按计划于 1937 年 9 月 9 日离开南京。

①　王树棣等编:《陈独秀评论选编》下,第 304 页,河南人民出版社,1982 年版。
②　陈独秀著、任建树等编:《陈独秀著作选》,第 3 卷,第 374 页,上海人民出版社,1993 年版。

三天后，即 9 月 12 日，陈独秀、潘兰珍拎着大包小箱，挤在逃难的人群中登上开往汉口的轮船。在船上，陈独秀思考写一本抗战小册子。

包惠僧是武汉人，在陈独秀动身前给湖北省主席何成浚去信，请他关照陈独秀。又给同学程仲伯写信，请他去码头接陈独秀。何成浚请公安局长蔡孟坚照顾陈独秀，这蔡孟坚不是别人，1931 年，正是蔡孟坚打开顾顺章缺口，追捕钱壮飞，逮捕诱降向忠发，导致恽代英、蔡和森、柔石、冯铿、殷夫等二十多人被杀。蔡孟坚见到陈独秀就盘问起来，弄得陈独秀很不高兴。蔡孟坚走后，陈独秀大怪包惠僧办事不牢。

此事，包惠僧后来回忆说：

> 陈独秀去武汉前，我给湖北省主席何成浚写了封信，请他照顾一下陈，不要找他的麻烦。何成浚来信说他同陈独秀也算老相识了，以前他们曾在北京见过面，这次也想见见陈，陈独秀出狱后约两个月便离开南京去武汉。船到武汉，我的同学程仲伯在码头上接他，住在武昌一个姓兰的家里。这位姓兰的慕陈独秀的名，特地请他去住，房子很像样子，有家具。何成浚交待武昌公安局长蔡孟坚照顾陈独秀，谁知蔡孟坚经常去盘问他，弄得他很不高兴。①

初到汉口，陈独秀和潘兰珍住在一家旅社。他于 9 月 14 日到武汉当天，在旅社给耕野(汪孟邹)写了一封信：

> 耕野兄：
> 　　弟已抵汉，暂寓旅社，日内即移居武昌，地址确定，再行奉闻，近来信可寄王抚五兄转交。
> 　　《宇宙风》稿费，倘交在兄处，除付娄兄十五元外，余交王兄手收

---

① 　王树棣等编：《陈独秀评论选编》下，第 304 页，河南人民出版社，1982 年版。

不误。

　　　此祝

秋安

　　　　　　　　　　　　　　　　　　弟　仲甫　启

　　　　　　　　　　　　　　　　　　九月十四日①

　　离开南京时,陈独秀写信给汪孟邹,现在,他到了新地方,立即给汪孟邹写信。亚东是陈独秀的主要经济来源。上海《东方杂志》、《宇宙风》杂志给陈独秀的稿费,也是给亚东转。这是维系陈独秀经济的风筝线,他走到哪里,不能不抓在手上。

　　隔日,武昌一个姓兰的慕陈独秀名气,接陈独秀、潘兰珍到他的家双柏庙后街26号住。陈独秀搬去后,当天给汪孟邹写短信:

耕野兄左右:

　　久未接来信,不知前在南京所上各信曾收到否? 弟于日前由南京来汉口,并已租定寓所,来信望寄武昌城内双柏庙后街二十六号陈仲甫收可也。兄及在沪诸友均平安否? 至以为念。《东方杂志》及《宇宙风》能继续出版否? 望示知!

　　　此祝

秋安

　　　　　　　　　　　　　　　　　　弟　仲甫　叩

　　　　　　　　　　　　　　　　　　九月十六日②

　　《东方杂志》及《宇宙风》能继续出版,关系到陈独秀是否继续写稿件

---

　　①②　陈独秀著、任建树等编:《陈独秀著作选》,第3卷,第375页、第376页,上海人民出版社,1993年版。

维持生活,所以陈独秀很关心。收到陈独秀的信后,汪孟邹写信和陈独秀商量,由亚东图书馆出《实庵自传》单行本,先将《宇宙风》刊出的前两章印出来,等陈独秀抓紧时间写出其余部分,再出全本。

7 武昌华中大学演讲

1937 年 10 月初的一天,武昌华中大学学生会的许俊千和同学焦传统找到陈独秀住的四合院,穿着旗袍的潘兰珍开了门,问:"找谁?"许俊千说:"要见陈独秀先生。"说着,将同学会的邀请陈独秀演讲的信递了上去。潘兰珍少识几个字,看了大学的字样,笑着说:"呵,你们是大学生。"说着,请客人到天井旁边一简陋的书房等候。

一会儿,陈独秀来了。许俊千和焦传统起来向陈独秀鞠躬。陈独秀笑嘻嘻的,伸手让坐。陈独秀头发灰白,背有点驼,一口安庆地方话。声音也不大洪亮,但态度谦和。许俊千道出了来意后,陈独秀仔细看了信件的内容,低头沉思一下,点头答应了。因为离学校只有几百米,他们约定了演讲的日期,然后,客人告辞出门。

10 月 6 日早晨,许俊千和焦传统到了陈独秀家,陈先生已穿了一件稍新的长袍,脚穿布鞋,在家等候。潘兰珍整理了一下陈独秀的衣领,客气地对许、焦二人说:"同学们慢走。"怕其他人围观,许俊千和焦传统带陈独秀走华中大学女生宿舍的后侧进了大礼堂。这天,武汉文化界也想邀请陈独秀去演讲,到了很多名人,陈独秀因和华中大学事先约好,推辞了。

陈独秀上了讲台,台下掌声不绝。大礼堂坐满了学生,窗前门后,都挤满了人。陈独秀说了一声"大家好",开始了《抗日战争之意义》的演讲。他说:

全国要求的抗日战争已经开始了。为什么要抗战?一般的说法,是因为日本欺压我们太厉害。这话固然不错,可是,未免过于肤浅了,一般民众尤其是知识分子,应该明了更深的一点的意义,抗战不是基于一时的感情,而有深长的历史意义。①

在批评投降派时,陈独秀比较了中日双方的各个因素,认为不能不考虑民众的因素。他说:

投降派唯一的理论及事实之根据,是中国在军事的经济的力量上都非日本之敌,他们不懂得日本不能用全部力量对中国战争,他们更不懂得中国抗日战争,是民族解放的革命战争,不能仅仅拿两方政府手中的军事和经济力量来估计最后的胜负,中国政府手中的军力和财力之弱点,是可以由全国民众之奋起及全世界革命的国家革命的民众(日本的民众也在内)之援助来补充的,如果我们忽视了这两种力量之补充,不但投降派振振有词,即主战派将来也会动摇,所以我们在抗日战争中,首先必须深刻的了解抗战之真实意义,才会有始终坚决不挠的意志。②

陈独秀演讲结束后,许俊千等人请陈独秀走后门回家。演讲结束后,陈独秀精神很好,在校园里多走了几步。1920 年年初,他曾来这里演讲,回北京后因北洋政府的追捕,逃到上海发起组建共产党了。

到了家,潘兰珍请许俊千等进去坐,许俊千想请陈独秀题字,但又不好意思开口,刚刚麻烦陈先生演讲啊! 出门时,许俊千还是忍不住说了。此时失去机会,以后就难得了。不料陈独秀很爽快,满口答应了。因家里没有现成的纸,他嘱许俊千去弄点宣纸来。于是,许、焦二人在外面买了两张宣纸,并在小纸片上写了"敬求大笔,赐许俊千"字样,焦传统也留下了名

---

① ② 　陈独秀著、任建树等编:《陈独秀著作选》,第 3 卷,第 392 页、第 397 页,上海人民出版社,1993 年版。

字,陈独秀嘱他们过两天来取。

次日,陈独秀给许俊千题了"行无愧怍心常坦,身处艰难气若虹"。给焦传统题了四字横联。他们来拿书法作品时,陈独秀和他们聊天,谈到中国的历史书太少,只有夏曾佑编的《中国史》上下册可读。

《扫荡报》刊登了陈独秀在华中的演讲稿,引起了国民党当局的注意,命令各报"暂缓登载"陈独秀的东西。坐牢久亏,加上国民党的禁令,陈独秀很不愉快,演讲后病了一场。

8　我的个性不大适宜于做官

1937 年双十节前一日,淅淅沥沥下起雨来,雨水顺着屋檐往下淋,天空灰暗一片。这时一位陌生的年轻人撑着雨伞敲门,见潘兰珍开门,忙拿出名片。原来是《抗战》周刊记者,因为明天是国庆节,所以今天冒雨来采访陈先生。病中的陈独秀躺在床上,见记者大雨中上门采访,勉强穿衣起床了。

记者问:前两天(10 月 6 日),武汉文化界有一次较为盛大的集会,陈先生没有到,有许多人都颇失望,因为他们都很想听听陈先生的演说。

陈独秀说:呵,是的,是的。那一次的集会,听说到了很多人,我本来很想参加的。可是先和华中大学约好作一次讲演,恰恰在同一个时候,事实上分身不开了。

谈了一些集中现金、征集壮丁、文化问题后,记者问:听说陈先生要办一个刊物,确否?

陈独秀说:没有这个意思。现在各报纸、杂志都肯登我的文字,我何必自己办刊物呢?

记者问:报纸上说,陈先生今后要专做文化运动,不做政治运动了,是不是呢?

　　陈独秀说:不对! 不对。这是《大公报》记者听错了我的说话,现在的抗日运动,就是政治运动,我能够不参加抗日运动么? 那位记者问我,是不是打算参加实际政治(他的意思全然是指政府里面的行政)工作,我说,这于我不大相宜,十五六年(1926、1927)时,我也没有担任政府里的实际工作,我最怕被政府里的实际工作所捆住,没有清醒的头脑观察政治局势。换言之,我的个性不大适宜于做官,但是政治运动则每个人都应该参加的。——这是陈独秀第一次说他的个性不适合做官。

　　记者问:明天就是国庆日了,陈先生准备发表一点东西吗?

　　陈独秀说:《武汉日报》约我写一篇国庆论文,我打算把辛亥革命未能成功的原因以及抗日与革命的关系,约略地说一说。只写几百千把字就够了,这个时候,没有人愿意看长文章。

　　谈至此,已经将近六点钟了,室内也渐渐阴暗起来,窗外又下着雨,记者还要过江,于是,记者就告辞出来。这段采访以《抗战期中的种种问题》,后来在《抗战》周刊第一卷第六期上以陈独秀名义发表了。①

　　10月10日,双十节这天,《武汉日报》刊登了陈独秀写的国庆论文《辛亥革命之回顾与前瞻》。辛亥革命后,陈独秀三次任安徽都督秘书长,对于辛亥革命,有发言权。他认为,辛亥革命的实质是推翻满清,排除帝国主义,建设民族独立国家,发展民族工业。但当时临时政府偏于排满,许多人偏于军事。结果,满清一推翻,大家以为革命已经完结,无事可做了。如安徽都督孙毓筠就是这样的人,陈独秀当时是急性格,而孙毓筠一点也不着急,喜欢抽大烟,认为革命已经成功,可以不着急了。当时,真正认为革命尚未完成,前途辽远的,只有孙中山一人。陈独秀写道:

　　民国八九年间,孙先生曾对我说,"袁世凯背叛了中华民族,可是

---

　　①　陈独秀著、任建树等编:《陈独秀著作选》,第3卷,第399页,上海人民出版社,1993年版。

救了革命党人！"孙先生见我完全了解他这句话的深刻意义，异常高兴，如是接着大发议论道，"我的三民主义，尤其是民生主义，一般党人都不感兴趣，甚至说我空想，多事，孙瑶卿在汉口公开的反对我提倡三民主义，他们以为革命就是排满，排满就是革命，现在满清已推倒，革命已成功，何必又来谈什么主义呢？他说的这些话，是代表许多党人心理的，像他们这些近视，还懂得什么是革命呢？"这一段话的声音，至今还在我脑中响亮着。①

陈独秀认为，今天的抗日战争，建设民族独立的国家，以发展民族工业，仍然是完成辛亥革命未竟事业。

9 为自由而战

双十节后，武昌艺专请陈独秀讲演。艺术学校是讲自由创作的，令陈独秀想到了自由的话题。陈独秀坐了六年牢房，对自由有深刻的体会。他看这场战争，有和别人不同的角度。他以《为自由而战》为题，准备了演讲稿。他说：

我今天讲这个题目，首先要说明"自由"的意义。"自由"是政治上法律上有严重意义的术语，不是如通俗的说法，自由自便，即自己爱做什么就做什么，所以通俗说法自由自便的"自由"，和政治上法律上的"自由"必须要分别清楚。……人类的智慧必须不受束缚，才能自由发展，换言之，人类智慧之发展，和所获得的自由程度成为正比例。……东方比西方落后，正因为一切学术思想，都为古来传统的政

---

① 陈独秀著、任建树等编：《陈独秀著作选》，第3卷，第398页，上海人民出版社，1993年版。

教所束缚,不能自由发展。①

十七年前,陈独秀在广东和无政府主义者辩论,反对个人的不受社会约束的自由。这次,他区别法律上的自由和通俗的自由,以保持自己观点的一贯性。抗日战争关系到每个中国人的生存和自由的事,不仅关系到个人爱好的自由。他号召每一个中国人都应该参加这场为了自由的战争:

> 思想是人类心灵即智慧之内在的活动,一受束缚便阻碍了它的发展,其发展无论至何程度,都无碍于他人,所以应该是绝无限制的……这次战争如果失败,无论男女老幼都要做不自由的奴隶,永远的做奴隶,所以什么人都应该参加。②

汉口市立女中请陈独秀演讲,陈独秀针对女子中学的特点,专门写了《民族解放与妇女解放》的演讲提纲。妇女解放是新文化运动中提出的问题,抗日战争是民族解放问题,这两个解放是什么关系呢? 他说,妇女问题根本上是社会问题,很难单独地解决妇女问题,必须跟着大的运动来解决的,如贞操、缠足、教育、职业、财产、法律地位、社会地位、婚姻等等妇女问题,在封建社会,是不能解放的,经过辛亥革命、五四运动和北伐战争,封建的道德习惯,受了几次打击,妇女才得到了相当的解放。他说:

> 妇女现在所得到的一点解放,是以前几次社会大的运动之后果,不是从单独的妇女运动所能够得来的。将来也是如此。所以妇女即为了本身问题,也应该努力参加此次抗日战争的工作,努力使战争胜利,努力在抗战运动中,双手完成民族的解放和自身的解放!③

---

①②③　陈独秀著、任建树等编:《陈独秀著作选》,第 3 卷,第 440 页、第 441 页、第 443 页,上海人民出版社,1993 年版。

新文化运动中,陈独秀为妇女解放做了许多事,记得蔡元培在北大实行男女同校,还引起曹锟等人的反对,扬言要逮捕蔡元培,陈独秀还写了文章,替蔡元培说话。这次回到老课题,他有很多感慨。民族解放和妇女解放是捆在一起的问题,日本鬼子不赶出去,妇女怎么解放? 陈独秀主张妇女积极参加抗日战争,在争取民族解放的同时,获得自身的解放。

10　王凡西、濮德治到武汉

王凡西(王文元)迟陈独秀几个月出监狱,于 1937 年 11 月初逃难武汉①。因无钱,第三天正打算去找熟人帮助时,无意中遇到李仲三。下午,他们一起去了陈独秀的武昌双柏巷的家。

王凡西回忆说:

　　独秀那时住的是一所颇具庭园风味的旧式平屋。屋主是一个桂系军人,独秀只付点象征房租。老人其时身体很好,起身早,在监狱里养成了来往踱步习惯,他出来后仍旧坚持着,每早晨就在屋前荒芜的园子里溜步。便是在这样的散步中,他和我于次晨开始了"正式的"谈话。话一开头,他就怒气勃勃地攻击上海的领导机关。(这个新临委是当彭述之等由京返沪后,在一次积极分子会议上产生的,事实上就是于陈其昌、寒君等之外,加入彭述之与刘家良当临委罢了。)说他们只会背老托的文章,于实际的政治斗争一无所知。讲到最激动时,他甚至说,今后他再不属于任何党派,陈独秀只代表陈独秀个人,至于谁是朋友,谁是敌人,得在新斗争的分分合合中决定了。②

---

① 作者注:陈独秀 1937 年 11 月 21 日给陈其昌写信说"圃兄来此已一星期",结合王凡西说他"在独秀家里住到将近半个月时,濮德志从安庆来了",则王凡西到武汉的时间在 11 月初。他自己回忆 12 月到武汉,可能有误。王凡西说他迟陈独秀三个月出监狱,即 11 月 23 日前后出狱,也不准确。

② 王凡西著:《双山回忆录》,第 214 页,东方出版社,2004 年版。

　　王凡西听了陈独秀的话,无法插嘴。因为王凡西长期关押在监狱,对各方面的意见都不知道。他说,希望先看看最近的东西。于是,陈独秀将自己写的对于抗战根本态度的提纲,连同二篇演讲文章,交王凡西阅读。

　　陈独秀到武汉后,给回安庆家乡的濮德治写了几封信,其中一封信上说:"我无时不念兄,而兄忘念我耶? ……故乡非久留之地,置国家民族于不顾也。"濮德治正准备逃难西行,接到陈独秀的信,到了武汉,在武昌双柏巷找到了陈独秀。濮德治到武汉的时间,在 1937 年 11 月 14 日左右。陈独秀 11 月 21 日给陈其昌写信说:"圃兄来此已一星期。"

　　王凡西回忆说:

　　　　在独秀家里住到将近半个月时,濮德治从安庆来了。我们还是在龙华警备司令部(一九三一年)里分了手的。暌违了足足六个年头。在此期中,我们彼此都是两次入狱与两次出狱了。他的第二次入狱和获释均与独秀同时,和老人在南京监狱里共度了亲密的四年。六年不见,我发觉他外表上还是那个样子:"小濮仍旧是小濮"。[1]

　　陈独秀很喜欢"小濮"的到来,原来和王凡西两个人的谈话,变成了三个人的谈话。谈话内容丰富,也增加了风趣。

　　陈独秀家不方便,濮德治和王凡西搬到王凡西的老友吴甲原那里去住,因为吴甲原没有眷属,起居方便。白天,濮德治和王凡西多数时间耗在陈独秀家里。如果濮德治和王凡西不来,陈独秀便去找他们。三个人有时一同上小饭店吃一顿,有时则在马路上散步,边走边谈。

　　濮德治来了后,陈独秀请他去河南找罗章龙一次。陈独秀说,我们这几个人是做不出什么名堂来的,我想教你去开封找找罗章龙,看他意见如何。罗与我相处甚好,有一定才能,他最恨王明之流,现在河南大学教书,

---

　　[1]　王凡西著:《双山回忆录》,第 218 页,东方出版社,2004 年版。

你去跑一趟如何？

濮德治说，当然可以，不过能否不辱使命，没有把握。

于是陈独秀写了一封信，要濮德治带给罗章龙。濮德治到了开封，等了几天，才见着罗章龙，他看了陈独秀给他的信，沉思良久，说，陈先生的好意我非常感激，不过我现在致力于教学，无意搞政治活动，请回去转告陈先生。濮德治知道事情吹了，说，请你写封回信好吗？他说，当然要写，请你明天来拿吧。这时有一位摩登女郎来找他，衣着讲究，其貌不扬，濮德治自审不便久留，就告辞而去。第二天取了罗的回信，搭车回到武昌复命。陈独秀看了信说：我也听说他在谈恋爱，算了算了。食色性也，奈何奈何！①

12月24日，吴甲原到陈独秀家看朋友王凡西。吴甲原是个画家，他请陈独秀送一幅字，陈独秀因为自己的文章不能够刊登，正在气头上，写了"公理没有强权，便是无力的废物；强权不讲公理，终于崩溃。题赠甲原先生"。

和吴甲原同来的一位青年，也请陈独秀赐墨宝。陈独秀写了"山重水复疑无路，柳暗花明又一村"。

11　王若飞"有见地"

陈独秀离开南京前，罗汉在傅厚岗叶剑英、李克农手中领了路费及介绍信，和李侠公于1937年8月底启程，9月2日抵达西安后宰门旁边的七贤庄八路军办事处，见到了八路军驻西安办事处党代表林伯渠。罗汉和林伯渠是熟人，北伐时罗汉任四军政治部主任，打南昌时和在六军工作的林老配合过。

经过长征，林老头发、胡子几乎全白了，但身体很硬朗。罗汉说明了来意后，林伯渠很有感慨。从他个人来说，是赞成陈独秀回到党内的，因为这符合党的抗日统一战线的思想。他说，和仲甫一晃有十年未见面了，他在文化史上有不可磨灭的功绩，在党的历史，有比别人不同的地位。只是脾

---

① 王树棣等编：《陈独秀评论选编》下，第378页，河南人民出版社，1982年版。

气太倔。倘能放弃某些成见,回到一条战线上来工作,于民族于社会都是极需要的。希望他站在大时代的前面,过去的一切是是非非都无需再费笔墨唇舌去争辩。

● 王若飞

七贤庄以前是外国人经营的旅馆,有几座西式庭院,宽敞、安静,罗汉和李侠公住在这里的当晚,恰好王若飞从太原来西安,大家很快谈起了陈独秀。

王若飞在中共六大开幕时,因在插话中替陈独秀为什么不来莫斯科参加中共六大,解释了几句,受到"向忠发同志激烈的非难"。正式发言时,王若飞附带对"陈独秀同志问题说明几句"。他说:

> 党内潜伏发展的上层同志间意气之争是于党非常有害的,我很痛心我们同志的攻击不向着敌人而向着自己内部,我并不是故意要袒护过去犯错误的人,而对反对勉强的分化,反对无教育的纪律,总要使这般做过错事的人有革命的出路,有工作表现的机会,我们蓄积政治经验的人是太少了。敌人已杀了我们不少,我们自己不好再乱糟蹋。①

中共六大结束后,王若飞请莫斯科东方大学学生彭健华回上海后,务必找陈独秀好好谈谈,劝他切不要消沉,还是到莫斯科来,和苏联党内的负责同志把过去的问题详细谈一谈,把前段的经验教训好好总结一下,在莫斯科住个时期,作点理论方面的研究工作,以备将来对中国继续作出更大的贡献。

王若飞对陈独秀关心,一方面是觉得不该这样对待犯了错误的同志,

---

① 董宝瑞:《敢为陈独秀说点公道话的人——王若飞在党的"六大"会议上》,《党史纵横》,2003年第1期。

另一方面,他担任过中共中央的秘书,与陈独秀一起工作过,此外,他与陈延年、陈乔年是留学时的好朋友,其中含有个人的感情因素。

十年过去了,听罗汉说陈独秀等人愿意回到党内工作,王若飞十分赞成。王若飞对罗汉说:"因延安有事甚忙,否则可随同南下去晤独秀一次。"1931年夏,王若飞回国,任中共西北特别委员会特派员。同年11月,他在包头被捕入狱,直至1937年4月才被党组织营救出狱,此时任陕甘宁边区宣传部长。

1938年夏天,彭健华在汉口拜访陈独秀,谈到了王若飞,陈独秀连声赞扬。彭健华回忆说:"我这次和他谈话时,还提到:听说若飞早已出狱,现在延安。陈独秀便说:'好同志,他有见地!'这次是我和陈独秀最后一次会晤。"①

王若飞在中共六大上替陈独秀说话,后来差一点受到牵连。毛泽东在中共七大上批评了六大采取简单的方法处理犯错误的同志,赞成了王若飞对陈独秀的态度。1945年,王若飞在中共七大结束后,高兴地对夫人李培之说:"从《决议》和这次大会的选举看,'六大'时我的态度不能算是错误,主席说我在'六大'时采取的态度是正确的。"(1946年4月8日,王若飞与叶挺、博古等人一起乘飞机时遇难。)

12　回延安的三个条件

考虑到陈独秀等人的情况特殊,是否可以回到党内工作,林伯渠自己不能答复。他当即决定给延安拍电报,请示中央。其电报大意是,仲甫等已出狱,愿意回到党的领导下工作。弟意中央为集中整个力量着眼,可联合他们回党工作。

1937年9月10日,接到林伯渠电报后,毛泽东和张闻天商量,给林伯渠发了一个电报,提出陈独秀回党工作的三个条件:

① 王树棣等编:《陈独秀评论选编》下,第311页,河南人民出版社,1982年版。

1. 公开放弃并坚决反对托派的全部理论和行动。并公开声明同托派组织脱离关系,承认自己过去加入托派之错误。

2. 公开表示拥护抗日民族统一战线政策。

3. 在实际行动中表示这种拥护的诚意。

关于张闻天,陈独秀并不陌生。在他被捕前一年,即1931年12月26日,陈独秀还写了《〈一个新闻记者的杂评〉跋》,反驳了张闻天的一段话:

在二十二期《红旗》周报上,张闻天做的《庆祝苏维埃第一次全国代表大会》一文中,有如下一段妙文:"中华苏维埃共和国临时政府公开宣称它是工农民主的专政,……它剥夺一切剥削者的选举权与被选举权。……中华苏维埃共和国领导者是中国无产阶级与它的先锋队,中国共产党。……它所要走的道路,是苏联无产阶级在十月革命后所要走的道路。"我读了这一段妙文,十分感觉得史大林派的先生们的头脑实在与众不同!在他们所谓"苏维埃临时政府"统治下的选举制和领导权的阶级性,其实质究竟是怎样,在这里不必讨论:我们必须要问:既然剥夺了一切剥削者的选举权与被选举权,既然是一个阶级——无产阶级与一个党——共产党的领导,所走的是十月革命道路,这和无产阶级专政有什么区别呢?如果这样只能算是和无产阶级专政对立的工农民主专政,那末,要怎样才算是无产阶级专政呢?难道十月革命所走的道路不是无产阶级专政的道路吗?实在令人百思不得其解![①]

陈独秀的意思,工农民主的专政就是无产阶级专政,不需要换一个口

---

① 王树棣等编:《陈独秀评论选编》下,第304页,河南人民出版社,1982年版。

号。陈独秀的文章发表在《火花》一卷七期,张闻天无法看到。

见到中共中央电报后,罗汉知道,陈独秀必须检讨过去的错误。他不知道陈独秀是否同意检讨,但多少有了眉目,有了希望,来西安的目的已经达到,中共中央对于陈独秀回到党内工作的态度,已经了解。回到南京后,罗汉才知道陈独秀已经去了武汉。在傅家岗,博古、叶剑英告诉罗汉,陈独秀去武汉前,和他们谈过一次话,以后又和叶剑英单独谈过一次,表示赞成抗日民族统一战线政策。

博古对罗汉说:"本想和陈独秀谈一次,但因为自己党龄太浅,与独秀个人没有私人接触,恐难于谈到任何具体结果。如果由润之来谈也不适宜,因为他们两人的个性都很强,都有闹翻的危险。不如候周恩来南下后,约他一同去谈,成绩或者会圆满些。且不久必武会回武汉,他自然和独秀先行交换意见。"博古三十来岁,自1931年6月向忠发被捕至遵义会议,任中共中央总负责。

王凡西回忆,罗汉自从在西安碰壁之后,回到了宜兴的陶器学校。不久,战争波及宜兴,他老人家不肯只身逃难,竟带了一大群学生同走。到了南京(在我出狱前),因根本找不到交通工具,他设法弄到了一些木排,将男女老少搬了上去……他的木筏队大约走了一个多月,历尽惊险,总算到达武汉。①

陈独秀知道中共中央的"三项条件"后,觉得自己已经声明同托派组织脱离关系了。因为他在之前就已经写了一个声明,说:"陈独秀,字仲甫,亦号实庵,安徽怀宁人。中国有无托派我不知道,我不是托派。"该声明请包惠僧交《中央日报》总编辑程苍波,只是后者没有刊登。

包惠僧后来回忆说:

　　他[陈独秀]把条子交给我,我交给程苍波,程好像没有拿走。我

---

① 王凡西著:《双山回忆录》,第223页,东方出版社,2004年版。

送程苍波出门时说,这个老先生想声明不是托派,打算借记者的口说出来。程苍波说试试看,后来没有发表。陈独秀不愿意自己登广告,他说无求于世。①

一天,罗汉偕董必武来见陈独秀。谈到中共中央的"三个条件",董必武对陈独秀说:"我劝你还是以国家民族为重,抛弃固执和偏见,写一书面检讨,回党工作。"陈独秀说:"回党固我所愿,唯书面检讨,碍难从命。"董必武见陈独秀任性,不好再劝。

事后,陈独秀写了关于抗战的七条纲领交给罗汉,请他去南京找博古和叶剑英。博古对罗汉说,陈独秀的抗战七条纲领和中央路线并无大的分歧,但根据中央电报,陈独秀还要有一个书面检查。

13 我已不隶属任何党派

1937年11月21日,陈独秀在武昌给上海的陈其昌等人写了一封信。

潘昌霁诸兄鉴:

瑶兄十月十四十七两信早已收到。十六日信并猴子的信与做书计划,亦早收到(廿日的信也收到)。他所拟做的书,不是一件容易的事,他现在能这样耐心的做书,真使我不敢不赞一词,因为我是一个外行。我回他这样的话,未免使他扫兴,然而实在无可回答也。潘兄的婚事,我闻之且喜且忧,喜的是得着意外的良缘,忧的是他将来的生活。圆兄来此已一星期,日内或将到湖南去教书,我不愿在此久居,亦

---

① 陈独秀著、任建树等编:《陈独秀著作选》,第3卷,第312页,上海人民出版社,1993年版。——作者注:包惠僧这段话有矛盾,既说"程好像没有拿走",又说"程苍波说试试看"。若没有拿走,就不存在"试试看"。

不能久居,去处尚未能定,因天下老鸦一样黑也,我不懂得什么理论,我决计不顾忌偏左偏右绝对力求偏颇,绝对厌弃中庸之道,绝对不说人云亦云豆腐白菜不痛不痒的话,我愿意说极正确的话,也愿意说极错误的话,绝不愿说不错又不对的话。你们都是史大林主义者,都是老彭的朋友,和我非永久的伴侣。罗汉为人固然有点糊涂,你们对他大肆攻击,便比他更糊涂万倍。你们乱骂史国,尤其是骂史,虽然不是原则上的错误,政策上则是非常的错误。如此错误下去,不知将来会走向何处去!璠兄说别人是宗教徒,现在大概也受了宗教的传染而不自觉了!霁兄[信]十一月二日收到,璠霁和俊昌意见或微有不同,根本仍是一样,即是不懂得此次战争的意义,超林则走得更远,根本和你们仍是相同的,即是把上次帝国主义间大战的理论,完全应用到今天,真是牛头不对马嘴。我对昌俊还有点幻想,并不是他们关于最近局势的见解和我接近,而是因为他俩的工作精神比较积极,如果能在群众中积极工作的人,终会抓住现实。我对于史合作,在原则上是可以的,可是现在谈不上,合作必须双方都有点东西,而且同一工作的对象不得不互相接触时,此时并没有这样的条件。"合作"自然是胡说,罗兄向我也未言及此,你们又何必神经过敏呢?至于互相造谣臭骂,自然都是混蛋。都为教派所限,不曾看见共同的敌人。关于老彭和长子,即使意见相同,我也誓不与之共事,况且根本意见相差很远。香兄来信亦收到,昌兄十月廿九日十一月三日的信及英文信均收到,是事无法可设,我也不愿设法,恐怕出力不讨好,前次罗君就是一个殷鉴,报馆所记自多失实,《申报》访问记,我未见着,能寄我一看吗?此种事太多了,无从预防,也无法更正,只好听其自然,好在将来有我自己写的文章书物为证。我只注重我自己独立的思想,不迁就任何人的意见,我在此所发表的言论,已向人广泛声明过,只是我一个人的意见,不代表任何人,我已不隶属任何党派,不受任何人的命令指使,自作主张自负责任,将来谁是朋友,现在完全不知道。我绝对不怕孤立,此祝健康。①

弟　仲甫　手启

一九三七、十一、二十一

"璠",指罗世凡;"昌"指陈其昌;"霁",指赵济。"圃兄"指濮德治;"猴子"指孙煦(雪庐);"长子"即尹宽,因为他的个子矮,反其道而叫他;"俊",指寒君("君"和"俊"声母同)。

"圃兄来此已一星期",指濮德治;"罗汉为人固然有点糊涂",因罗汉离开了上海,陈独秀直呼其名,没有考虑保密;"你们乱骂史国,尤其是骂史,虽然不是原则上的错误,政策上则是非常的错误",陈独秀这时不同意托派谩骂苏联和斯大林;"俊昌意见或微有不同",指寒君和陈其昌;"超林则走得更远",指郑超麟。

"我对于史合作,在原则上是可以的",指他本人愿意和延安合作;"可是现在谈不上",因为延安要他写检讨,他难于接受,又不好明说,只好说"合作必须双方都有点东西"这样模棱两可、不着边际的话;"'合作'自然是胡说",因为陈独秀不写检讨,就回不了党内,他又不打算写检讨,所以说他现在已经和共产党合作,当然是不真实的了。

"我在此所发表的言论,已向人广泛声明过,只是我一个人的意见,不代表任何人,我已不隶属任何党派,不受任何人的命令指使,自作主张自负责任,将来谁是朋友,现在完全不知道。我绝对不怕孤立",这个思想,与陈独秀曾经想发表声明自己不是托派是一致的。说明在他的内心,并未打消去延安的念头。

----

① 陈独秀著、水如编:《陈独秀书信集》,第472～474页,新华出版社,1987年版。——作者注:"罗兄向我也未言及此",表面上含了一种解释,即罗汉去延安,陈独秀事先不知道,这也是郑超麟的观点。但博古、叶剑英说,陈独秀在南京和博古、叶剑英谈过一次,和叶剑英单独谈过一次。因此,此话是指,罗汉的确没有和共产党谈及"合作",而只谈及合作的可能性。

14　抗战中的党派问题

和上海的托派不同，陈独秀认为，在民族存亡的关头，各党各派应该以民族利益高于党派利益，争取民族解放战争的胜利。因此，陈独秀和共产党抗日统一战线的思想是一致的。抗日战争爆发后，以西安事变为契机，蒋介石被迫接受一致抗日的主张，但统一战线中两党的摩擦也始终存在，或弱或强。陈独秀有大革命的教训，敏感地意识到这点。1938 年 2 月 19 日，他在《血路》第六期发表《抗战中的党派问题》，说：

> 两党摩擦的暗潮，日渐浮于表面，这是众人皆知、无可讳言的事。因此国人颇为惴惴，深恐此种摩擦如果继续发展下去，或至影响抗战前途，并且这一问题日渐成为私人谈论时局的中心，这一忧虑，不是毫无理由的。
>
> 其实这种摩擦，除了根本原则不计外，其种子已包藏于联合之最初时期，即两党对于联合之方式，都未免鲁莽：一方面国民党未能抛弃招降的态度，一方面共产党在政治上事事迁就允诺，未能坦白地坚持自己抗日的政治主张，因此事后在政治态度及宣传上，引起了国民党对共产党有言行不符的疑虑。一切摩擦便自然地日渐发生了。①

"种子已包藏于联合之最初时期，即两党对于联合之方式，都未免鲁莽"，这个观点，是陈独秀接受大革命时期共产党与国民党合作方式的教训的话；他批评共产党"一方面共产党在政治上事事迁就允诺，未能坦白地坚

---

① 陈独秀著、任建树等编：《陈独秀著作选》，第 3 卷，第 444 页，上海人民出版社，1993 年版。

持自己抗日的政治主张",是只知其一,不知其二。王明1937年11月自苏联到延安后,提出一切经过统一战线,这是毛泽东不同意的。陈独秀不知道这是王明的主张,以为是中国共产党一致的主张。经过从前的失败,他非常敏感,看到了这个时期共产党在抗日统一战线策略上出现了退让的迹象。

如何停止两党的摩擦呢? 陈独秀提出:

一、国民党承认共产党及其他在野的党派,都公开的合法存在,要求他们合力抗日,而不取招降的态度,并且不妨碍在野党对政府党政治的批评。

二、共产党及其他党派,都以在野党的资格绝对拥护抗日战争,一致承认国民党一党政权及其对于抗日战争之军事最高统率权这一事实,不要把开放党权和开放政权混作一谈。①

陈独秀写这篇文章,仿佛自己还在大革命时期,思考两党的关系。他仍然是书生气十足,不知道蒋介石不容许共产党的存在,是阶级性决定的,他并不想减少这个摩擦。

1938年2月18日,中国空军在汉口上空击落了敌机十一架。就在这一天,陈独秀写了《我对于抗战的意见》小册子《自序》。该书是陈独秀这几个月演讲文集,本月由亚东图书馆印行。

去年9月,陈独秀从南京到汉口舟中,拟定了五个题目,打算写一本抗日意见的小册子。一在武昌住下,他就开始动手写。华中、汉口青年会及武汉大学邀请陈独秀演讲,陈独秀便讲演了这个小册子头三篇的文章。除了在华中的讲演稿在汉口《扫荡报》上发表外,其他讲演稿因禁令没有发

① 陈独秀著、任建树等编:《陈独秀著作选》,第3卷,第445页,上海人民出版社,1993年版。

表。汪孟邹屡次来信,叫陈独秀把这些稿子寄到上海发表。当时,上海出版甚至比武汉还稍稍自由一点。陈独秀以为有点过时了,未曾寄去。

濮德治、王凡西等人认为,无论过时不过时,还是应该发表,试验一下目前政治空气,看看在抗战时,这个小册子会不会成为禁书。陈独秀答应了。

15 与何基沣的接触

陈独秀写宣传抗日的文章,发表演讲,引起了在汉口养伤的一七九师师长何基沣的注意。陈独秀认识他后,对何基沣师长产生了很好的印象。

何基沣是宋哲元部下,"卢沟桥事变"爆发时,任陆军第一百二十旅旅长,其部下吉星文团与日本军队开了第一枪。何基沣因作战挂彩,在汉口养伤。陈独秀对濮德治和王凡西说,这个军人很不平常,他无任何不良嗜好,无粗犷气,更没有虚矫的架子。夫妇俩住在一个厢房楼里,连个勤务兵都不用。

有几次,王凡西参加了何基沣和陈独秀的谈话,内容涉及的均是关于今后政治的方向问题。甚至探讨了以有限度的土地改革来发动群众,借此增强军队力量,谋取抗日的胜利。但濮德治和王凡西怀疑,和何基沣的接触,对革命究竟有什么好处。因为联络军人,替国民党军队做"姨太太"的工作(指在军队中做政治工作),大革命时期是吃了亏的。

回到家来,濮德治和王凡西向陈独秀提出了这个疑问。王凡西回忆:

陈独秀认为:我们毫无理由把目前的行动当成军事投机。"情形是根本不同的",他说,"我们是穷光蛋,不是第三国际,没有任何东西可以让人家骗取。其次,我们进入他的军队,目的虽然不在'篡夺',可也不一味希望他本人变成革命家。有过以前和军人打交道的经验,今后我们应该很清楚地懂得,我们在现存军队中的首要工作是兵士群众的教育,以及竭力造成群众的革命环境,即在辖区内尽可能发动土地改革运动,以便使军队同时革命化。"①

陈独秀这么一说,王凡西表示,何基沣本人不是冯玉祥式的狡猾之徒,可能会真心转向革命的。

不久,何基沣的创伤已愈,准备回部队去,并打算邀请一些青年去到他的部队。王凡西回忆道:

> 他坚决抗日,对国民党的领导感到异常痛心。半年来在华北的实际战斗,使他深深地懂得一点:不将军队的政治认识提高,无法有效地抗日,更无法取得胜利。因此,在养伤时期,他几乎读遍了汉口所能买到的有关乎抗日乃至一般社会科学的书籍。学习和思索的结果,他决心要从汉口邀请一些革命青年,去到他的部队里,为兵士们进行政治教育工作。在这样的探索中,他与独秀发生了关系。他们二人很谈得来,这军人对独秀执礼甚恭,待如师长。独秀这边当然也不会吹牛撒谎,说他后面有多大力量。据我的记忆,独秀当时和他的谈话中,总是非常坦白的,说明他与中共早无关系,甚至也不代表托派,他只是个人,他的几个朋友也只以个人资格和他发生关系,乃至进行工作。②

在陈独秀的支持下,王凡西、濮德治和一个姓马的河南青年打算到何基沣在内黄的师部去工作,王凡西任秘书长,濮德治任参谋。平汉路的车票已经买好了,临动身的前夜,何基沣突然得到了"着毋庸回任"的通知,他的师长职务被免除了。

陈独秀和王凡西、濮德治推测,多半是何基沣和陈独秀的往还让国民

---

①② 王凡西著:《双山回忆录》,第 220 页、第 219 页,东方出版社,2004 年版。

党军统的特务侦知了,于是先发制人。

王凡西是 1938 年 2 月间离开汉口的。他所以要离开,觉得无事可为,一来陈独秀与何基沣接触失败,而且,两人对于抗战和前途的种种看法,并不一致,加上非常思念妻儿,因此决定回上海,陈独秀很不同意他走,但也留不住,送了三十元路费,从此告别。

罗汉准备去湖南,濮德治准备去云南,陈独秀打算去四川,王凡西一走,大家就作鸟兽散了。

16 "托匪汉奸"风波

在《准备战败后的对日抗战》一文中,陈独秀承认,"我半生所做的事业,似乎大半失败了,然而我并不承认失败,只有自己承认失败而屈服,这才是真正的最后失败,我对于此次抗日战争,也作如是观。"①

陈独秀说,自己的事业,"似乎大半失败了",主要指大革命失败,以及参加托派活动的失败。二次革命,虽然失败,不能算自己的事业;新文化运动,是自己的事业,但不能算失败;唯有大革命,既是自己事业,也失败了。参加托派活动,也失败了。因为还有回到党内的可能,陈独秀说"似乎",还含有一定的期待。但很快,陈独秀的愿望再次破灭了。

1937 年 11 月 29 日,中共驻共产国际代表王明与康生等同机飞抵延安。王明到延安后第五天,在《解放》周报发表了《日寇侵略的新阶段与中国斗争的新时期》一文,称"日寇侦探机关……首先是从暗藏的托洛茨基——陈独秀——罗章龙匪徒分子当中,吸收作这种卑劣险毒工作的干部"。半个月前,《解放》刊登署名"冰"的文章《陈独秀先生到何处去》,希望他"重振老战士的精神,再参加到革命的行列中来"。于今,《解放》的调

① 陈独秀著、任建树等编:《陈独秀著作选》,第 3 卷,第 434 页,上海人民出版社,1993年版。

子突然转了一百八十度。

12 月 9 日至 14 日,中共中央在延安召开了一次政治局会议。谈到中共中央提的与陈独秀合作抗日的三项条件,王明说:"我们和甚么人都可以合作抗日,只有托派是例外……在中国,我们可以与蒋介石及其属下的反共特务等人合作,但不能与陈独秀合作。"针对"陈独秀与托洛茨基究竟有所不同"的反驳,王明说:"斯大林正在雷厉风行的反托派,而我们却要联络托派,那还了得……陈独秀他们是领取日本津贴的汉奸、杀人犯……陈独秀即使不是日本间谍,也应该说成是日本间谍。"当时,苏联正在审判布哈林、李可夫"右派和托派反苏联联盟案"。

会议结束后,王明到武汉主持长江局工作。在他的组织下,1938 年新年伊始,刚创刊的《新华日报》及《群众》、《解放》杂志突然登出许多文章,说陈独秀是"托匪汉奸"、"托洛茨基匪首"、"日寇侦探"等。其中,康生在《解放》周刊第二十、三十期上发表《铲除日寇侦探民族公敌的托洛茨基匪徒》一文,道出了陈独秀当日寇侦探的"事实":

> 1931 年"三一八"事变……上海的日本侦探机关,经过亲日派唐有壬,与陈独秀、彭述之、罗汉等所组织的托匪"中央"进行了共同合作的谈判,当时唐有壬代表日本侦探机关,陈独秀、罗汉代表托匪的组织,谈判的结果是,托洛茨基匪徒'不阻碍日本侵略中国',而日本给陈独秀的"托匪中央"每月三百元津贴,待有成就后再增加之。这一卖国的谈判确定了,日本津贴由陈独秀托匪中央的组织部长罗汉领了……美国的托匪格拉斯……联合着陈独秀、彭述之、罗汉……在上海北方建立托匪日探组织……虽然陈匪独秀从九一八以来就与日寇勾结,然而他还可以在武汉演讲,使用其老奸巨猾的侦探技术……这无怪鲁迅先生痛骂陈独秀等托匪是有悖于中国人为人的道德。①

---

① 延安:《解放》周刊,第 29、30 期,1938 年 1 月 13 日。

3月16日,王星拱、傅汝霖、高一涵、段锡朋、梁寒操、周佛海等人在《大公报》《武汉日报》发表信函,为陈独秀鸣不平。信上说,"汉奸匪徒之头衔可加于独秀先生,则人人亦可任意加诸异己……为正义、为友谊,均难缄默,特此为表白。"针对王星拱等人来信,《新华日报》发表短评,谓"此风不可长"。

民主人士沈钧儒也在汉口《大公报》上发表文章,不赞成给陈独秀扣上汉奸的帽子。《新华日报》发表短评《陈独秀是否托派汉奸问题》,说这个问题"要由陈独秀是否公开声明脱离托派汉奸组织和反对托派汉奸行为为断"。

陈独秀看到康生、王明等人的文章后,十分愤怒。3月17日,写了一封《给〈新华日报〉的信》,说:

> 我在去年九月出狱之后,曾和剑英博古谈过一次话,又单独和剑英谈过一次。到武昌后,必武也来看过我一次,从未议及我是否汉奸的问题。并且据罗汉说,他们还有希望我回党的意思。近阅贵报及汉口出版之《群众周刊》及延安出版之《解放周报》,忽然说我接受日本津贴,充当间谍的事。我百思不得其故。项见本月贵报短评,乃恍然大悟。由此短评可以看出,你们所关心的,并非陈独秀是否汉奸问题,而是陈独秀能否参加反对托派运动的问题,你们造谣诬蔑的苦心,我及别人都可以明白了。你们对我的要求是:"他如果不甘与汉奸匪徒为伍,他应该公开坦白地宣言他脱离托派汉奸组织,并在实际上反对托派汉奸行动。"我坦白地告诉你们:我如果发见了托派有做汉奸的真凭实据,我头一个要出来反对,否则含沙射影血口喷人地跟着你们做啦啦队,我一生不会干这样昧良心的勾当。受敌人的金钱充当间谍,如果是事实,乃是一件刑事上的严重问题,决不能够因为声明脱离汉奸组织和反对汉奸行为,而事实便会消灭。[1]

---

① 陈独秀著、水如编:《陈独秀书信集》,第475页,新华出版社,1987年版。

"到武昌后,必武也来看过我一次",说明董必武在武昌见过陈独秀;"他们还有希望我回党的意思",说明陈独秀知道罗汉去延安的经过,以及延安有条件地欢迎他回到党内工作的态度;"如果是事实,乃是一件刑事上的严重问题",意思是说,当了汉奸的人,共产党即便不追究,国民党也要追究。

谈到自己和托派的关系,陈独秀仍然强调,自己政治上是独立的,并不因为去延安与否,改变不介入托派活动的态度。他说:

> 　　我经过长期入狱和战争中的交通梗塞,中国是否还有托派组织存在,我不甚知道。我在南京和剑英谈话时,曾声明:我的意见,除陈独秀外,不代表任何人。我要为中国大多数人说话,不愿意为任何党派所拘束。来武汉后,一直到今天,还是这样的态度,为避免增加抗战中纠纷计,一直未参加任何党派,未自办刊物。我所有的言论,各党各派的刊物,我都送去发表。我的政治态度,武汉人士大都知道,事实胜于雄辩,我以为任何声明都是画蛇添足。
>
> 　　从前我因为反对盲动政策,被中国共产党以取消主义而开除,此全世界周知的事。所以有人要求我公开声明脱离"赤匪",我曾以为这是画蛇添足而拒绝之,我现在对于托派,同样也不愿做此画蛇添足之事。你们企图捏造汉奸的罪名,来压迫我做这样画蛇添足的事,好跟着你们做啦啦队,真是想入非非,你们向来不择手段,不顾一切事实是非,只要跟着你们牵着鼻子走的便是战士,反对你们的便是汉奸,做人的道德应该这样吗?①

"做人的道德应该这样吗?"此话最初是鲁迅批评陈其昌等托派的话,后被康生引用来批评陈独秀等托派。

---

① 陈独秀著、水如编:《陈独秀书信集》,第 475～476 页,新华出版社,1987 年版。

《新华日报》拒绝刊登陈独秀给《新华日报》的信,3月20日《扫荡报》将该信刊登。次日,《新华日报》写短评,肯定了陈独秀声明自己与托派的区别,同时批评他不反对过去的同伙和下级。短评说:

> 以曾经是中国托派首领身份的陈独秀,声明他今天未参加汉奸党派……在托派汉奸已经成为全国人民公敌时,陈独秀有这种表示,足见其尚有羞耻之心,这是值得赞同的事……可是,他仍然不愿意起来反对他过去的伙伴和部属,不愿意起来反对那些丧尽天良的托派汉奸,而且还力为洗刷辩护……不能掩饰陈独秀的不愿反对日本间谍的托派汉奸底本意,这首先是因为陈独秀在今天思想上仍然是与托派汉奸联结在一起不是没有理由的。①

这篇短评认可陈独秀不是汉奸,但他"可仍然不愿意起来反对他过去的伙伴和部属"。同时,《新华日报》刊出叶剑英、博古、董必武给《新华日报》的信,叙述了他们三次和陈独秀会见的经过,强调陈独秀始终不愿公开表示脱离和反对托派的情况。

17　恐怕永无解决之一日

关于陈独秀是否汉奸的问题,终于安静了。周恩来深感这次风波不利于团结民主人士一道抗日,多次托人到陈独秀寓所,劝他"不要活动,不要发表文章"。1938年4月,徐特立约何之瑜(何资深)从长沙到汉口,访问陈独秀,调解这场笔墨官司。徐特立劝陈独秀说:"事情是解决了的。"言下之意,事情已经过去了。

4月8日,陈独秀给在长沙的贺松生(何之瑜)去信说:

---

① 1938年3月21日《新华日报》(汉口)。

关于我,恐怕永无解决之一日,他们自己既然没有继续说到我,而他们正在指使他们在汉口及香港的外围在刊物上,在口头上仍然大肆其造谣诬蔑……我拿定主意,暂时置之不理,惟随时收集材料,将来到法庭算总账。①

这年 2 月初,何之瑜写信邀陈独秀避住长沙。陈独秀担心湖南乡间土匪多,写信称"湖南非乐土"没有答应。"在口头上仍然大肆其造谣诬蔑",说明陈独秀听到了不少流言和闲话。"将来到法庭算总账",这句话是无奈的气话。

因为康生文章中几次提到罗汉有汉奸行为,罗汉必须有所声明。他写了一封《致周恩来等一封公开信》,4 月 24 日在汉口《正报》发表,同时策应陈独秀的信。罗汉在信上说:

康生君一文,真可谓极尽诬蔑造谣之能事……以这样严重的卖国谈判,参加者又有当时政府要人在内,而其结果,乃以三百元成交。真可谓廉价之高峰……康生君说去年六七月间我和独秀曾与美国侦探接洽,先生们,你们只管造谣高兴,竟连陈彭那时尚在南京狱中的事实也忘记得干干净净了!②

一天,刘仁静来访,陈独秀不大愿意见他。去年 10 月,刘仁静给李福仁、伊罗生写信,对陈独秀汉口演讲表示失望。刘仁静坐下来说:"你公开发表给陈其昌的信后,老彭他们很生气。他们认为你采取了'超党'、'超阶级'的立场,等于叛变了组织、叛变了自己。"

陈独秀不高兴,说:"老彭不是还骂我是托派的败类吗? 我不怕,现在

① 　转自林茂生等编:《陈独秀年谱》,第 499 ~ 500 页,上海人民出版社,1988 年版。
② 　1938 年 4 月 24 日,《正报》(汉口)。

有人骂我是汉奸,有人骂我是叛徒,随他骂去,我和老彭他们到此为止。"刘仁静走后,陈独秀气还没有消,对潘兰珍说:"他明天还要来的,我明天到外面看看朋友。"潘兰珍说:"他要是坐等不走,怎么办呢?"陈独秀想了一会,写了个条子递给潘兰珍,说:"你把条子递给他,他就不等了。"

第二天,陈独秀早早出了门。果然刘仁静又来了,见陈独秀不在家,又丢了条子,知道陈独秀不想见他,条子上说:"我不是托派,也不愿和有托派关系的人来往。"这次,刘仁静没有落座便走了。潘兰珍知道老头子不喜欢他,也没有留他再坐。

陈独秀是"托匪汉奸案"的消息,后来传到晋察冀阜平聂荣臻的司令部。一天,萧克和聂荣臻在司令部聊天。萧克说:"康生在延安发表过一篇文章,说陈独秀是汉奸,每月从日本人那里领取三百块大洋。"聂荣臻大革命时期曾到陈独秀家中分配工作,后来在武汉又见过陈独秀,知道陈独秀的为人和性格。他沉默了一下,说:"陈独秀是三百块大洋能买到了的吗?"

18　苏雪林:他是新文化的元勋

1938年4月的一天,安徽太平老乡、武汉大学文学院老师苏雪林拜访了陈独秀。

苏雪林最初听到陈独秀的名字,是"五四"前在安庆听陈慎登先生上课,她晚年写回忆录《浮生九四》,谈到"第一次听到陈独秀的名字是在安庆,那时我在省立第一女子师范附小做教员"。

苏雪林1914年至1917年就读安庆省立第一女师,毕业后留附小任教。这一年夏天,附属小学组织了一个国文进修班,请女师国文教员陈慎登授课。陈先生在课堂上说:现在出了一种杂志名《新青年》,是你们贵同乡怀宁的陈独秀所编,该杂志诋毁孔孟,反对纲常,散布邪说,蛊惑人心,实为世道人伦之忧,任其鼓吹,必酿神州陆沉之祸!说到激动处,陈先生脸色由青转白，胡须抖动，声音嘶哑，一口气憋不过来，晕倒在讲台上。

　　大家慌忙扶起，乱作一团，苏雪林也因此对未见面的陈独秀十分"憎恶和仇恨"。课后大家七嘴八舌，或议论联名写信寄陈独秀，或采取其他制裁办法。苏雪林说，顶好带柄手枪上北京找到陈独秀，叫他吃一粒子弹，什么问题都解决了。后来，苏雪林在一位同学家里见到《新青年》，才知道《新青年》宣传科学和民主，是进步刊物呢！从此，提到陈独秀的名字，苏雪林就似曾相识了。

　　1937年年底，苏雪林在武昌珞珈山武汉大学听陈独秀演讲《动员民众》，这是她第一次见到陈独秀。因为那天人多，苏雪林无法和陈独秀单独交谈。在《我认识陈独秀的前前后后》一文中，苏雪林回忆了第一次见陈独秀的印象：

　　　　我想"认识"陈氏为时已久，现在不可放过这样一个机会，所以我决定前去参加，目标不在听他的说论，而是要看看他究竟是什么样一个人……他那时大概有五十几岁，身上穿了一件起皱的蓝布大褂，脚曳一双积满灰尘的布鞋，服装非常平民化，人颇清瘦，头发灰秃，一脸风尘之色。但他那双眼睛的确与众不同，开阖间，精光四射，透露"刚强"、"孤傲"、"坚决"、"自信"，这正是一个典型的思想革命家的仪表。却也像金圣叹批评林冲：是说得到，做得彻，令人可佩，也令人可怕的善能研伤天地元气的人物。①

　　"身上穿了一件起皱的蓝布大褂，脚曳一双积满灰尘的布鞋"，和许俊千记载陈独秀到华中大学演讲穿的衣服、布鞋似乎一样，只是那次穿了新的，这次穿了旧的。

　　华中战事吃紧，武汉大学正分批迁到乐山，苏雪林等船赴川，没有课，

---

　　① 苏雪林：《浮生九四——雪林回忆录》，台湾三民书局，1991年版。

正闲着呢! 一天,苏雪林请自己的一位学生带自己去拜访陈独秀,这位学生恰好是陈独秀的一位亲戚。她们由武昌过江到汉口,到了陈独秀的家。陈独秀家的客人很多,等人陆续走了,苏雪林才有机会和陈独秀单独讲话。

陈独秀说:"我读过你的作品,你的《唐诗概论》和《李义山恋爱事迹考》见解独到,多发前人未发之论,足见很下一番工夫。"《李义山恋爱事迹考》是苏雪林 1926 年在东南大学教书时上的课,那时,她的学生中有一位叫赵朴初,与陈独秀也是老乡。

这次谈话,大家随便闲聊。陈独秀问苏雪林,准备去哪里? 苏雪林说,不久随校入川。陈独秀说:"拟到重庆,或许能在渝碰面。"

1938 年 5 月,苏雪林到乐山,与在江津的陈独秀虽隔不远,却从此没有见面。但苏雪林始终不忘记陈独秀。她在回忆录中说起陈独秀:

> 他是新文化的元勋,是热心革命的志士,道德情操高洁的君子人,他的趋向共产主义,纯出于救国救民的伟大抱负。为此,家中薄产因此累尽,两个儿子,因此牺牲,本身也被捕下狱,直到对日抗战发生始能恢复自由。入川后,不受友好一文钱的津贴,以写文章换稿费为活。①

19　张国焘想拉我

1938 年 4 月 3 日,阴历三月三,陕甘宁边区政府副主席张国焘以祭黄陵为名,逃向汉口。中共中央于 4 月 19 日发出开除张国焘党籍的党内报告大纲,提到张国焘脱党前"曾见过陈独秀一次",在党外去寻找反党的同盟者。

看到报纸的当天,陈独秀给贺松生(何之瑜)写信说,"张特立到武汉

---

① 苏雪林:《浮生九四——雪林回忆录》,台湾三民书局,1991 年版。

事，你们想已在报上看见（今天的新华及大公），我并未遇见他，有人造谣他已来见我，真可笑"。

但几天后，张国焘在汉口公安局长、特务蔡孟坚的帮助下，找到了搬到汉口德润里的陈独秀。十多年没有见面，张国焘富态多了，肥头大耳，腆着肚子，但气色不好，松松塌塌的方脸膛看上去很疲惫。

两人都被中共开除党籍，免不了欷歔一番。但听说张国焘投靠老蒋，陈独秀顿生反感。嘴里有一句没一句应付张国焘。张国焘仍然兴致勃勃，提出重建第三党事。陈独秀说："一个阶级只能有一个党，我们再搞，能搞得比毛泽东现在搞的要好？"因为话不投机，张国焘扫兴地告辞了。

张国焘想拉陈独秀再组织一个共产党的想法，也和包惠僧说过。包惠僧后来回忆说：

> 这时张国焘已经叛变了。张国焘、谭平山都去看过陈独秀。有一天，张国焘对我说他想再组织个共产党，想拉陈独秀来顶这块招牌，陈独秀没有理他。后来陈独秀对我说："张国焘想拉我，我对他说我没有这个能耐。"谭平山也去找过陈独秀组织第三党，陈无意于此，他主张抗战救国。①

陈独秀虽然不想和张国焘纠缠，但他也不相信共产党领导的游击战争在抗日战争中能够发挥多大的作用。

7 月 21 日，陈独秀写了《论游击队》一文，刊登在隔日出版的《青年向导》第三期上。他认为，游击队不能在抗日战争中唱主角，农村不具有战略意义。虽然陈独秀承认，正当的游击队有它的特殊作用，扰乱和牵制敌人，战争失败后使敌人不容易安全统治。但他认为，不可能离开正规军光靠游击队来保国家。此外，正规军的游击战术即运动战，亦不可滥用。

---

① 　王树棣等编：《陈独秀评论选编》下，第 305 页，河南人民出版社，1982 年版。

在这篇文章里,陈独秀强调大城市的作用,认为不能够靠农村作根据地。他说:

> 敌人首先要占据的是我们沿海沿江沿铁路的大城市,他们占据这些城市,便可支配全中国,别的比较不重要的地方,即令我们的军队或游击队闹得天翻地覆,他们都可以暂时不管;因为他们懂得大城市在近代国家之重要。如果我们不懂得这个,妄想拿农村来支配城市,妄想拿农村来做抗日根据地,这正是敌人所求之不得的事。①

联系红军第五次反"围剿"的失败,陈独秀认为,红军及山上的"苏维埃政府"所以到处失败,是因为在武器、经济、文化上,农村和小城市都不能够独立存在。他的观点,和这年5月毛泽东写的《抗日游击战争的战略问题》相左。毛泽东强调了游击战争在抗日战争中的重大战略作用。

陈独秀写这篇文章,看不起共产党领导的游击战争,一方面是受了国民党报刊宣传的影响,一方面有"汉奸"风波的阴影。

20　五四运动时代过去了吗?

1938年5月4日快到了,为了纪念五四运动,陈独秀应邀写了《五四运动时代过去了吗?》一文,刊登在5月15日《政论》旬刊第一卷第十一期上。陈独秀是新文化运动的发起者,1919年5月4日那一天,他虽然没有参加游行示威,但密切关注学生运动,并因为撰写、散发《北京市民宣言》而被捕。谈起纪念五四运动,各家报刊自然想到请陈独秀写纪念文章。

有人说五四运动时代已经过去了,时代已经走到前面,人们的思想不

---

① 陈独秀著、任建树等编:《陈独秀著作选》,第3卷,第493～494页,上海人民出版社,1993年版。

应该停留在五四运动时代。陈独秀不同意这个观点，他认为，五四运动时代还没有过去，因为五四运动时代所要求的是：

　　反对日本帝国主义的侵略及卖国贼。反对旧礼教的束缚，提倡思想解放，妇女解放，以扫荡封建的残余。提倡科学，破除迷信，建设工业。反对古典文，提倡语体文，以为普及教育和文化的工具。提倡民权，反对官僚政治。①

　　五四运动时代的这些要求，显然也就是现在的任务，说明这个时代没有过去。而且，五四运动不是孤立的，是辛亥革命、五四运动、五卅运动、北伐战争、抗日战争，整个民主革命运动链条中的一个环节。这是陈独秀对于五四运动意义的认识，不能孤立地去看，这些运动是民主运动的一个部分。虽然五四运动有缺点，如"参加运动的主力仅仅是些青年知识分子，而没有生产大众，并不能够说这一运动的时代性已经过去"。

　　那么，人们为什么认为五四时代已经过去了呢？陈独秀说：

　　正因为有些人们虽然口中也曾说中国革命是资产阶级性的民主革命，实际上并没有认真的了解和正确的把握住这一历史条件所决定的时代性，所以才会有五四运动时代已经过去这样的见解，所以才有拿农村苏维埃抵制国民会议运动的荒谬政策，所以才有超资本主义的小资产阶级社会主义的幻想，所以才闹出"山上的马克思主义"的笑话，所以才有依靠农村攻取城市的错误路线，以及由打倒富农到"请土豪劣绅帮忙"，由苏维埃政府到国防政府，由普罗文学到国防文学，由一省或数省首先胜利到民族统一战线，这一大串头脚颠倒乱杂无章的

① 陈独秀著、任建树等编：《陈独秀著作选》，第 3 卷，第 477 页，上海人民出版社，1993年版。

政策,都由于未能了解并把握这一时代性,遂至忽左忽右的乱跳,而进退失据。①

本来是谈为什么会出现五四运动时代已经过去这样的见解的话题,因为谈原因时,陈独秀谈到资产阶级性的民主革命的时代性,话题转到了其他话题,不仅批评了瞿秋白、李立三等人提倡的由一省或数省首先胜利,也否定了毛泽东的"山上的马克思主义"和依靠农村攻取城市的路线。

值得一提的是,毛泽东并不认为五四运动的时代已经过去。几乎和陈独秀写文章的同时,4 月 28 日,毛泽东在鲁迅艺术学院讲话,谈了不少艺术和鲁迅的话题,称赞鲁迅代表了马克思主义艺术论者。此外,在许多场合,毛泽东都强调了五四运动的历史意义和时代意义,甚至比陈独秀谈得更多。

毛泽东对于五四运动的态度,包括对陈独秀本人的态度,是陈独秀没有料想到的。

21 安庆家人逃难到武汉

1938 年 6 月 12 日,日军侵占安庆。武汉形势紧张后,陈独秀请包惠僧帮他找船离鄂入川。川资是刘辅丞给的五百元和陶希圣等几个北大同学在南京托包惠僧转来的两百元。

陈独秀离开南京后,包惠僧很快也到了汉口。临行前,包惠僧在南京周佛海家里遇到陶希圣,陶希圣托包惠僧带两百块钱给陈独秀。陶希圣是陈独秀的学生,他说,钱是北大的几个同学凑的。包惠僧把钱交给陈独秀时,陈独秀先犹豫了一下,后来说,是北大学生给我的,不好不收。②

---

① 陈独秀著、任建树等编:《陈独秀著作选》,第 3 卷,第 478 页,上海人民出版社,1993年版。

② 王树棣等编:《陈独秀评论选编》下,第 305 页,河南人民出版社,1982 年版。

这时候,从安庆逃难来的嗣母谢氏、儿子陈松年、儿媳窦珩光和春天才出世的孙女长玮也到了汉口。陈独秀出监狱后,安庆的家人马上写信去南京,问是否逃难。陈松年 1980 年回忆说:

> 父亲出狱后,我祖母叫我写信问他,家怎么办? 父亲回信说,暂时可以不动。后来局势危急,祖母急着要去找父亲,当时父亲已在汉口,他的地址还是方孝远告诉我们的。祖母对父亲长期浪迹在外,总是担心受怕,常常叹息自问:能否由儿子抱头送终。①

"他的地址还是方孝远告诉我们的",说明陈独秀到武汉,因为还在漂泊之中,没有立即把自己的地址告诉安庆的家人。他联系最紧密的,还是亚东图书馆,几乎每换一个地址,就给他们写一封信。

许多年没有见到嗣母谢氏了,因孙子、孙女、媳妇的死,打击太重,流泪太多,老人的两眼已经失明了。战乱中一下子见到这么多亲人,陈独秀又是高兴,又是心酸。高兴的是劫难中还有亲人在,倍感亲切。心酸的是,大家是落难之人,遇到了战争灾害,成为天涯沦落人。潘兰珍一下子见到陈独秀的许多亲人,说不出是高兴,还是发愁。

家人到武汉后,陈独秀请包惠僧帮忙,立即找了一条到宜昌的"大和"号军用火轮,先将松年、嗣母等送到宜昌。因为这只顺便船只到宜昌,他们先到宜昌,然后再想办法去重庆。船是一只军火船,在船上严禁抽烟。陈独秀和潘兰珍打算与包惠僧、夏松云夫妻一同于 6 月 15 日或 16 日乘行营开往重庆的差船。在宜昌换船时,陈独秀拟上岸寻找陈松年他们。

嗣母和陈松年等人动身后,陈独秀托李侠公先生写航空信给住在宜昌二马路平和里 17 号的史岳门,请他派人于"大和"火轮抵宜昌时照料自己的家人,并帮助他们代购赴重庆的船票。史岳门在国民党政府任职,找人

---

① 王树棣等编:《陈独秀评论选编》下,第 327 页,河南人民出版社,1982 年版。

方便。信写好发出后,陈独秀也不知此信到达没有。

陈独秀想,不论此信史岳门是否收到,陈松年都应该到史岳门处去一趟,留下他们的住址,以便自己到宜昌时寻找他们。这个兵荒马乱的时候,一旦失去联系,要花许多精力才联系得上。当然,陈松年有船就走,千万不要在宜昌候自己。倘一时他们买不到船票,等自己到了宜昌,或随自己的船一同走,或另找一条船一同走,总是好办的。虽然乱糟糟的,陈独秀相信,自己的朋友多,买到家人的船票,总会有点办法。当时的宜昌,人山人海,成为西去的咽喉。

6月14日,陈独秀在汉口吉庆街165号给先期抵达宜昌的陈松年去信:

> 倘收到此信时有船可行,可将我附来寄潘赞化先生信原封由航空信寄去(信中空处填某公司船名,至要!)以便到重庆时有人照料一下好些,到重庆下船登岸到客寓,你们都必须坐轿,万万不[可]省此小费!葛康俞[瑜](三人同行)已于昨晚乘龙安轮船赴宜昌,你务必打听清楚于船抵宜昌时去接他们一下,并望告诉他们,有船便行,千万不必候我!包先生嘱告恽子世先生在宜昌候他家眷回到重庆,不必回汉口,此信可与恽君一阅,恽子世太太亦同船。
>
> 父字
>
> 十四日①

该信寄给宜昌天后宫29号夏智安先生转恽子世先生,再转陈松年。葛康瑜,即葛温仲之子,画家,邓季宣姐姐的儿子。葛康瑜的妻子是陈独秀二姐的小女儿。

陈独秀也没有如信上说,次日和后日乘船去宜昌。就在他准备离开武

---

① 《陈独秀研究参考资料》,第1辑,第35页,安庆市历史学会编,1981年版。

汉的时候,陈独秀的大姐带着儿子吴季严等一家人也逃难来到武汉。他们辗转打听,在汉口吉庆街 165 号找到了陈独秀。陈独秀弟兄姐妹四人,哥哥、二姐早已去世,只剩大姐吴陈氏。姊弟自 1913 年夏天二次革命失败后分手,已经三十多年未见,此时见面,不禁悲喜交加。大姐夫姓吴,是安庆商人,早已去世。

陈独秀对包惠僧说:"老姐姐来了,我怎能撇开他们自己先行?"后来大姐去世,陈独秀吟诗,其中云:

> 卅年未见姊,见姊在颠危。
> 相将就蜀道,欢聚忘百罹。①

"欢聚忘百罹",说明陈独秀见到亲人,悲中有喜。大姐来后,陈独秀马上寄信给陈松年,叫他先去重庆。葛康瑜抵宜昌后,根据舅父陈独秀的意思,与陈松年、谢氏等同船先期去重庆,没有等陈独秀。

---

① 《陈独秀研究参考资料》,第 1 辑,第 35 页,安庆市历史学会编,1981 年版。

第五章　入川

(1938年7月～1939年5月)

1　到　重　庆

陈松年到宜昌时,正是1938年盛暑,这时安庆已沦陷。大家一边叹息国家沦落,一边庆幸逃离虎口。6月中旬,陈松年一家和葛康瑜到了重庆,先住在旅馆里,后找到了同乡胡子穆、潘赞化和方孝远等人。

十余天后,陈独秀也到了重庆。据邓季宣回忆,陈独秀和他一起乘民生公司的民权号轮船,由武汉到重庆的。①

邓季宣兄弟三人,大哥邓以蛰、二哥邓仲纯,自己是老小。老大邓以蛰留日和陈独秀是同学,回国后在北京大学哲学系当教授。老二邓仲纯留日学医,也认识了陈独秀,回国在青岛开了个小医院。邓季宣本人则和陈仲甫的两个儿子延年、乔年一同到法国勤工俭学。他和乔年两人甚至共一床被子,"打通腿"睡觉。据邓季宣自己说,延年和乔年1923年从法国到苏联时,邓季宣没有赶上火车,因此留在了法国,后来参加了国家主义

---

① 　一种说法,陈独秀、潘兰珍及包惠僧、夏松云夫妇1938年7月2日乘"中、中、交、农"四行包的专轮到重庆。但包惠僧回忆,他和陈独秀"分别到了重庆"。——王树棣等编:《陈独秀评论选编》下,第305页,河南人民出版社,1982年版。

派。回国后，邓季宣在安庆高级工业职业学校，后任安徽省立宣城师范学校校长。1937 年 12 月，日本人由湖州打到皖南，师生逃散，邓季宣带着全家跑回老家安庆。老二邓仲纯这时也由青岛回到安庆。两家结伴，一起到了汉口，住在汉口的难民所中。他知道陈仲甫这时住在汉口，但没有去看过他。

因为邓季宣是安庆人，担任过校长，这时，新成立的国立安徽中学无人领导，遂请他做临时负责人。原来，1938 年 5 月 17 日徐州失守后，国民政府教育部长陈立夫派人到安徽，把安徽七所省立中学迁武汉。7 月初，教育部批准成立了国立安徽中学，并打算将该校迁到湘西，但省立第一临时中学（以原省立安庆中学、安庆女中为基础）师生不愿迁校湘西。就在这时，原安徽省立宣城师范校长邓季宣流亡到汉口。

根据师生的愿望，邓季宣决定将学校搬到重庆去办。安徽贵池人许世英时任代理赈济委员会委员长，他以疏散难民的理由，调拨了一条民生公司的民权号轮船，把汉口的旧安庆府属的难民和学生一齐送到这条船上。

8 月中旬，这条船开往重庆。陈独秀和邓季宣是老朋友，得到消息后，准备自己随船去重庆，并通知了高语罕。于是，陈独秀一家四口和高语罕一家就挤在这条难民船上到了重庆。①

复旦大学尉素秋女士在《传记文学》上谈到入川时与陈独秀同船：

民国二十七年（1938）武汉保卫战开始，我在入川的人潮中挤到宜昌，换上了"民权轮"。遇到郑学稼学长（复旦大学），他告诉我，陈独秀先生也在这船上，未买到铺位，在大莱舱的外面打地铺（散席），当时称之为三等活动舱。我和郑兄到陈先生处闲谈，首次见到庐山真

---

① 刘敬坤：《陈独秀流寓江津的前前后后》，《档案与史学》，2001 年第 2 期。

面目。大家席地而坐,海阔天空的闲聊,打发这漫长的旅途。①

船到宜昌,陈独秀未在宜昌停留,直接去了重庆。他们判断陈松年等家人已经离开宜昌。当时宜昌人山人海,陈独秀也不敢在宜昌停留。下船换船,买票十分麻烦,下去了,万一找不到船只,就自找苦吃了。和陈独秀夫妇同船的,还有郑学稼、胡秋原夫人及其母亲等,他们都没有在宜昌下船。郑学稼是复旦大学教授,随北大到北碚,这是陈独秀第一次见他。1939 年 9 月 5 日,陈独秀还写信给郑学稼,请他照顾复旦大学考生李宗荃。李宗荃只考了复旦会计系备取第四名,陈独秀希望能够补入正式录取名单。

邓季宣带领安庆中学师生到了重庆后,没吃没住,给武汉去电报,请教育部解决。教育部回电,要他们在重庆附近择地安置。重庆上游靠长江的江津还没有学校迁入。于是,大家到了江津,借住在江津县立中学。同船的安徽籍人,不少一起跟着到了江津。邓季宣的二哥邓仲纯也跟着学校,一起到了江津。

陈独秀、潘兰珍当时没有随学校到江津,而是先在重庆住下。这时,陈松年一家已到重庆,住在绣壁街。父亲和大姑妈(陈独秀的大姐)到重庆后,姑妈和陈松年一家住在一起。陈独秀偕潘兰珍先住在石板街[石柏街]②通源公司,公司主人姓黄,待人客气,公司除了陈独秀,还住了很多其他客人。后来,在重庆一银行朋友帮助下,陈独秀住到禁烟委员会主任李仲公办事处。

2　张恨水:先生议论纵横

在重庆,《新民报》、《新蜀报》张恨水、张慧剑等人为陈独秀和潘兰珍

① 《宜昌大撤退》,第 126 页,朱复胜主编:《广州人》,贵州人民出版社,2005 年版。
② 王树棣等编:《陈独秀评论选编》下,第 323 页,河南人民出版社,1982 年版。

接风洗尘,高语罕夫妻陪同。张恨水四十三四岁,脑门宽阔,头发后梳,五官匀称。他的祖籍是安庆潜山,与怀宁接壤,是陈独秀的家乡人。在金陵狱中,陈独秀读过张恨水的《啼笑姻缘》。

宴会上,张恨水第一次见到潘兰珍,对她不插话印象很深。有人喊她陈夫人,潘兰珍脸就红了起来。陈独秀见了,一旁微笑,那样子,是很高兴的样子,并不觉得难堪。陈独秀去世后,张恨水 1944 年写《陈独秀之新夫人》时回忆说:

> 先生来重庆,门生故旧,视为不祥物,无近之者。唯高语罕先生优俪,日趋左右,敬礼在师友之间。先生已六旬,慈祥照人,火候尽除。面青癯,微有髭,发斑白。身衣一旧袍。萧然步行。后往往随一少妇丰润白晰,衣蓝衫,着革履。年可二十许。或称之陈夫人,则赧然红晕于颊,而先生微笑,意殆至乐,与之言,操吴语。宴会间,先生议论纵横,畅谈文艺(先生早讳言政治思想矣),夫人则惟倾听,不插一语。①

“宴会间,先生议论纵横,畅谈文艺(先生早讳言政治思想矣),夫人则惟倾听,不插一语”。陈独秀在酒桌上做主席,谈笑风生。潘兰珍不说话,偶尔张恨水问她几句,就听出了潘兰珍“操吴语”(江苏南通古代属吴)。

这次见面,《时事新报》请陈独秀为主笔,一篇稿子三四十元。为了生活,陈独秀便隔几日写一篇文章,或应邀演讲。

7 月 14 日,国民党中央广播电台邀请陈独秀去演讲,他把四川军队歌颂了一番,并劝四川同胞戒掉鸦片。从李仲公处,陈独秀发现四川人好吸鸦片烟。

1942 年 6 月 2 日,重庆《新民报》刊登了陈独秀的同乡张恨水的悼念文章《陈独秀自有千秋》:

---

① 《张恨水散文》,第 2 卷,第 359 页,安徽文艺出版社,1995 年版。

前十日接到高语罕先生的信,还曾提到陈独秀先生。说他虽在江津,也有半年未见面,不知他的健康如何? 因为陈先生久已足不履城市了。想不到数日之后,就在报上看到陈先生的噩耗。我们这进关入川、久栖山野的逃难文人,真有说不出的一种辛酸之味。"知尔远来原有意,愿收吾骨瘴江边"。不知陈先生生前,可有这种感慨? 江津安徽同乡虽多,商人不去说他,而其他又是对陈先生害着政治病的。令我想到他身后萧条,是不堪形容的。

陈先生为人,用不着我来说,在目前大概还是盖棺论不定。在不久还在本栏劝过陈先生不要谈政治,把他的文学见解,贡献国家。陈先生对此,没有反应。我了然此翁倔强犹昔,只是私心惋惜。

在学说上论,陈先生是忠诚的。虽不能说他以身殉道,可以说他以身殉学。文学暂时不值钱,而学术终有它千古不灭的价值。我们敬以一瓣心香,以上述一语慰陈先生在天之灵,并勉励许多孤介独特之士。①

"前十日"即 6 月 1 日前十天的 5 月 21 日前后,正是陈独秀病危的时候;和高语罕"半年未见面",陈独秀 1941 年 10 月到江津安葬大姐的棺木,是他最后一次去江津县城,到 5 月已半年多;"因为陈先生久已足不履城市了",说陈独秀一直住在乡下;"在目前大概还是盖棺论不定",意识到评价陈独秀不是一朝一日之事;"可以说他以身殉学",指陈独秀一直醉心文字学研究;"文学暂时不值钱",张恨水对于陈独秀不从事文学写作的一种解释。

3 到 江 津

江津古名江州、江阳,公元 487 年(齐永明五年),江州自郡城(重庆)

---

① 《张恨水散文》,第 2 卷,第 224 页,安徽文艺出版社,1995 年版。

移治棘溪口(江口);公元 557 年(后周闵帝元年)于县治设七门郡,改江州为江阳;公元 583 年(隋开皇二年)改江阳为江津;公元 967 年(北宋乾德五年)移县治于几江。长江西来,江津鼎山挡在江前,迫使水北绕,经马骏岭东,到高家坪南转,最后转向东北,环鼎山绕了一个"几"字形的大弯,故江津别称"几江"、"几水"。

邓仲纯(邓初)到江津后,在东门郭家租了两间铺面,开了"延年诊所"(延年医院),以养家餬口。邓仲纯和老三邓季宣两家,就住在郭家后院里的几间屋里。邓仲纯在日本学医,又有青岛开医院的经验,到江津后,与江津农工银行总经理邓蟾秋谈得来,虽不是一家,因为同姓,结拜兄弟。邓仲纯拜年届七十岁的邓蟾秋为兄,以兄弟相称。从此,在小小的江津城,邓仲纯的医院很快有了名气,来看病的人逐渐地多了,收入足可维持两家人的生活。

邓仲纯立足后,给当年一起留学日本的陈独秀写了信,告诉他,在重庆不便居住时,可来江津居住。江津是小城,比重庆凉快,目标小,敌机袭击也少,江津白沙镇驻进了不少国民党大机关,学校有不少安徽老乡。当时,陈独秀生活很困难,住在朋友家,虽然不要房租,也是暂时的,不是长久之计。

接到邓仲纯的信,陈独秀和陈松年及吴季严哥哥吴景曦一起商量,他们都赞成去江津。在这之前,陈松年就听葛康瑜说,他舅舅[邓季宣]在江津。吴景曦想,到江津后,可以租屋开店,维持生活。他的父亲吴欣然曾在安庆大新桥开"吴家顺"酱园,很有名气。陈独秀最欣赏的是,老朋友邓仲纯开了医院,自己身体不好,有什么小病,治疗起来,十分方便。而且,江津海拔不高,江津南高北低,南面的四面山蜈蚣坝海拔 1 709.4 米,但城区平均海拔仅 209.7 米。那里气候和重庆差不多,因为在县里,物价要便宜。大家一谈,决定迁住江津。

1938 年 8 月 3 日,陈独秀、潘兰珍带了行李,冒着酷暑登上了去江津的小轮船。江津因地处长江要津,故名江津,位于重庆西南长江之滨,距重庆一百多里路。水路约一百二十里(一说一百四十里)。轮船由北向西南方向航行,到江津约走四五个小时,小船要走七八个小时。

不料到了江津东门黄荆街83号郭家的"延年医院",陈独秀和潘兰珍遭到了邓仲纯妻子的冷遇。陈独秀脾气大,即便坐牢后改了不少,仍然受不了。要不是带了许多行李,次日就准备回重庆了。好在桐城人方孝远招待①,否则,有许多行李也不得不回重庆。郭家房东同情陈独秀,8月7日才挪出楼房一间,给陈独秀和潘兰珍住。尽管阁楼中午很热,总算可以安身了,总比住小客栈花许多钱好些。陈独秀对潘兰珍说,幸亏嗣母没有一起来。

8月9日,陈独秀给在重庆绣壁街的儿子陈松年写了一封信,说:

> 此间租店屋,非绝对没有。但生意外来人不易做。据邓季宣的意见,景羲仍以和胡子模合力在此开米店为妥当。在此收谷碾米运往重庆出售,与本地人交涉比较少也。季严等已到重庆否?倘大批人俱到,绣壁街住不下。罗太太(方志环女士)及季严夫妇,可住金家巷的房子。此房可与薛农山先生接洽,此人上午在黄家垭口(四达里五号住宅),下午则在时事新报社。他们已到否?望即写信告诉我。
>
> 父字 八月九日②

"景羲",即吴景羲,陈独秀大姐的大儿子,商人;"胡子模"应为胡子穆;"季严"即吴季严,景羲的弟弟;"罗太太(方志环女士)"是罗汉的妻子。

在郭家公馆安定下来后,陈独秀写了一封信给汪孟邹,告诉他自己到了江津。陈独秀在经济困难时,亚东是他最后的依靠。

陈独秀搬到了郭家公馆楼下后,室内敞亮多了,堂厅可以放有一张大桌子。天热,陈独秀和潘兰珍喜欢坐在楼外树荫下纳凉,老远就能看到从

---

① 据陈松年1980年回忆,父亲"刚到江津时,曾先落脚在胡子穆家"。
② 陈独秀著、任建树等编:《陈独秀著作选》,第3卷,第507页,上海人民出版社,1993年版。

江北重庆来的轮船。乘客上了江堤,从郭家公馆门前就能望见。

4　为周作人惋惜

1938 年 8 月 21 日,陈独秀应《时事新报》主笔薛农山邀请,写了《告日本社会主义者》。写好后,薛农山不敢发表。陈独秀给了《政论》旬刊,后者在 9 月 5 日第一卷第二十二期上发表了。薛农山曾参加托派,是《我们的意见书》八十一人名单中的成员;自陈独秀 1932 年被逮捕后,薛参加了国民党,此时任《时事新报》主笔。

在这篇政论文章里,陈独秀提到了巴金、李大钊、胡适和周作人。他写道:

> 据我所知,首先背弃的便是山川均先生,我很奇怪巴金先生还会和他说道理,他还有什么希望呢? 第二个背弃者便是我们的老友忠厚的佐野学,我们曾称他是日本的李大钊,他现在变得太不忠厚了! 第三个乃是最近铃木茂三郎先生的所谓转向,他们都由社会主义转向爱国之战了。[①]

"他们都由社会主义转向爱国之战了",指这些从前的社会主义者,现在站在日本帝国主义的立场了,即由社会主义、国际主义变成了国家主义。

胡适在美国进行反对日本军国主义的宣传,引起了日本政府的注意和攻击。陈独秀为老朋友胡适辩护说:

> 又有一般人(自称社会主义者的高昌素之)责难胡适之为什么反对日本帝国主义而亲近英美帝国主义。这一责难,表面上好像很公平,可惜他是日本人,就天然不免有点为日本帝国主义做说客的嫌疑![②]

---

①②　陈独秀著、任建树等编:《陈独秀著作选》,第 3 卷,第 510 页、第 512 页,上海人民出版社,1993 年版。

在这篇文章里,陈独秀还提到了当年的《新青年》同人周作人,认为在汉奸卖国贼领导下高谈中国文化再生,是人类文化的奇耻大辱。他写道:

> 最后,我还要说到我们的周作人先生,敬爱日本人民的诚实和勇敢,洁静和富于同情心,甚至承认日本政治也比中国清明,并且痛恨中国社会之堕落和政治之不良,我都和周作人先生没有两样;然而这一切决不能减少我反抗日本帝国主义的心情,在日本帝国主义的枪尖指挥之下,在日本帝国主义走狗中国的汉奸卖国贼领导之下高谈中国文化再生,这不能不是人类文化之奇耻大辱!因此我不能不为周作人先生惋惜,严格的说,应该是斥责而不是惋惜,虽然他是我多年尊敬的老朋友!①

入江津前,陈独秀曾抄寄清初诗人陈恭尹(字元孝)所写的《崖门谒三忠祠》诗寄给周作人,劝他保住民族节气。原诗云:

> 山木萧萧风更吹,两崖波浪至今悲。
> 一声杜宇啼荒殿,十载愁人拜古祠。
> 海水有门分上下,江山无地限华夷。
> 停舟我亦艰难日,畏向苍台读旧碑。②

陈恭尹写此诗时二十三岁,内容是追念宋王朝在新会崖门覆亡的历史。《粤东诗话》称其诗"大气磅礴,大笔遥深,卓绝千古"。陈独秀抄写

---

① 陈独秀著、任建树等编:《陈独秀著作选》,第 3 卷,第 513 页,上海人民出版社,1993年版。
② 2005 年 9 月 3 日,呼和浩特市新城区团结小区南区变压器宿舍集资四号楼的刘秦先生,将陈独秀抄寄周启明的这首诗的书法照片寄给笔者,在此致谢。

时,将"两崖波浪至今悲"写成"两厓云雨至今悲",将"畏向"写成"愧向"。

5　我们不要害怕资本主义

1938 年 8 月 24 日,陈独秀应《时事新报》主笔薛农山邀请,写了《我们不要害怕资本主义》一文。因为阁楼热,陈独秀冒炎热写,费了很大的事。不料写好后,薛农山仍然不敢刊登。陈独秀没有办法,再次给了《政论》旬刊,后者在 9 月 15 日第一卷第廿三期上发表了。

在这之前,陈独秀于 8 月 2 日离开重庆前一天,写了短文《告反对资本主义的人们》,刊登在隔日的《政论》旬刊第一卷第十九期上。陈独秀认为,中国和日本打仗,经济上不如人家,一个重要原因,是我们没有搞资本主义。因此,他对于主张社会主义的观点,提出了批评。他写道:

> 小资产阶级的中国共产党,既不懂得无产阶级的社会主义是什么,又厌恶害怕资产阶级的资本主义,于是乃提出"力争非资本主义前途"的说法,这正合你们的口胃,并且你们所谓中国社会生产力是封建的,这一怪论也从中共抄来,你们为什么要反对共产党呢?①

"这正合你们的口胃",说明该文是陈独秀反驳上海托派成员的观点。被诬陷为汉奸后,陈独秀知道自己已无去延安之路,余气未消,称自己发起的中国共产党是"小资产阶级的",并确信在中国必须经历资本主义的道路。这个观点,转了一个大弯,似乎回到了 1923 年《资产阶级革命与革命的资产阶级》一文。他的中国革命道路的思想,和几江一样,几乎走了一个圈圈。

在《我们不要害怕资本主义》一文里,陈独秀在指出资本主义制度的

① 陈独秀著、任建树等编:《陈独秀著作选》,第 502 页,上海人民出版社,1993 年版。

缺点后,谈到了社会主义制度的意义以及和资本主义的共同点:

> 聪明的人类,乃企图设法再修改自己的缺点,即是废除束缚生产力的财产私有制,以国家计划的生产代替私人自由竞争,使社会的生产力有更进一步的发展,这便是社会主义制的根本意义,至于生产集中和技术增高,社会主义的这些要求,和资本主义相同的。①

既然社会主义有优越资本主义的地方,陈独秀为什么不同意现在采用社会主义制来发展工业呢? 他认为,对于科学的社会主义来说,资本主义是不能跨越的历史阶段。他说:

> 不根据经济发展,不根据政治斗争,只满怀着厌恶资本主义感情的小资产阶级空想的社会主义,和无产阶级科学的社会主义之区别。在科学的社会主义者看来,资本主义无论为功为罪,而毕竟是人类社会进化所必经的过程。没有它,小有产者的社会便没有发展生产力和生产集中之可能。因此只有无产者,而不会有工业无产阶级,资本主义决不能因为人们厌恶它而不来,社会主义也不能因为人们爱好它而来。这是由于社会经济发展的条件而决定的,人们的努力,只能使可来者快点来而已。②

19 世纪末期的俄国小资产阶级的民粹派认为,俄国可以由农村公社制,直接走到社会主义,跳过资本主义阶段。这个观点,遭到列宁的批评。列宁劝俄国的民粹派学习中国的孙中山先生,因为孙中山先生发展中国资本主义的工业计划是革命的。

---

①② 陈独秀著、任建树等编:《陈独秀著作选》,第 3 卷,第 515 页、第 517 页,上海人民出版社,1993 年版。

在文章的最后,陈独秀声明自己并不是主张将资本主义的一条道路走到底。他说:

> 我们不像一班迂腐的先生们,认为中国的资本主义仍要走欧美循序进化的旧路,发展到尽头,我们只认为资本主义是中国经济发展必经的过程,要来的东西让它快点来,不要害怕它,老成谋国者,要"负责任,说老实话",不好有丝毫虚矫之气!①

至于资本主义的后面是什么路,该文戛然而止。后面是社会主义的道路,这是不言之言。这篇文章,重复了 1923 年陈独秀先进行资产阶级革命,再进行社会主义革命的观点。此后,因与孙中山的矛盾,加上五卅运动中资产阶级的摇摆,陈独秀已经放弃了这个思想。现在,因为托派汉奸案的风波,他又回到了 1923 年的观点。

陈独秀写了《论资本主义》和《告日本社会主义者》,《时事新报》不发表,陈独秀不理解,谈资本主义忌讳,谈反对日本帝国主义也忌讳吗? 9 月12 日,病中的陈独秀躺在床上写了一短信给郑学稼,嘱他问问薛农山什么原因。他写道:

> 农山兄即今还催我为《时事》做文章,做出又不能登(弟之头昏即由于天热勉为文而起),既不登载,又不以实情早日函告我,此殊非待朋友之道。待朋友不宜耍手段! 此祝暑安。卧榻草此,恕不能详。弟仲甫手启。②

薛农山上午在黄家垭口(四达里 5 号住宅),下午到《时事新报》社

---

①② 陈独秀著、任建树等编:《陈独秀著作选》,第 3 卷,第 519 页、第 520 页,上海人民出版社,1993 年版。

上班。对于薛农山向自己三番五次的约稿,而又不能刊登的做法,陈独秀很反感。因为为了写这些稿件,把自己的血压搞高了,实在划不来。

次年秋天,听说重庆屡遭轰炸,陈独秀仍然挂念薛农山夫妻的安全,给郑学稼写信问到情况。

6 小潘人很能干

邓季宣带了安庆的学生到江津不久,接到教育部的电报,要他与陈访先以安庆中学为基础,筹建国立第二安徽中学,后改为国立第九中学。邓季宣在江津城找不到校舍,在对江(江南)德感坝看到了几座祠堂,邻近还有一个农场,有不少空房子。于是报告教育部,将国立九中校址设在江津德感坝。于是,教育部正式行文,任陈访先为国立第二安徽中学校长。陈访先任命邓季宣为全校总教导主任兼高中第一分校长,任命潘赞化为全校总务主任。后将白沙镇的中学中山班并入国立九中,增加了高中第三分校。该分校利用了江津黄荆街县城的校舍,1939 年为避免日机轰炸,迁至乡间去了。

九中开学时,邓季宣向教育部报请陈独秀任高中国文教员,教育部未同意。后来高三分校在原江津县中成立后,邓季宣请陈独秀到高三分校作过一次讲演。

陈独秀到江津后,邓季宣和潘赞化商量,安排陈松年到国立九中总务处当一名职员,归总务处主任潘赞化领导。松年会木匠活,学生课桌课椅坏了,都由他来修理。于是,大家都叫松年“小木匠”。陈松年到九中后,星期天可以过江进城,就近照顾父亲。[1]

陈松年后来谈到自己去九中的情况,没有说自己做木匠活。他说:

---

① 刘敬坤:《陈独秀流寓江津的前前后后》,《档案与史学》,2001 年第 2 期。

我到重庆不久,就到江津国立九中(在江南,县城在江北,鹤山坪也在江北)搞总务工作,也代一点课,没有跟他[陈独秀]住在一起。①

陈独秀夫妇到江津不久,邓仲纯做通了夫人的工作,同意将黄荆街 83 号延年医院后院房子腾出几间,让陈独秀住。房子多了,陈独秀将祖母谢氏也接了过来。

据邓季宣说,当时,陈独秀一家四口在郭家住,吃饭受到邓仲纯的照顾。十五年后,1952 年,邓季宣谈到当年陈独秀和潘兰珍在黄荆街 83 号住下的情况。他说:

我一家、我二哥一家和陈仲甫一家四口挤住在一个院子里,每家只有一两间屋子。三家在一个锅里吃饭,用钱都由二哥那里支取。三家的饭都由小潘(我们不好称呼她,就叫她"小潘")操办;小潘人很能干,为人也很和气,整天也不说话,只知道干活,没有闲着的时候。三家十多口人的换洗衣服,也都由小潘来洗。小潘当时三十岁刚出头,我们对小潘的印象都很好。可是我的二嫂封建思想浓厚,老是看不惯陈仲甫老夫少妻。我和二哥背后也劝二嫂说:"我们邓家和陈仲甫是世交,现在都逃难在外,我们不帮他的忙,那是对不起他,也对不起我们两家的上人。"我二哥还说:"陈仲甫现在是虎落平阳呀! 他的脾气又不愿求人,人家听到他从前倡导共产主义,也不敢和他来往。我们两家是世交,他和大哥又是至交,我们不帮他的忙,良心上说不过去呀!"二嫂听了我和二哥的劝解,勉强把心里的火气也压了一压。②

---

① 王树棣等编:《陈独秀评论选编》下,第 323 页,河南人民出版社,1982 年版。
② 刘敬坤:《陈独秀流寓江津的前前后后》,《档案与史学》,2001 年第 2 期。

"陈仲甫一家四口",有误,当时陈松年不和父亲一起住;"三家的饭都由小潘(我们不好称呼她,就叫她'小潘')操办;小潘人很能干,为人也很和气,整天也不说话,只知道干活,没有闲着的时候。"这段话说明,潘兰珍是一个很勤劳的人,和陈独秀在一起,为了生活,做了不少仆人的事情。"用钱都由二哥那里支取"与"三家十多口人的换洗衣服,也都由小潘来洗",说明潘兰珍出力,邓仲纯出钱。

7 和邓家二嫂闹了矛盾

1938年9月的天气,四川仍然很热,三家住在江津东门郭家公馆的一个院子里,人口又多,十分拥挤。陈独秀六十岁了,头发谢光,夏天在院子里,脚上拖一双破旧的鞋子,穿一条中式短裤,上身打个赤膊,摇着芭蕉扇。邓季宣儿子十来岁,很顽皮,看陈老头光着顶,打个赤膊,觉得很好玩。有一天,陈老头走在前面,邓季宣的小儿子在后面去摸陈老头的屁股。陈独秀回头一看,见是邓老三的小儿子,随口讲了一句:"没家教!"

不料陈独秀的这句话,被邓仲纯的妻子听到了。因为她早就不满陈家老夫少妻,加上在他们家白吃白喝,正窝了一肚子的火,平常被丈夫压着,不能发作。这会,她火冒三丈,立即指着陈独秀的鼻子,大声指责说:"你都是六十来岁的老头子了,骗娶人家黄花闺女,这是什么家教,三家人老老少少挤住在一个院子里,你赤身露体在院子里窜来窜去,这是什么家教?"她这么一喊,潘兰珍也听到了,引来许多街坊看热闹。

陈独秀是一个要脸面的人,被一个家庭妇女劈头盖脸地骂一顿,只认是自己倒霉。他听了这些话,一句话也没说,立即进屋穿了件上衣,出门去了。一路上,陈独秀想,自己和潘兰珍住在这里,本来是领了人情,自己说他的侄子"没家教",本来是一句开玩笑的话,本没有恶意。现在,邓仲纯的妻子不过是借机发作罢了。

陈独秀是一个脾气倔强的人,共产国际、共产党、国民党、托派都扭不

了他的性格,他如何受到了邓太太的奚落。出了门,陈独秀直接去了高语
罕家,请他想办法。高语罕家住在江津黄荆街,离江津县中学不远,有一处
空房子。听了陈独秀的话,再看他一脸无奈,立即将这间房子腾空,给陈独
秀和潘兰珍以及祖母谢氏住。当晚,陈独秀和潘兰珍找人帮忙,把东西搬
到高语罕那里去住了。

当时,邓季宣忙着筹建九中,平时在德感坝,回到江津一看,知道二嫂
和陈独秀发生了冲突,赶紧去他的新居道歉。陈独秀不仅没有生气,反而
对邓季宣说:"骂得好,我该骂。"又说:"现在只有你兄弟二人是我的亲人
了,你大哥又远在北平,我倒常常想念他!"

邓仲纯知道妻子骂了陈独秀,左右为难,不好去请陈独秀回头,因为妻
子的思想没有做通,问题只会越闹越僵。据邓季宣回忆,二哥很难堪,知道
陈独秀身上没有什么钱,赶紧给他送些钱去。

此后,陈独秀再也没到郭家来看过他们。但邓季宣和二哥仲纯还常到
他那里去看他,常给他一些钱维持生活。

和高语罕夫妻、方孝远夫妻做了邻居后,虽然经济差些,潘兰珍衣服少
了,也不需要烧十几口人的饭了,反而轻松些。陈独秀不寄人篱下,不看主
妇的脸色,心情也愉快些,偶尔还写点字,与朋友唱和几句。偶尔兴致一
来,受人之请,挥毫作书赠人。但陈独秀的主要精力是写文章,以期获得每
篇三四十元的稿费,维持生活。

一天,方孝远出纸笔,请陈独秀写诗一首。陈独秀来江津,得到同乡的
照顾,很感激方孝远。桐城方氏是大家,有国学根底,陈独秀不好敷衍了
事,吟诗《与孝远兄同居江津出纸索书辄赋一绝》,云:

> 何处乡关感乱离,蜀江如几好栖迟。
> 相逢须发垂垂老,且喜疏狂性未移。[1]

---

① 转自靳树鹏:《文化宗匠陈独秀》,《北京日报》,2001 年 7 月 9 日。

"何处乡关感乱离",因为是老乡,故有思乡的共同感情。"蜀江如几",指江水流到江津的"几"字形;"好栖迟",指陈独秀起床迟。"相逢须发垂垂老",指两人年龄都大了。"且喜疏狂性未移",指性格不变。因被王明、康生诬陷为汉奸,诗有所指。

8   汪孟邹:私意如就吾兄在美之便

1938 年 9 月 23 日,胡适在瑞士得到国民政府的通知,他被任命为"中

● 驻美大使胡适

华民国驻美利坚国特命全权大使"。10 月 20 日,胡适给蒋介石发密电,继续阐述这年 8 月给蒋介石电报中的观点,主张"和比战难"、"苦撑待变"。这一天,胡适为庆祝杜威七十九岁生日,邀他到中国驻美大使馆吃饭,请大使馆的应太太烧中国菜。

次日,在上海的汪孟邹给胡适大使写信,请他帮助陈独秀:

兄任美大使,乡人朋友均以为荣。弟是深知值此困难非常,鉴于需要,不得不为,从此力分劳神,可念之至,千希珍重。仲甫于七月二日由汉到渝,每月至少两次与我通讯,现住离渝百二十里之江津县东门内郭家公馆,小轮船四五小时可达。日撰文二三篇,归《时事新报》发表,每篇送三四十元,以维生活之需。乃近得他来信,说胃病复发,血压高之老病亦发,甚至不能低头写字。

他今年已六十高龄,使弟十分悬虑,未能去怀私意如就吾兄在美之便,或向政府设法,为他筹得川资使他与他爱人潘女士得以赴美游历旅行,病体当可易愈,因他体气素强,诸事乐观之故。到美之后,如林语堂卖文办法,陶行知演讲办法,该可生活无虞。此事国内友人均

无力量办到,不得不十二分仰望吾兄为此高龄老友竭力为之。如幸谓然,即请斟酌分别进行,感甚祷甚,弟年余以来,与介初日夕辛劳,仅资餬口。希吕、铁岩尚住里中,幸尚平安,惟生活清苦,可以知矣。

　　四马路一月一日撤销,只留编辑所。尚分租与友人敬祝健福,为国珍重。来讯望另书住址与姓字为幸,此讯带港邮寄。①

　　陈独秀离开南京后,一直与汪孟邹联系,后者在经济上继续给陈独秀一家以帮助。"每月至少两次与我通讯,现住离渝百二十里之江津县东门内郭家公馆",说明 10 月 21 日,汪孟邹还不知道陈独秀已经搬出了郭家公馆;希望胡适为陈独秀"筹得川资使他与他爱人潘女士得以赴美游历旅行",是汪孟邹写此信的主要目的;"希吕、铁岩尚住里中",指章希吕等亚东职员已经回到家乡绩溪去了;"四马路一月一日撤销,只留编辑所。尚分租与友人",指亚东图书馆已于该年 1 月 1 日停业,只挂了编辑所,因为不景气,店面分租给朋友了;"来讯望另书住址与姓字为幸",即不要署名胡适和中国驻美国使馆。

　　汪孟邹的这封信写了后,不敢在上海寄出,直到次年春天,才觅到熟人,偷偷地带到香港,用航空信寄美国。

　　胡适没有答复他的信,一是陈独秀政治身份特殊,而且,胡适身为中国驻美大使,也不敢贸然给在沦陷区的汪孟邹回信。汪孟邹替陈独秀设计的"筹得川资使他与他爱人潘女士得以赴美游历旅行"的设想,也就成了泡影。

　　好在陈独秀对去美国教书兴趣不大,他觉得自己血压太高,飞机不能坐,美国有钱也去不了。当初在南京,胡适当面建议他去美国,陈独秀也没有接受呢! 这次汪孟邹在上海,自作主张替陈独秀想办法,没有先和陈独

---

① 中国社科院近代史研究所编:《胡适来往书信集》(中),第 384～385 页,中华书局,1979年版。

秀说。一来古人风范,做好事不必说出来,再则,胡适没有回音,陈独秀知
道了说不定无端生气,岂不窝囊? 那一年,胡适经南京不看陈独秀,引起陈
独秀好大的不愉快,给汪孟邹印象很深。陈独秀嘱汪原放不对汪孟邹说,
汪原放还是忍不住说了。

9　白沙镇演讲

　　1938 年 10 月 19 日,鲁迅去世二周年纪念日这天,重庆抗战文艺协会
举办纪念会。住在江津白沙镇的台静农受老舍之约,到会作鲁迅生平的报
告。次日下午,台静农到江津"延年医院",看青岛山东大学的好友邓仲
纯。见到台静农,邓仲纯大嚷:"静农到了。"原来,陈独秀、台静农的父亲
等都在他家。① 这是台静农第一次见陈独秀,听说台静农认识柏文蔚,陈
独秀便和他一起去看柏先生。

　　柏文蔚住在湖南,抗日战争爆发之前,曾一度住在陈独秀的家乡安庆
枞阳。这次来江津,一来女婿也在江津附近,二则顺道探望老友陈独秀等
人,当时住在县城一个小旅馆内。陈独秀和台静农到达旅馆时,柏文蔚正
伏案为人写对联。台静农回忆说,"我在小学时,就知道他是寿县起义元
勋,今已英雄老去,伟岸长髯,用红线绳扎起,戴僧帽,有江湖道士气。"

　　白沙黑石山的聚奎中学(原为清末聚奎书院)正巧举行成立六十周年
的校庆和创办人邓蟾秋七十岁的大寿庆典。邓蟾秋对陈独秀说:"聚奎中
学校长周光年几次要我请先生去一趟白沙镇,住一段时间。"台静农父子也
希望陈独秀去白沙镇玩,那里有国民党不少机关。陈独秀也闷得慌,答应
去白沙镇一趟,顺便给学生作一次演讲。

---

　　① 作者注:邓季宣回忆,陈独秀和他的嫂子闹矛盾在热天,陈独秀搬走后再也没有到邓仲
纯家;台静农回忆和陈独秀的见面在 10 月 20 日的邓仲纯家。两人回忆,必有一人不准确。要么
陈独秀和邓仲纯妻子闹矛盾后,仍然出入邓仲纯家;要么台静农回忆见陈独秀的时间有误,或见陈
独秀的地点有误。

　　江津到白沙镇水路走四小时，小船上人很拥挤，陈独秀和潘兰珍好不容易盼到船靠岸，台静农父子已在岸上等候。台静农住在江边柳马冈的一栋小别墅里，是租住邓蟾秋的侄子邓燮康的。邓燮康三十来岁，白沙本地人，20 年代毕业于上海复旦大学，1929 年任聚奎中学校长，后任农工银行经理、董事长。因早年参加过共青团，对陈独秀很尊敬。

　　晚饭后，陈独秀和他们父子聊天。台静农问："听说先生过去喜欢背诵杜诗，那作的诗一定不少？"陈独秀听了，笑吟吟的，接过台静农准备好的纸笔，写了《偕曼殊自日本归国舟中》诗。

　　次日早晨，台静农准备了文房四宝，请陈独秀赐墨宝。陈独秀在四尺宣纸上写了一行草，说："多年没有玩此道了。"见陈独秀的行草雄健浑成，台静农十分惊异。题款时，陈独秀称台静农父亲"丈"，其实，陈独秀比台静农父亲大三岁。台静农想，这是老一辈的风范。

　　到了白沙镇黑石山上的聚奎中学，校长周光年请陈独秀到校礼堂给中学师生讲话。陈独秀穿了往常的蓝布长衫，即苏雪林笔下的那件半旧的衣服，外面套了一件马褂，脚穿布鞋，和周光年并行到校礼堂。这是校董邓鹤丹 1929 年修建的，形式模仿罗马歌剧院，结构模仿重庆的台大剧院。邓蟾秋为此捐献了一万多银元，所以门匾上有"鹤年堂"三字（邓蟾秋名"鹤年"，陈独秀的小儿子恰巧也叫鹤年），陈独秀看了看，说："写得好。"礼堂占地一千平方米，可容纳一千四百人，号称川东第一大礼堂。师生见陈先生来了，站起来鼓掌，周校长说："陈先生是教育前辈，是名人，今天来到聚中是大家的荣幸。"

　　陈独秀颧骨突出，下巴留有几根山羊胡子，两眼炯炯有神。他的背有些驼，面容清瘦。走路很慢，讲抗日战争时期国民教育的措施时，倒剪双手，慢条斯理地讲了起来。他先从匡衡凿壁偷光讲起，引经据典，劝学生惜时如宝，后又讲到抗日中要一致对外，反对卖国投降。

　　学生听得寂静无声，有时，陈先生的安庆方言，引起学生一阵阵笑声。四十分钟后，陈独秀讲话结束，师生再次起立，两旁鼓掌，等候陈独秀先离开。陈先生在周校长陪同下,微笑地向同学们点头,然后走出鹤年堂。

出了礼堂后,周光年说:"听先生讲话,如诉家常,像是一位老私塾先生,平易近人,不像大政治家满口大道理。"陈独秀说:"我本来就很普通,现在想当一个私塾先生,只怕没有人要呢。"周光年听了,笑着说:"先生客气。"

邓蟾秋七十大寿,备了文房四宝,请陈独秀题字留念。当时,陈独秀住在大礼堂前左侧一室,他在餐厅的桌子上,用大笔写了"大德必寿"四字,又写了隶书体"寿考作仁"四字。此字后刻于黑石山鹰嘴圆石上,为该镇增加了景致。

在邓蟾秋的寿典上,陈独秀赞扬了邓蟾秋疏财办学,说:"一个人聚财不难,疏财实难,像蟾秋六十万家财,就以十五万赠聚奎(中学),五万办图书馆,自留五万度晚年,其余分赠亲友子侄留学用,真不易矣……"

从前,陈独秀反对祝寿等礼节,认为是封建文化,虚文浮礼。1920 年 9 月 1 日,他给杨重熙先生写信说:"对于死者果有感情,有挽诗可以表现,对于寿者和婚者有什么感情? 如此挽联,寿联,喜联等一切虚伪的文字,当然不应该存在。"[1]现在,人到暮年了,陈独秀已很实际,入乡随俗了。

乡绅刘建初做新房,请陈独秀题字,他也不推辞,写了横匾"仁寿修居"四字楷书。做房子和道德有关,和寿命有关,陈独秀晚年的思想与早年反对旧的一套,已经不是一回事了。为当地人写字,陈独秀也不是白写,有钱的人还送一笔润笔费。县长龚灿滨曾说:

> 听朋友说,他们原本仰慕陈独秀的大名,请他题匾,既能为家中增光添彩,也藉此给陈独秀送去一些润笔。做粮油生意的刘建初盖新房时,陈独秀应请为其写了一个"仁寿修居"的楷书横匾。刘建初奉上

---

① 陈独秀著、水如编:《陈独秀书信集》,第 265 页,新华出版社,1987 年版。

的润笔费是每字二百元。①

　　"每字二百元",如果不误,意味着陈独秀写这个横匾,可得八百元的
润笔费。

10　中国托派已没有前途

　　1938 年深秋的一天,陈其昌来江津看望陈独秀,带来托洛茨基是年 6
月 25 日写给李福仁的信。托洛茨基在信上说:"陈独秀对我们中国支部保
持很谨慎的态度,我绝对能够理解。他在中国太出名,他的每一步行动都
受着当局的管制……他无论如何得跑到外国来,这是我最深的信心。"李福
仁是美籍加拿大人格拉斯的化名,曾是美国托派负责人之一,任上海《达美
晚报》编辑。

　　11 月 3 日,陈独秀在白竹纸上用小字给托洛茨基写了一信,交陈其昌
转寄。陈独秀认为,中国托派已没有前途,因为从彭述之开始,猴子(孙
煦)、长子(尹宽)、刘仁静都是左得出奇,以为民主革命已完结,怀疑国民
会议口号,反对民族民主斗争,与其他党派(包括共产党、国民党)搞同盟
军是机会主义。

　　1939 年 1 月 9 日,上海的托派临委见到陈其昌带回的陈独秀致托洛茨
基的信后,作出《给国际的政治工作报告》,附在陈独秀的信后,驳斥陈独
秀在给托洛茨基的信中说他们是"极左派"。

　　托洛茨基收到陈独秀的信后,于 3 月 11 日写信给陈独秀,说:

　　　　我艰难形成一种确定见解,来判断我们的同志的政治意见,或判
　　断他们极左主义的程度,因之也不能判断我们的老朋友方面对于他们

---

　　① 　罗学蓬:《陈独秀晚年穷困潦倒之谜》,《文史精华》,2006 年第 1 期。

的严斥是否正确。……我非常喜欢我们的老朋友在政治上仍旧是我们的老朋友,虽然会有若干的分歧。①

托洛茨基再次建议陈独秀到美国来,出于感激,收到托洛茨基的信后,陈独秀写了一封长信给托洛茨基。

陈独秀认为,中日战争,因为一个是农业国,一个是工业国,加上国民党政府一开始不准备打仗,仓促应战,开战后,用反革命的方法,执行民族革命的任务,所以导致中国的军事失败。广州、汉口相继失陷后,全国工商业的大城市,完全落在日军手中。中国的军事防御线已退在平汉路粤汉路以西,危及长沙和西安。目前中国国民政府退守四川、贵州、云南、广西这几个省,经济和文化比长江流域落后,必须从云南获得英法物资的接济。

陈独秀分析中国有三个前途:(1)经过英法等国的调停,蒋介石承认日本之要求而屈服;(2)蒋介石退守四川、贵州、云南,事实上停止战争;(3)日本攻入云南,蒋介石逃往外国——实际的情况是,蒋介石没有"屈服"日本,也没有"逃往外国",而是"退守四川、贵州、云南",但不是"停止战争"。陈独秀没有估计到八路军和新四军在内线的作战和全民抗战对于日本的打击。

陈独秀很不满上海托派对于抗日战争的极左态度,他写道:

他们认为谁要企图向共产党,国民党谈判共同抗日的工作,谁便是堕落投降,群众眼中所看见的"托派",不是抗日行动,而是在每期机关报上满纸攻击痛骂中国共产党和国民党的文章,因此使史大林派"托派汉奸"的宣传,在各阶层中都得了回声,即同情于我们的人,也不明白"托派"目前所反对者主要的究竟是谁。从开战一直到今天,这样状况仍旧继续着,不但无法获得群众,简直无法和群众见面……

---

① 陈独秀著、何之瑜编:《陈独秀最后论文和书信》,第28页,1948年版。

这样一个关门主义的极左派的小集团(其中不同意的分子很少例外)当然没有发展的希望,假使能够发展,反而是中国革命运动的障碍。①

最后,陈独秀说,这些人"如果仍旧说大话,摆领导者的大架子,组织空洞的领导机关,妄想依靠第四国际支部的名义,闭起门来自立为王,除了使第四国际的威望在中国丧失外,别的将无所成就。"言下之意,"第四国际的威望"在中国丧失殆尽。

11　嗣母去世

1939年3月22日,嗣母谢氏去世,享年七十八岁。

陈独秀身披麻衣,在北大同学会资助下,为母亲办了后事。陈独秀打算战事结束,把母亲的遗骨带回安庆。他没有想到,自己也不能等待战争的结束了。

谢氏是陈昔凡夫人,一生未生育,陈独秀从小过继给她为嗣子。陈独秀在外,谢氏一直和高晓岚生活在一起。陈独秀与高君曼生的儿子哲民在北平大学读书,谢氏叫北京"崇古斋"牛老板每月从陈昔凡股息中补助三十元给哲民。因为孙子延年、乔年及孙女筱秀以及媳妇的死,谢氏两眼失明。到江津后,陈独秀平日亲手为谢氏盛饭夹菜,十分孝顺。

陈独秀不是自己乐意披麻戴孝的,他是反对旧风俗的,但大姐要他戴孝。陈独秀顺从了。陈松年回忆说:

一九三九年我祖母在江津黄荆街逝世。在逝世前的一段较长时间,祖母双目失明,吃饭都由父亲亲手送给她。祖母逝世,大姑母一定

---

① 　陈独秀著、水如编:《陈独秀书信集》,第477~480页,新华出版社,1987年版。

要为死者披麻戴孝,守灵等尽孝道的仪式,父亲是顺从了。正是祖母
逝世的时候,罗汉来江津看望父亲,也为祖母焚烧了纸钱。昔凡公和
祖母谢氏,收我父亲为继子,就是为了老有所依,这个愿望总算如
偿了。①

陈独秀1904年办《安徽俗话报》时,就反对烧香、打醮等风俗。新文化
运动时期,他和胡适等人都反对旧的丧葬习惯。两个儿子牺牲后,高君曼
烧纸,陈独秀骂他迂腐。因为大姐的关系,陈独秀披麻戴孝,照顾了大姐的
情绪。

办完嗣母的丧事,陈独秀身体陡衰,血压高涨,两耳日夜轰鸣,几乎半
聋。潘兰珍不得不大声和他说话。陈独秀常坐在椅子上养神,打算静下来
写一部书稿,也不得不暂时放弃了。邓仲纯为陈独秀抓了几副药,想降下
血压,结果没有奏效。过了四十余日,陈独秀没有写字。

1939年5月5日,陈独秀收到杨鹏升(字莲生)4月29日来信,即给他
写了一封信。杨鹏升,四川渠县人,早年留学日本,此时任国民党少将参
军。20年代喜欢读蔡元培、陈独秀、李大钊、高一涵等人的文章。去年在
武昌,认识了陈独秀。

杨鹏升信上说,听谣传,陈独秀遭丧。其实这不是谣言,因为自己的母
亲真的去世了。在此之前,陈独秀写一函给杨鹏升及陈仲凡(觉玄),提到
丧中不便为刘启明为文写字。估计此信,杨鹏升没有收到。谈到嗣母谢
氏,陈独秀写道:

先母抚我之恩尊于生母,心丧何止三年,形式丧制,弟固主短丧,
免废人事,然酒食酬应为人作文作书,必待百日以后,刘君所嘱,迟至
此期,方能报命,晤时请代达鄙意! 弟遭丧以后,心绪不佳,血压高涨,

① 王树棣等主编:《陈独秀评论选编》下,第328页,河南人民出版社,1982年版。

两耳日夜轰鸣,几于半聋,已五十日,未见减轻,倘长久如此,则百串俱
废矣。心所拟著之书一部未成,诚堪浩叹!

夏间拟至嘉定左近觅一清凉地居住,但未悉能否如愿耳。①

"心丧何止三年",指古代守孝一般三年;"然酒食酬应为人作文作书,
必待百日以后",指陈独秀虽然不主张旧的丧葬仪式,但酒食应酬,以及写
文章等,必须等百日以后。"心所拟著之书一部未成",包括文字学著作
《小学识字读本》和《自传》等,半半拉拉。

"夏间拟至嘉定左近觅一清凉地居住,但未悉能否如愿耳。"即不满足
江津县城的炎热。重庆是长江三大火炉,江津温度气候和重庆差不多,陈
独秀血压高,实在受不了了。

12　戴笠、胡宗南来访

一日,高语罕正和陈独秀闲谈,突然来了一些人,仔细一看,原来是戴
笠和胡宗南来了。他们的随从人员手上拎着水果和茅台酒。戴笠是特务
头子,胡宗南是国民党第一战区司令长官,和延安相近。高语罕在黄埔军
校工作过,和他们寒暄了一下,赶忙回避了。潘兰珍见了客人后面带了不
少人,也知道有来头,上了茶水,赶忙坐到隔壁房间了。

原来,张国焘叛逃后,被蒋介石安排到戴笠军统,从事策反活动。他在
武汉见到陈独秀,但话不投机,吃了软钉子。本来拉陈独秀做大旗的想法
落空。但他不死心,向蒋介石建议,利用陈独秀的影响和舆论,对付延安的
宣传,比叶青等人写反共文章的作用大。叶青即任卓宣,早年曾和陈延年、
陈乔年等一起在法国发起少年中国共产党。

蒋介石觉得张国焘的话有道理,于是叫戴笠、胡宗南安排时间,到江津

---

① 陈独秀著、水如编:《陈独秀书信集》,第 481 页,新华出版社,1987 年版。

找陈独秀谈谈。张国焘既然说服不了陈独秀,再去也没有效果。

谈话开始,胡宗南拿出剪报资料,递给陈独秀,说:"受到人身攻击一事,大家不平则鸣。今天特来请教……大战当前,如国策不能贯彻,前途实堪隐忧。为今之计,陈老意下如何?"陈独秀接过报纸一看,原来是去年3月15日《大公报》,上面刊登了傅汝霖、周佛海等九人写的公开信。

陈独秀没有思想准备,不知道他们的意图,心里有些提防。见了报纸,知道了他们的来意。想了想,陈独秀对他们说:

> 本人孤陋寡闻,更不愿公开发表言论,致引起喋喋不休之争。务请两君对今日晤谈,切勿见之报刊,此乃惟一的要求。言世界大势,大不利于苏,殊出意料。斯大林之强权政治,初败于希、墨的极权政治,苏联好比烂冬瓜,前途将不可收拾。苏败,则延安决无前途,此大势所趋,非人力所能改变,请转告蒋先生好自为之。①

"务请两君对今日晤谈,切勿见之报刊,此乃惟一的要求",说明陈独秀知道谈话内容传了出去,解释不清。他也知道国民党甚至会添油加醋地宣传,所以他一再强调不外传。"请转告蒋先生好自为之",表面上替蒋介石说话,还包含着你忙你的,我帮不了忙,也包含了蒋介石命运到底如何,还不一定。

因为拒绝公开自己的说话内容,出门后,戴笠、胡宗南抱怨张国焘黔驴技穷,出此馊主意。他把共产党开山祖请出来,以此搪塞校长。

两人回去整理了和陈独秀的谈话记录,不料蒋介石看了后,很满意,说:陈独秀的见解深湛,眼光远大。戴笠、胡宗南见蒋介石满意,也没有二话。

---

① 沈醉、文强:《戴笠其人》,第207～210页,文史资料出版社,1980年版。

　　戴笠和胡宗南走了后,高语罕来坐。潘兰珍知道了客人官阶很大,很高兴,对高语罕说:"县长到哪里去,要打扫街道,来看老头子的人,比县长大几倍,也没有人打扫街道。"说话口气里,颇为自豪。

第六章 初到鹤山坪

(1939年5月~1939年12月)

1 想觅一清凉地

1939年夏天,陈独秀因为血压高,五十多日不降,问邓燮逸,可有好好地方避暑。邓燮逸是聚奎中学校董邓鹤丹(邓六)先生的子侄辈,他建议陈独秀去江津县白沙镇聚奎中学过暑天,因为那里静、凉、安全,适合陈独秀住。陈独秀去年秋天去过聚奎中学,虽然那地方不错,但暑假以前,学生一定吵闹。此外,那里生活似乎不方便。房租如何,床、桌、椅、灶可否借用,能不能有人买菜、买米油盐等,陈独秀都心中无底。

5月12日,陈独秀给台静农写信,请他代问问情况:

> 弟病血压高五十余日迄未轻减,城中烦嚣,且日渐炎热,均于此病不宜。燮逸劝往聚奎夏,云彼处静、凉、安全,三者均可保。弟意以为连接校舍之房屋,未到暑假以前,恐未必静,倘(一)房租过多,(二)床、桌、椅、灶无处借用,(三)无确定人赴场买菜米油盐等,有一于此,则未便贸然前往,兄意以为如何?倘兄亦赞成我前往,上述三样

困难,请就近与邓六先生一商赐知为荷。①

去年到江津来,因为事先不了解情况,在邓仲纯家吃了他太太的闭门羹。这次,他要摸清情况,才敢动身了。在等台静农信期间,陈独秀和邓燮逸谈到去聚奎的事。邓燮逸说:房租不要。陈独秀说:多少总要出一点才好。陈独秀没有钱,但要面子,仍然想付一点房租。关于仆人,邓燮逸说:不必专雇,有学校工役代办。陈独秀说:自雇一男工,较为方便。关于家具,邓燮逸不大有把握。但陈独秀想,此事必须准备好,倘聚奎中学借不出,只好到白沙场小住一二日,等购齐了再去。家具起码要一张床、一张饭桌、一张厨桌、一张书桌。

五天后,5 月 17 日,陈独秀收到台静农的信,给他回了一信:

> 十五日手示敬悉。柏先生婿系在马项垭自租屋,以楼房炎热,去否尚未定,并无为弟租房子两间之事,想系传说之伪。顷晤雪逸兄云聚奎周校长已回信来欢迎我去住,我亦决计去。②

“柏先生婿”,即柏文蔚的女婿;雪逸即邓燮逸;周校长即聚奎中学校长周光年,他是周光召的哥哥。正在写信,邓仲纯对陈独秀说:台静农的弟弟说,他的学校(服务团所办中学)附近,有屋三间出租。陈独秀要台静农亲自去看一看,如果地点安全,光线空气好,住此比聚奎中学交通方便。实在不行,陈独秀计划日内赴白沙场,在银行小住一二日,到聚奎中学看看可找到别的房屋租,等见了台静农,再作具体决定。这个意见,不知台静农可赞成。

当晚,邓仲纯量陈独秀的血压,203 度高涨至 230 度。血压这么高,非要到极安静、极凉爽的地方休养不可。陈独秀和潘兰珍说,希望聚奎答应

---

①② 靳树鹏:《陈独秀晚年书信三十八封》,《书屋》,2000 年第 11 期。

借的房屋或另租他处的房屋,不能朝西,也不能邻近课堂操场或大家庭儿童吵闹。

第二天,陈独秀给台静农写了一信,请他转告周光年校长。倘若台静农弟弟说的他家在学校邻近的三间可出租的房屋,如果是不朝西的独立小院,就宁可不要聚奎的免费的房屋,而要租此安静的屋。

2　鹤山坪施家大院

给台静农寄信的路上,陈独秀在一个旧书摊上买了一本线装《皇清经典》手稿,作者杨鲁承是江津鹤山坪人,清朝进士。陈独秀不知道这个人是谁,和邓蟾秋谈起来。邓蟾秋告诉陈独秀,杨鲁承是清朝二甲进士拔贡,写过不少书,家中有几箱子手稿,来不及整理就死了。杨鲁承有三个儿子,都已去世,只有一个媳妇杨彭氏还健在,家中事都由她料理。陈独秀想,江津到白沙要坐四小时拥挤的轮船,自己拖了一个病身子,怕受不了,何不去鹤山坪找屋过夏天呢?如果去帮助整理这位前清进士的遗稿,说不定还能够免掉房租呢!陈独秀把这个念头和邓蟾秋一说,邓蟾秋很赞成,立即请人带话给这家人。

杨鲁承有一个孙子,叫杨庆余,很想出版祖父遗著,希望有一位名人校订、作序,听说陈独秀对他祖父书稿有兴趣,正中下怀,立即赶到了县城。他告诉陈独秀,祖父书稿除了陈独秀买的《杨鲁承先生读〈皇清经典〉》,还有《群经大义》、《杨氏卮林》、《龙溪日记》等。

施怀清校长听说陈独秀要去鹤山坪,邀请他到自己的家——施家大院住一段时间。5月中旬,陈独秀和潘兰珍一起,坐了来回滑竿,亲自去看了一次。到了鹤山坪,果然觉得比县城凉快、安静,行路也方便。去鹤山坪有两种走法,走陆路二十里路,坐单趟滑竿,花十元,两小时可到达。若走水路陆路并举,先自江津坐木船至龙门滩,登陆后走八里,即到鹤山坪。

5 月 21 日,陈独秀知道聚奎的房屋不好租,下决心去鹤山坪了。小儿子鹤年的名字,无意中和鹤山坪呼应,也让陈独秀莫名其妙的愉快。他给台静农写信说:

> 读杨君与兄函,略见聚奎觅屋不易,且弟日来头晕耳羹,有加无已,由江津赴白沙四小时轮船之挤闹,非病体所能堪,已托友人在鹤山坪找屋,弟曾亲往一次,凉、静可靠,坐滑竿二时可达,三五日即去,白沙之行作罢矣,特此奉闻。①

5 月 27 日,陈独秀和潘兰珍搬到鹤山坪。三年后的这天,陈独秀在此地去世,不差一天,不多一天。

鹤山坪在江津城区西约二十余里处的鹤山山脉上,为鹤山山顶上的一块很大的平地,原有双石和麻柳两乡,面积三十九点四平方公里。鹤山山脉呈东北西南走向,滨江凸起。山坪北部陡峻的山崖下是长江,南面崖下是笋溪河。东面和西面是陡峭的山壁,形成坪地。《江津县志》(光绪本)记载:"鹤山坪大寨,城西二十余里,为津城保障。发逆二次攻扑俱为枪石击退。寨之可恃如是。"

江津城东、北、西三面绕"几"字形长江,城东南有綦江和笋溪河,唯一的西南面,成为县城对外的通道,通道上即鹤山山脉。鹤山坪成为江津县通往南部、东部、西部的必经之路。鹤山坪由南向北,南部为上坪,大沟、石墙一带为中坪,聚宝、双石一带为下坪。

1939 年 6 月 6 日,陈独秀在鹤山坪(中坪)的施家大院给台静农写信:

> 弟移来鹤山坪已十日,一切均不甚如意,惟只有既来则安之而已,据脉搏似血压已减低,而耳羹如故,是未恢复原状也。此间毫无风景

---

① 靳树鹏:《陈独秀晚年书信三十八封》,《书屋》,2000 年第 11 期。

可言,然比城中空气总较好也。来示望仍寄旧居,其中有友人留守,函
件可转达也。①

"一切均不甚如意",说明陈独秀不满意这里的条件。但敌机的声音
很少听得到,也少了许多来往应酬。"来示望仍寄旧居,其中有友人留
守",说明陈独秀离开邓仲纯住的郭家公馆后,自己租的房子未退租。一则
是避暑鹤山坪暂住,二则回县城总要有地方落脚。

这时,陈独秀每月可以得到北大资助的三百元了。他拿出一部分交给
施家,作为伙食费。后来,九中的何之瑜、儿子陈松年以及邓仲纯等人常来
看望陈独秀,潘兰珍就自己生火做饭了。邓仲纯来时,身上背上一个药箱,
为陈独秀量血压,看看病。何之瑜在罗汉丧生(1939 年五三重庆日本大轰
炸中)后,代表北大同学会照顾陈独秀。

3 石 墙 院

在施家大院住了约莫一个月,陈独秀的血压高,不适应施家孩子吵闹,
想搬到杨家住。杨庆余家人也欢迎陈独秀来,以便校注其祖父的著作。于
是,陈独秀住到了石墙院,即今江津市五举乡石墙村。该地离施家大院只
有两里地,搬迁并不费事。

鹤山坪石墙院三米多高的围墙,石块砌成,故取名为石墙院。石墙院
的主建筑是一栋砖木结构的大瓦房(七间正房),拾三级砖砌台阶而上,迎
面是宽阔的过厅,两边是偏房。左边有一折门对着大过厅,是陈独秀和潘
兰珍的卧室兼书屋。书屋二十平方米,屋顶很高,没有天花板。南墙有一
窗户,对着院子采光,窗上有八九根窗格棂,中间一根横档。大窗子上面还
有一个小天窗。陈独秀来前,这间房子是杨二太太彭氏住。为了欢迎客

---

① 靳树鹏:《陈独秀晚年书信三十八封》,《书屋》,2000 年第 11 期。

人,杨家把好房屋让了出来。

在陈独秀住宅的东头一间是杨家的灶房,陈独秀和潘兰珍的灶房安在进门的地方。杨家人第一次见陈独秀,见到的是身体很瘦的老头子,身穿一件发白的浅蓝布长衫,下巴上留着几根山羊胡子,颧骨突出,头发稀疏花白。天气热时,老先生在房间脱光了上衣,摇着扇子,点校杨进士的文章。

潘兰珍夏天喜欢穿一件质地柔软的青衣装,或者穿一件青布旗袍,话不多。做家务之余,还在附近开了一块菜地,种点菜。鹤山坪土地肥沃,有耕地两万多亩,主产稻谷、莲藕、玉米、花生和其他水果。大米为巴蜀之最,曾为朝廷贡米。坪上有两个集市,定期赶集。

石墙院外面视野开阔,有许多竹树,葱葱郁郁。竹林扰蛇,陈独秀不好到竹林转悠。他写字读书累了,喜欢到外面走几步。早上起来,走到大路口,碰见上学路过的小孩子,他喜欢摸摸他们的头,说:"小朋友,这么早呀。"

给杨二太太彭氏当佣人的,叫吴元珍。她的女儿叫曹学容,十来岁,星期天常到石墙院妈妈这儿玩。陈独秀很喜欢这个小丫头,每次见到了,总摸着她的头,然后问这问那。小丫头听不懂陈独秀的安徽怀宁话,陈独秀就学四川话和她说话。

一次,陈独秀问:"吃饭没有?"

小丫头说:"没有吃。"

陈独秀拿了一个馒头递给她。等小丫头吃了一口,陈独秀问:"好不好吃?""好吃!"陈独秀又拿了一个,递给她。[1]

杨鲁承家藏书很多,陈独秀修养了一阵子,血压稍稳定,开始静下心来整理杨鲁承的遗著。一次,陈独秀夫妇上江津县城,邓氏叔侄邀请他俩到大什字菜馆吃饭。谈到整理杨氏遗稿事,陈独秀对邓燮康说:"我花了两天时间,反复看了几遍,写得不错,有价值。"后来听说,章太炎到四川时,杨鲁

---

[1] 吕平:《陈独秀寂寞向晚石墙院》,《红岩春秋》,2005 年第 5 期。

承带了《杨鲁承先生读〈皇清经典〉》去拜见章太炎,章太炎在书稿后写了"杂乱无章"四个字。杨鲁承不高兴,没有多坐就走了。

陈独秀听了,哈哈大笑。章太炎是陈独秀在日本时的朋友,说起来,应该是陈独秀研究文字学的老师,谈到已故的朋友逸事,陈独秀怡然自乐。

说起来奇怪,一个新文化运动的发起人,可以横扫旧文化,在无路可走时,也可以帮助一个老进士整理"杂乱无章"的东西。或许章太炎的话发生了影响,慢慢地,陈独秀对整理杨鲁承的旧书稿没有了兴趣。

一次,龚灿宾县长来鹤山坪见陈独秀,谈起杨鲁承书稿的事,陈独秀说:杨老先生对群经的创见不如四川的廖季平,对诸子的阐述,不如胡适。陈独秀研究汉学(文字学),胡适醉心史学,两人走的不是一条路子。

4　与沈尹默唱和

在重庆,沈尹默见到陈独秀,作了一首诗赠他:

> 声名晦已久,不挂齿颊间。
> 时乘逐入市,曲尽宜归山。①

"声名晦已久,不挂齿颊间。"指陈独秀的名字,已埋没很久了,过去的事,不提了。"时乘逐入市",指遇到抗日战争;"曲尽宜归山",人生的故事已经结束,适合休息了。

陈独秀见了沈尹默的诗,作《依韵和尹默兄》五言诗,其中云:

> 但使意无违,王乔勿久待。
> 俯仰无愧怍,何用无吝悔。②

---

① 《陈独秀研究参考资料》第 1 辑,第 97 页,安庆市历史学会编,1981 年版。
② 杜宏本主编:《陈独秀诗歌研究》,第 11 页,国际炎黄文化出版社,2005 年版。

"王乔勿久待"与"曲尽宜归山"呼应,过逍遥的日子;"俯仰无愧怍"与"声名晦已久"呼应,即一生没有做亏心事,没有后悔的。当年沈尹默怂恿蔡元培撤去陈独秀文科学长的职务,陈独秀的诗里话中有话。

到鹤山坪后,风景不错,时间宽裕,陈独秀偶尔起了诗兴,作和沈尹默的诗四首。其一回忆从前的日子。诗云:

> 湖上诗人旧酒徒,十年匹马走燕吴。
> 于今老病干戈日,恨不逢君尽一壶。[1]

"湖上诗人旧酒徒",指 1910 年在西湖时,曾和沈尹默相互唱和、饮酒;"十年匹马走燕吴",1921 年(应该是 1920 年,写民国十年,便于布字)陈独秀离开北大,由燕而吴;"恨不逢君尽一壶",说明两人不在一起,希望和沈尹默喝酒。因为即便见面,陈独秀也喝不了酒,所以"恨",发狠心的意思。字里行间,似无怨气。

其二写在鹤山坪的生活环境和做学问。诗云:

> 村居为爱溪山尽,卧枕残书闻杜鹃。
> 绝学未随明社屋,不辞选懦事丹铅。[2]

"卧枕残书闻杜鹃",春末夏初,鹤山坪杜鹃声声,这是陈独秀刚到鹤山坪写的诗。"绝学未随明社屋,不辞选懦事丹铅。"当时陈独秀在注解前清进士杨鲁承的遗著,意思自己虽然"曲尽宜归山",但仍然在做学问,并非无用之闲人。

其三写身体不好,诗兴减少。诗云:

---

[1] 台静农:《酒旗风暖少年狂》,台北《联合报》副刊 1990 年 11 月 10 日。
[2] 杜宏本主编:《陈独秀诗歌研究》,第 11 页,国际炎黄文化出版社,2005 年版。

哀乐渐平诗兴减，西来病骨日支离。

小诗聊写胸中意，垂老文章气益卑。①

"哀乐渐平诗兴减"，嗣母去世不久，自己无以前的诗兴了；"垂老文章气益卑"，身体不好，写文章的意气也很卑微，没有从前的豪气了。

其四谈历史上的诗数盛唐好，而不是宋代。诗云：

论诗气韵推天宝，无那心情属晚唐。

百艺穷通偕事变，非因才力薄苏黄。②

"论诗气韵推天宝"，即诗写的好的是盛唐人；"无那心情属晚唐"，即晚唐诗已经不行了；"百艺穷通偕事变"，才艺与环境有关；"非因才力薄苏黄"，并不是有意识地贬低苏东坡和黄庭坚的诗才。

写好后，陈独秀托台静农将此四首绝句转寄给沈尹默。

陈独秀晚年在鹤山坪时，曾在给台静农信中谈到沈尹默的字，说："尹默字素来功力甚深，非眼面前朋友所可及，然其字外无字，视三十年前无大异也。存世二王字，献之数种近真，羲之字多为米南宫临本，神韵犹在欧褚所临兰亭之下，即刻意学之，字品终在唐贤以下也，尊见以为如何？"

"然其字外无字，视三十年前无大异也"，1910 年，陈独秀在杭州说沈尹默的字"俗入骨"，三十年后，陈独秀仍然认为沈尹默的字有形无骨。

5 章士钊：怀独秀鹤山坪

1939 年的一天，国民参政会参政员章士钊在重庆遇到沙孟海，沙孟海

---

① 杜宏本主编：《陈独秀诗歌研究》，第 12 页，国际炎黄文化出版社，2005 年版。

② 陈独秀著、任建树等编：《陈独秀著作选》，第 3 卷，第 536 页，上海人民出版社，1993 年版。

录示了章士钊 1933 年到南京为陈独秀辨护时写的一首诗《念故人陈独秀》,该诗云:

　　　　龙潭血战高天下,一代功名奕代存。

　　　　王气只今收六代,世家无碍贯三孙。

　　　　廿载浪迹伤重到,此辈清流那足论?

　　　　独有故人陈仲子,聊将糟李款牢门。①

　　沙孟海(1900~1992),浙江鄞县人,书法家,与章太炎、马一浮等有交往。"廿载浪迹伤重到",指 1933 年秋章士钊重到南京,已隔二十年了;"独有故人陈仲子,聊将糟李款牢门",指陈独秀再一次的被捕。

　　时间已经过去了六年,在重庆意外地见到了这首诗,令章士钊想起了当年南京的情形,想起了六年来的天翻地覆的变化,感慨万端,写下了《沙孟海录示余六年前南京旧作赋贻长句,并答独秀》诗一首。诗云:

　　　　三载从亡面扑尘,缘君飞梦到王城。

　　　　剩将海内流传句,听作人间寥阒声。

　　　　托契败云年事少,论诗旋忘面情生。

　　　　牢门今日成天网,因漏才叨凿老伦。②

　　"三载从亡面扑尘",指 1937 年抗日战争爆发,已经逃亡三年了;"缘君飞梦到王城",因为沙孟海的原因,梦回南京了;"剩将海内流传句,听作人间寥阒声。"诗句虽然还在海内流传,但已是稀见之音了;"牢门今日成天网",陈独秀出了牢房,其实和大家一样,仍在日本鬼子的包围之中,等于

---

　　①　濮清泉:《我所知道的陈独秀》,《陈独秀评论选编》下,第 354 页,河南人民出版社,1983 年版。

　　②　章士钊著:《章士钊全集》,第 7 卷,第 269 页,文汇出版社,2000 年版。

坐牢房。

一天,江津国立第九中学总务主任潘赞化来鹤山坪看望陈独秀夫妇,本想看看就走,但陈独秀和潘兰珍一再挽留,要他吃顿午饭再走。这是一顿怎样的午饭呢?"一顿马铃薯宴!"所有的饭菜全都是马铃薯做出来的。下酒的菜是干辣椒炒马铃薯丝,吃饭的菜是马铃薯片、马铃薯条,主食还是马铃薯。潘赞化面对此情此景,鼻子一酸,差点流下眼泪。好友离去时,陈独秀依依不舍,送了许多路。

潘赞化回来对部下陈松年说到其父亲:他不行了,没有英雄气概了,儿女情长(讲房子等事,过去是不谈的),英雄气短,过不了两三年了。①

潘赞化的话,陈松年晚年谈过几次。他说,父亲"临死前不久,潘赞化去看他,见到父亲做的一首诗辞句感伤,精神萎靡,已失去当年一往无前的奔放豪情。潘老叔对我们说,照此情景,大概不会久长了"。②

潘赞化见陈独秀后,吟诗《访仲子鹤山坪》。章士钊见了这首诗,吟诗《和赞化访仲子鹤山坪依韵》:

> 江津已是楚人隈,百里乡音狎往来。
> 犹向林丘寻旧雨,各禁云鹤试诗才。
> 布衣卅载欣无恙,大驽千钧孰为开?
> 知我向平情未了,愿骧门弟自相媒。③

"江津已是楚人隈","隈",角落,陈独秀、潘赞化等所在的安庆市,在古代属于东楚,章士钊是浙江人,古代属吴国;"百里乡音狎往来",指大家来来往往,相互走动。"布衣卅载欣无恙",指两人友谊已经卅年了;"大驽千钧孰为开?"两人已经年龄老了,没有英雄气概了。"知我向平情未了,

---

① ② 王树棣等编:《陈独秀评论选编》下,第 323 页、第 328 页,河南人民出版社,1982 年版。
③ 《章士钊全集》,第 7 卷,第 175 页,文汇出版社,2000 年版。

愿婿门弟自相媒。"章士钊的儿子婚姻还未解决,但得到了陈独秀、潘赞化的关心。东汉人向平在子女结婚后,就万事大吉,出门游山玩水了。

这次潘赞化谈到陈独秀病情,引起了章士钊的担心。章士钊吟诗《怀独秀鹤山坪》,云:

> 幽人忘老住江限,门对飞仙洞口开。
> 狮子风翻千里吼,鹤见云送近山来。
> 清荷接眼浑生爱,恶竹横胸定欲裁。
> 气类试看潘正叔,衰年异地莫轻哀。

"门对飞仙洞口开",指石墙院距飞仙洞很近,鹤山坪有香炉石、帅印石、回马桥、飞仙石、飞龙洞、玉皇溪、檀溪、莹溪等自然风景;"清荷接眼浑生爱",时间在夏天;"恶竹横胸定欲裁",劝陈独秀不要斗气;"气类试看潘正叔,衰年异地莫轻哀",潘正叔是魏晋人,这里借指潘赞化。

6　山居忆故人

在鹤山坪乡下时间久了,大家都知道陈独秀不是一般的闲人,村民们都很尊敬他。偶尔,陈独秀和潘兰珍还被村人邀请,参加乡人的婚礼。四川人闹洞房,和安徽人有区别。他们不分老幼尊卑,不分男人女人,闹洞房的人嬉笑无忌,让陈独秀回到了青年的感觉。在一次参加婚礼、闹洞房后,陈独秀吟诗《乡间闹洞房》一首,云:

> 老少不分都一般,大家嬉笑赋关关。
> 花如解语应嗤我,人到白头转厚颜。[1]

---

[1]　庞国翔:《陈独秀与邓氏叔侄和邓氏兄弟》,《世纪桥》,2008 年第 6 期。

"花如解语应嗤我",视花如人,能懂语言的知己。"转厚颜",脸皮厚了,忘记了自己的年龄,像个老顽童。"大家嬉笑赋关关"的"关"guan,和"人到白头转厚颜"的"颜"yan,同押 an 韵。

1939 年一夜秋雨之后,陈独秀因读住在重庆上清寺的老朋友章士钊的送给自己的诗,吟《答孤桐》诗一首:

> 竟夜惊秋雨,山居忆故人。
> 干戈今满地,何处着孤身。
> 久病心初静,论交老更肫。
> 与君共日月,起坐待朝暾。①

"孤桐"是章士钊的号;"竟夜惊秋雨",指在秋天的一夜雨后写;"干戈今满地",指抗日战争;"论交老更肫",已有三十多年的友谊,时间越长,友谊越难得;"起坐",早起在床上吟此诗;"待朝暾",等待天下清明。后来台静农索诗,陈独秀将该诗抄寄,易名《自鹤山坪寄怀江津诸友》。

章士钊收到陈独秀的《答孤桐》,立即写了《答独秀》诗一首,云:

> 仲子绝豪望,独居鹤山坪。
> 闻看岭头云,偶作寄友诗。
> 世局未可问,病久却相宜。
> 总持静者心,收摄一切奇。
> 往事在俄顷,后来吾岂知!
> 还讯山中人,尔鹤吐何词?②

---

① ② 《章士钊全集》,第 7 卷,第 177 页、第 179 页,文汇出版社,2000 年版。

"仲子绝豪望，独居鹤山坪。闻看岭头云，偶作寄友诗。"陈独秀独居鹤山坪，风景如画，偶尔作诗。"世局未可问，病久却相宜。总持静者心，收摄一切奇。"时事不可预测，山中适宜一心养身体，以静心养病为好，不要好奇其他；"往事在俄顷，后来吾岂知!"过去的事情历历在目，将来的情形，就不清楚了；"还讯山中人，尔鹤吐何词?"把陈独秀比作鹤，希望有他的新诗。

此时的陈独秀，身体不好，不是闲云野鹤，是一只无奈的病鹤了。

7　担心杨鹏升被炸

1939 年 10 月 19 日，陈松年来看父亲。从江南的德感坝国立九中到鹤山坪，先要过江北上，再步行二十里。虽是深秋，陈松年走了一身汗。陈松年送来一封川康绥靖公署杨鹏升寄自成都西顺城街的信，里面有某先生托杨鹏升寄来的六百元钱，陈独秀大喜过望。

陈独秀高兴，不仅是因为收到陌生人的赠送的钱，还因为担心杨鹏升的一颗心终于可以放下了。

是年夏天，敌机赴成都、重庆轰炸，往往飞过江津，老百姓听了飞机的轰鸣声，惊恐不已。6 月 11 日成都被炸，四天后陈独秀才得到消息，立即给杨鹏升写了一短信，希望杨鹏升收信后来信报平安! 陈独秀担心杨鹏升出差，或者万一遇难，在信封背面注道："倘鹏升先生不在成都，即交夫人拆阅赐复!"①在陈独秀眼里，杨鹏升几乎和家人一样重要。过了一个月，到 7 月 15 日，陈独秀还没有收到杨鹏升的信，惶恐不安，又给杨鹏升写信问平安②。他怀疑，要么杨鹏升信没有收到，要么因事离开了成都，要么轰炸时，杨鹏升真的出事了。自罗汉今年五三大轰炸出事后，陈独秀常常担心老朋友出事。

---

①②　陈独秀著、水如编：《陈独秀书信集》，第 482 页，新华出版社，1987 年版。

　　夏天的担心,持续了四个月,一颗悬着的心才放心。陈松年吃过午饭要回去,陈独秀写了短函,叫儿子带到江津县城寄出。因为有了钱,潘兰珍也喜滋滋的。但陈独秀不知道某先生是谁,此人送钱不留姓名,似有古人风范。

　　10月27日,陈独秀给杨鹏升写了一封信。此时,陈独秀接连收到了杨鹏升的两封信,快慰之至! 成都大轰炸,幸亏杨鹏升和夫人不在成都! 否则,结果难以预料。陈独秀没有去过成都,他想,成都很大,敌机一定不能遍炸,如果不是军政机关和繁盛商场,总可幸免。他在信中写道:

> 　　尊居西顺成街倘与此等地带相连,似宜移居小城守偏僻之地,慎毋说敌机炸过之地不再炸也。弟移居江津之鹤山坪已数月,离城二十余里,敌机过境百余次,有时并其声亦不闻之,近以交通太不便,拟移居县城对岸,然尚未大定也。和平当是尊夫人雅号,弟竟不能确切记忆,罪甚! 杨子毅不知何人,清音阁即其别号耶? 日内如得短句即写寄。①

　　"和平当是尊夫人雅号",陈独秀把杨鹏升夫人杨子毅(和平)和北大英文教师杨子毅混淆了。

　　11月11日,陈独秀给杨鹏升写了一封信,并附寄了自己刚写的一幅字。杨鹏升本月2日来信,说夫人求书,陈独秀乐得满足,并写了《鹏升夫人和平女士索书率赋一绝》:

> 　　前年初识杨夫子,过访偕君昨日情。
> 　　寂寞胭脂坪上月,不堪回忆武昌城。②

---

① 陈独秀著、水如编:《陈独秀书信集》,第483~484页,新华出版社,1987年版。
② 任建树等编注:《陈独秀诗集》,第196页,时代文艺出版社,1995年版。

"前年初识杨夫子"和"不堪回忆武昌城",指1937年年底,陈独秀到武汉时,和武汉警备司令部少将衔参谋兼武汉防空司令部筹备办公署主任杨鹏升认识;那次见面,杨鹏升还为陈独秀刻了阳文"独秀山民"印章呢!杨鹏升自认识陈独秀后,感念英雄落难,从此寄钱资助;"过访偕君",指杨鹏升来见陈独秀,带了夫人和平女士。因诗为杨鹏升夫人写,故"君"指杨的夫人;写妻子需先写丈夫,以示尊敬,故先写"夫子"后写"君";"寂寞胭脂",含有指潘兰珍的意思;"坪上月",指在鹤山坪的有月之夜写此小诗。

杨鹏升住在西顺成街的地方,离商场近,是日本飞机的轰炸目标,他打算近日移居。陈独秀也很赞成,炸死了固痛快,残废就麻烦了。杨鹏升邀请陈独秀去成都,陈独秀也很想去,回信说:"久欲游成都,惟以其地海拔过高,不宜于弟之血压,恐终不果行也。"①当年,吴虞在成都给《新青年》来稿,和自己通信,至今,还没有去过成都呢!

8　告　少　年

1939年12月30日,陈独秀给已经搬到成都骡马市街的杨鹏升写了一封信,因为不知道门牌,陈独秀仍然写了老地址成都顺成街。上月22日,杨鹏升来信,并附寄妻子赐的画笺。拖了这么久未回信,主要是身体有病,入冬后,陈独秀耳鸣症状稍减,但血压仍然很高。听说杨鹏升可能到川南来,陈独秀很高兴,在信中写道:

> 倘能因公到川南,甚望托江津一晤,惟弟住在离城二十里之鹤山坪,驾倘临江津,求先期示知,以便如期入城相见也。日内拟往重庆就医,或住渝二三星期,此时期先生如到渝,到国府致乐庐一问章行严兄

_____

① 陈独秀著、水如编:《陈独秀书信集》,第484页,新华出版社,1987年版。

即知弟住在何处。①

冬天,陈独秀准备去重庆看一次病。一来江津的医疗条件不如重庆,二则可请章士钊代约医生,并可和老朋友见面叙旧。除了章士钊,包惠僧夫妻也有许多日子没有见到了。(陈独秀与包惠僧的往来信件,在"文革"中被烧毁。)

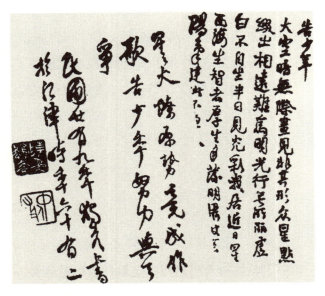

●《告少年》

因为近日无新诗,陈独秀将昔日写的《告少年》一诗寄去,以答谢杨鹏升夫人和平女士赠的画笺。在《告少年》诗里,陈独秀写道:

太空暗无际,昼见非其形。众星点缀之,相远难为明。

光行无所丽,虚白不自生。半日见光彩,我居近日星。

西海生智者,厚生多发明。摄彼阴阳气,建此不夜城。

---

① 陈独秀著、水如编:《陈独秀书信集》,第485页,新华出版社,1987年版。

局此小宇内，人力终难轻。吾身诚渺小，傲然长百灵。

食以保躯命，色以延种姓。逐此以自足，何以异群生。

相役复相斫，事惯无人鹜。伯强今昼出，拍手市上行。

旁行越郡国，势若吞舟鲸。食人及其类，勋旧一朝烹。

黄金握在掌，利剑腰间鸣……①

　　"太空暗无际"，陈独秀在研究文字学，接触古代的生活，故有此遐想；"西海生智者，厚生多发明"，指西方近代科学家发明多；"吾身诚渺小，傲然长百灵"，对自己的评价不低；"逐此以自足，何以异群生"，感叹自己命运多舛；"相役复相斫，事惯无人鹜"，自己被人奴役，甚至砍杀，已经习惯并不被人关心；"伯强"，古代传说中的疫鬼名；"旁行越郡国"，说明是外国人，暗指苏联和斯大林；"勋旧一朝烹"，指剪除异己，大清洗。

　　陈独秀对于共产国际和斯大林在大革命后期牺牲自己，以至决定了自己后半生的命运，耿耿于怀。他借写此诗，发心中积压多年的郁闷之气。此诗转到上海后，发表在《民主与统一》第二期。一年以后，《新新新闻》旬刊于1940年1月11日刊登了《告少年》一诗。

　　此外，陈独秀还将此诗寄给在云南教书的濮德治。濮德治没有看明白，写信问陈独秀，《告少年》是对一般独裁者而言，还是专指斯大林。陈独秀回信说，我给所有独夫画像，尤着重斯大林。

　　画家徐悲鸿由南洋回国，经过云南时，濮德治曾将此诗给他一阅。徐悲鸿见了说，此诗若对一般独裁者而言，倒很贴切，若对斯大林而言，我不敢苟同。② 濮德治承认，《告少年》在一般青年中并没有发生什么影响。

――――――――――

① 陈独秀著、任建树等编：《陈独秀著作选》，第3卷，第533页，上海人民出版社，1993年版。
② 王树棣等编：《陈独秀评论选编》下，第381页，河南人民出版社，1982年版。

9 章士钊：劝仲甫移居

1939 年冬天，章士钊写了一首诗《劝仲甫移居》，希望老朋友到重庆来，住在自己家里，一可以养病，二可以和自己经常见面。诗云：

> 山中消息使我惊，血如山重耳雷鸣。
>
> 深山寒气不任受，友劝移居非恶声。
>
> 我忝凛食专一室，足有隙地招友生。
>
> 记否昌寿里中味，黑衣白虱相纵横。
>
> 抹除四十年间事，尔我再起同笔耕。
>
> 连床虽无苏张伴，老潘隔江仍可面。
>
> 溥泉官大不可唤，沐波勤口定常见。
>
> 干戈满地两秃翁，几时聚散何须算！
>
> 嚣俄小说应重翻，快来与我共笔砚。①

"山中消息使我惊，血如山重耳雷鸣。"指陈独秀血脂高，血压高，日夜耳鸣；"深山寒气不任受，友劝移居非恶声。"当时冬天，山中更寒冷，不宜陈独秀住；"我忝凛食专一室，足有隙地招友生。"指自己的房间够朋友住，虽然不宽大，但不会没有地方住；"记否昌寿里中味，黑衣白虱相纵横。"当年在上海昌寿里办《国民日日报》，陈独秀身上有许多虱子，到处乱爬；"抹除四十年间事，尔我再起同笔耕。"1903 年到现在，快四十年了，两人一起办过《苏报》、《国民日日报》和《甲寅》，有一起再办一份杂志的念头；"连床虽无苏张伴，老潘隔江仍可面。""苏"指苏曼殊，已于 1918 年去世，"张"指张继，即张溥泉，做了国民党的官僚，不会和他们在一起厮混了；"老潘"

---

① 《章士钊全集》，第 7 卷，第 182 页，文汇出版社，2000 年版。

即潘赞化,在江津德感坝的国立九中教书,和重庆一江之隔;"溥泉官大不可唤",指张继,当年和陈独秀、邹容一起在日本剪学监姚昱(文甫)的辫子,后张继与章太炎结拜为兄弟,曾任国民党中央政治会议委员、司法院副院长,所以叫"官大不可唤"。章士钊自己也担任过段祺瑞政府的教育部长,因为三一八惨案,声誉受了影响;"干戈满地两秃翁,几时聚散何须算!"指陈独秀和自己头发落差不多了,见面不应该计算时间,应该想见就见;"嚣俄小说应重翻,快来与我共笔砚。"1904 年,苏曼殊和陈独秀在《国民日日报》发表翻译嚣俄(雨果)小说《悲惨世界》,随意加入自己的观点,故称"应重翻"。

见了章士钊的诗,陈独秀感念朋友的关心,决定到重庆一行。自去年8 月初离开重庆,已经一年多没有去重庆了。在他的一生中,这是他第二次去重庆,也是最后一次去重庆。

自 5 月 27 日到江津,陈独秀半年多没有上县城了。来鹤山坪看他的有邓仲纯、潘赞化以及儿子陈松年等。其他的朋友,也好久未见。他和潘兰珍也希望借到重庆看病,在江津住一段时间。

第七章　到重庆、江津

(1940年1月～1940年4月)

1　重　庆　看　病

1940年元月4日,陈独秀夫妇由鹤山坪到江津县城。到了江津县城,陈独秀夫妻住在前年秋天租住的房子里,和高语罕是邻居(这年秋天,高语罕搬到万家山)。陈独秀本准备休息几天即去重庆,不料章士钊来信说,为陈独秀看病的医生要从歌乐山来重庆,陈独秀只好推迟到2月初去重庆了。

在等候去重庆的时间里,国画家阎松圃来看陈独秀。谈到医药费用,陈独秀说:"倘有编译局约购一稿,可以支用,我不想累及别人。"国立编译馆馆长陈可忠为陈独秀《小学识字教本》预支稿费五千元。自嗣母去世后,陈独秀一病十个月没有写字,书稿没有动笔,已成一心病。阎松圃后与别人说,陈独秀是政治上软禁,经济上很穷,生活上靠朋友。

元月31日,陈独秀在江津收到章士钊转来的杨鹏升两封信,一封写于15日,一封写于22日。杨鹏升以为陈独秀已经到了重庆,两信都是问病情的。杨鹏升如此关心自己,还说要支持自己的医药费,此外,一位不认识的人也要支持医药费,叫陈独秀很感动。他在信中告诉了杨鹏升自己的日

程,并婉言谢绝杨鹏升和他的朋友的资助:

> 现已决于三五日内由此赴渝,抵渝即直住宽仁医院,住一二星期
> 即仍回江津。至于医药费,曾与编译馆约购一稿可以支取应用,不应
> 以此累及友好,友好皆未见如我,素无知交者,更不愿无缘受赐,吾兄
> 盛意,心感之而已。
>
> 公为行严所刻印章样本已为转去。①

章士钊的地址需要及时告诉杨鹏升,防止他写信到重庆,自己收不到。
杨鹏升擅金石,故给章士钊刻了一枚私章。

2月6日,阴历腊月二十九日,何之瑜陪陈独秀、潘兰珍到了重庆石板
街戴家巷宽仁医院二号病室就诊。章士钊来看陈独秀,见面说:"你很好,
我像小瘪三样。"陈独秀说:"你找弱男回来管管好了。"章士钊的原配吴弱
男是清末诗人吴彦复的女儿,章士钊新娶了姨太太后,两人分开过了。

章士钊请陈独秀第二天晚上去他的新家重庆中三路聚兴村5号过春
节,陈独秀拒绝了。因为有病,陈独秀无心过节。他说,乱哄哄的时候,饭
都吃不好,还过什么春节。但他答应出院后,到章士钊家住一阵子。

陈独秀住进宽仁医院二号病室,医生替他看血压、心脏和肠胃,认真地
检查了一遍。医生检查好了后,皱了眉头,告诫陈独秀,你的病,不在药好
药孬,根治在静养。出门后,何之瑜对医生说,陈先生是个名人,望医生一
定要尽力。医生很客气,低声说:"你是他学生,可以告诉你,陈先生可能活
不了三年。陈先生的心脏不能再扩大半指。"何之瑜听了,赶紧说:"千万
不要告诉陈先生和陈太太。"

2月9日,正月初二,陈独秀给杨鹏升写了一封短信②,告诉他自己已

---

①② 陈独秀著、水如编:《陈独秀书信集》,第486页、第487页,新华出版社,1987年版。

经来到重庆医院看病,打算住院旬日,出院后住友人处旬日,然后返江津。杨鹏升如果这期间来信,仍寄章士钊转,章士钊的新地址是重庆中三路聚兴村5号。"出院后住友人处旬日",指章士钊和住在陈家桥的包惠僧。

陈独秀住院期间,包惠僧和夫人夏松云常来看他和潘兰珍。陈独秀劝包惠僧说:"不要再认死理,找找人,搞个一官半职。现在物价这么高,守在那里总不是事。"后来,陈独秀还写信劝他做个官。陈独秀在鹤山坪时,曾给郑学稼写信说:"某生救国皆不一定要做官,人各有所长所短,若用所短,于谋生救国均不适宜。"现在,陈独秀改变了,觉得做官可以解决生活,有实际价值。他自己已无其他出路,抗日战争结束后,他还想回到芜湖,重开一家科学图书馆。

包惠僧回忆说:

> 他还写信说我应该活动一点,既然做官做个县官也好,做什么参事。这时我虽然也不富裕,但比起陈独秀来要好一点,我想接他到陈家桥来一块住,他推辞说"年老多病,行动不便"。[1]

陈独秀住院期间,请重庆白寿良先生为自己刻一枚印章。白寿良先生认真地替陈独秀刻了一枚,并附了一篇文笔生动的文字,叫陈独秀很欣赏。回江津后,他将此文抄寄杨鹏升。

本来,陈独秀计划3月初回江津。因为出院后,他打算到章士钊、包惠僧家各住几天。在医院住了十天后,陈独秀不想去了。他嫌重庆太吵,烦躁不安,巴不得早一天回去。他对章士钊、包惠僧说,自己年老多病,行动不便,还是不去他们家了。

2月19日,陈独秀给杨鹏升写了一封信,告诉他自己的病有所减轻,决定明日起身回江津了。以后杨鹏升来信,仍寄江津县大西门内黄荆街

---

① 王树棣等编:《陈独秀评论选编》下,第305页,河南人民出版社,1982年版。

83 号延年医院邓仲纯先生转交。

2 "康庄"小住

1940 年 2 月 20 日,陈独秀和潘兰珍从重庆回江津。船自上午八点出发,下午三点到江津。一天坐了八小时船,陈独秀原担心病情加重,结果还好。回来第二日,他就给杨鹏升写了一短函①,告诉他自己已回到江津。自己在重庆给他的两封信,想已收到。

邓氏叔侄在江津城西门外建了一住所,取名康庄,后面是一个小庭院,环境清幽,橘林茂密,背倚艾坪山,前临江水。这里是江津城的咽喉地带,到鹤山坪的小路即从他家门前而过,重庆来往小轮也在他家附近停靠。陈独秀回江津后,邓燮康留他和潘兰珍在康庄小住。当时,邓家恰好有一间空房。

隔日,章士钊从重庆寄来一封信,内有杨鹏升 2 月 16 日寄来的三百元汇票。原来,杨鹏升还以为陈独秀在重庆住院,3 月才离开呢! 2 月中旬寄出,陈独秀应该能够收到。不想老先生提前走了,而陈独秀的信,还没有收到。

陈独秀接到汇票,十分感激,连声说:"这怎么好,这怎么好,又要人家破费。"三百元不是小数字,相当于少将参事杨鹏升一个月的薪金呢! 陈独秀是一个落魄之人,本来是英雄盖世的性格,不说半句软话的人,现在过起了靠人施舍的生活了。

陈独秀忙给杨鹏升写了回信,说:

此次弟留渝只二星期,所费有限,自备差足,先生此时想亦不甚宽裕,赐我之数,耗去先生一月薪金,是愈不可,寄回恐拂盛意,受之实惭

---

① 陈独秀著、水如编:《陈独秀书信集》,第 488 页,新华出版社,1987 年版。

惑无既,辱在行乞,并谢字也不敢出口也!①

　　陈独秀在康庄住的时候,把自己的租房内的书带了一些,放在邓燮康的康庄楼上墙柜内。陈独秀去世后,邓燮康的儿子邓介曾拿了其中的考茨基的《阶级斗争》等书作为纪念。1955 年入党后,他因书扉页上有"独秀文存"红章,主动交了出来。②

　　在康庄小住,陈独秀的心情很愉快,偶尔写书法,做一首诗什么的,不亦乐乎。一个小雨的天气,陈独秀举伞在江津城郊走,吟诗《郊行》:

> 蹑屣郊行信步迟,冻桐天气雨如丝。
> 淡香何似江南路,拂面春风杨柳枝。

　　"淡香何似江南路",怀念家乡。家乡安庆虽在江北,因在江滨,与江南风景无异,在陈独秀的眼里,视如江南。

　　一天,高语罕夫妇来看陈独秀夫妻。他们的关系和别人不同,陈独秀坐牢时,是高语罕到潘兰珍家往来传递消息,最后促成了潘兰珍到南京照顾陈独秀。因此,潘兰珍对于高语罕,别有一番感激之情。

　　陈独秀很喜欢江津西郊这块土地,山清水秀,视野开阔。眼下,正是桃花盛开的时候,陈独秀、潘兰珍、高语罕夫妇和邓燮康一起,沿桃花盛开的地方散步。陈独秀和邓燮康闲聊,开玩笑地说:这个地方好,能葬于此,死得其所矣!邓燮康、高语罕觉得话不吉利,没有应他的话,但记在心上了。潘兰珍听了,也觉得不舒服,用其他话支付了过去。

　　陈独秀去世后,高语罕在追悼会上说:前年春季,先生夫妇又偕弗陵先生与罕往看桃花,俯瞰大江风骚上下,流连不忍去。谁知昔时先生驻足

---

① 　陈独秀著、水如编:《陈独秀书信集》,第 488 页,新华出版社,1987 年版。
② 　庞然:《陈独秀在江津的晚年岁月》,《红岩春秋》,2008 年第 4 期。

游目之所，即其今日放足长眠之地?! 地下有知，可以无憾!

3　反对抄袭列宁的理论

1940 年 3 月 2 日，陈独秀给濮德治（西流）写了一封长信，谈目前世界战争的口号和策略问题。濮清泉来信说："如果法西斯胜利，人类将有沦于浩劫，因此应尽力阻止法西斯的胜利。"陈独秀认为，这话对极了。

濮清泉来信，提到上海的托派全盘否定第三国际的观点，陈独秀不赞成。他认为，第三国际过去反法西斯的口号并没有错，但不应该用"人民阵线"、"反侵略阵线"等口号，这个口号幻想联合布尔什维克政府，而不是组织国际无产阶级反法西斯的联合阵线，等到英法布尔什维克政府和希特勒开了火，苏联现在却在实际上站到希特勒方面，宣布反对这场帝国主义的大战，并促使英法工人起来反对战争，以致法国共产党四十余人因赞成反对希特勒的战争而被开除。陈独秀认为，这实际上是援助希特勒。

重庆出版的《新华日报》，刊登列宁反对 1914 年大战的论文，认为此次战争是上次大战的重演，即双方的帝国主义者都是为了维护其奴役本国人民和掠夺殖民地而战争。《动向月刊》（上海托派刊物）恰好做了这一观点的应声虫，这是陈独秀所反对的。他写道：

> 在这一理论上，我竟看不出中国托派与史派之区别。列宁对一九一四年大战理论之正确，是由于他不肯抄袭马恩对普法战争之现成的理论，而是自己脑子观察分析当时帝国主义大战的环境与特质，其口号之收效，是由于帝国主义实际是战败国，而且俄国地大，德国对它不能加以布列斯特和约以上的迫害，十月革命才得以保全。[①]

[①]　陈独秀著、水如编：《陈独秀书信集》，第 489 页，新华出版社，1987 年版。

陈独秀反对抄袭列宁当时的观点,因为把列宁1914年大战的理论与口号应用于当前中日战争,只能有助于日本,有助于希特勒。陈独秀写道:

> 英法虽不是被压迫的普鲁士,但希特勒却是横行欧洲的拿破仑第三,而不是威廉第二,因此,不但在德国,即英法普罗政党固不应采用"保卫祖国"的口号,却应该采用"共同攻打法西斯的希特勒"的口号。①

怎样阻止法西斯胜利呢?陈独秀说:"只有希特勒对英法战争的失利,和以前拿破仑第三战败一样,引起国内革命,才能阻止法西斯的胜利,若在英法取失败主义,只有促成人类浩劫,胜利的自然是希特勒,固然不是英法政府,也不是英法和德国的无产阶级。"②

在信的末尾,陈独秀强调,今天的战争,要么赞助希特勒,要么反对希特勒,不存在含糊和两可,反对希特勒,便不应同时打倒希特勒的敌人。

出南京监狱后,陈独秀决定和托派分手,过安静的日子。故他声明自己不是托派,也不和刘仁静等人交往。但内心深处,多年养成的政治思考和冲动,常常诱使他回到政治话题。陈独秀是一个失败的政治家,一个半截子学者。

4 纪念蔡元培

1940年3月5日,七十四岁的蔡元培在香港养和医院逝世了。

一个星期后,何之瑜自德感坝来到江津。他这次来,除了送来北大同学会的三百元的月钱(实际是国民政府"维持"陈独秀的费用,因怕陈独秀不接受,请北大办理),另一件事,就是代表北大同学会,请陈独秀写篇纪念蔡元培的文章。

---

①② 陈独秀著、水如编:《陈独秀书信集》,第489～490页,新华出版社,1987年版。

● 中央研究院院长蔡元培

　　何之瑜走后,陈独秀闷闷不乐。自己每次入狱,蔡先生都发援救电文,上次被捕关在金陵,蔡先生几次到监狱探望,并联名发电报营救自己。他还多次应自己邀请,帮助朋友找工作,或保释。蔡先生去世,实在是件令人痛心的事。杨鹏升叫陈独秀为其父亲写一个墓志,也没有心思写了。杨先生寄了许多钱,连信封、信纸都寄来了,他所求之事,陈独秀一直放在心上。

　　次日,陈独秀沏了杯浓茶,点上一支烟。在杨鹏升寄来的军用信笺写了《蔡孑民先生逝世后感言》。在写了蔡先生坚持大节和容纳异己这两点美德后,陈独秀用大段文字回忆了蔡先生支持"新的进步的运动"和"反对祀孔"以及容纳异己、尊重学术思想的品德:

　　　　一般的说来,蔡先生乃是一位无可无不可的老好人,然有时有关大节的事或是他已下决心的事,都很倔强的坚持着,不肯通融,虽然态度还很温和;这是他老先生可令人佩服的第一点。自戊戌政变以来,蔡先生自己常常倾向于新的进步的运动,然而他在任北大校长时,对于守旧的陈汉章、黄侃,甚至主张清帝复辟的辜鸿铭,参与洪宪运动的刘师培,都因为他们学问可为人师而和胡适、钱玄同、陈独秀容纳在一校;这样容纳异己的雅量,尊重学术思想自由的卓见,在习于专制好同恶异的东方人中实所罕有……就以蔡先生而论,他是主张以美育代替宗教的,他是反对祀孔的,他从来不拿道德向人说教,可是他的品行要好过许多高唱道德的人。这不仅是我个人的意见,我敢说蔡先生和适之先生在这两个问题上和我的意见大致是相同的,适之还活着,人们不相信可以去问他,凡是熟知蔡先生言行的人,也不至于认为我这话是死无对证信口开河。①

　　谈蔡元培,陈独秀忍不住几次谈到自己和胡适在五四运动中的作用。和胡适一样,陈独秀也不把五四运动归于自己和个别人的思想,但同时又认为:"可是蔡先生、适之和我,乃是当时在思想言论上负主要责任的人,关于重大问题,时论既有疑义,适之不在国内,后死的我,不得不在此短文中顺便申说一下,以告天下后世,以为蔡先生纪念!"字里行间,陈独秀是以当年为荣耀的。陈独秀一生做了两件大事情,第一件,就是新文化运动啊!

　　北大的三只兔子,老的一只死了,小的一只在国外,还有一只中兔子,怕也不久于人世了。陈独秀心里,常常有一种不祥的预感。写纪念蔡先生的文章,陈独秀想了许多和蔡元培以及胡适等人在一起的往事。这一晚,陈独秀久久不能入睡。

　　这篇短文,刊登在 3 月 24 日重庆《中央日报》上。这天的《中央日报》还刊登了马寅初的文章《蔡先生思想之宽大》。马寅初在回忆蔡元培的兼收并蓄思想时,也提到了陈独秀。当时北大以党派划分,国民党有蔡元培、王宠惠等,共产党有李大钊、陈独秀等②,无政府主义者有李石曾,君主立宪者有辜鸿铭;如以文学划分,新派有胡适、钱玄同、吴虞等,旧派有黄季刚、刘师培等。

　　蔡元培去世后,中央研究院在重庆选举新院长,牵涉到了胡适。因为蒋介石不希望胡适当选,而傅斯年等偏偏推荐了胡适、朱骝先、翁咏霓三人,排除了蒋介石推荐的顾孟余,以至闹了不大不小的风波。

---

　　① 陈独秀著、任建树等编:《陈独秀著作选》,第 3 卷,第 543～545 页,上海人民出版社,1993 年版。
　　② 作者注:当时,陈独秀还没有发起共产党,甚至不是李大钊的"主义"派,而是胡适的"问题"派,马寅初先生此处系笔误。

5　与黄粹伯谈文字学

写了《蔡子民先生逝世后感言》后,陈独秀休息了几日,没有动笔。江津城西门康庄附近,有一家茶楼,陈独秀有时候去茶楼闲坐一下,喝杯茶。陈独秀已过花甲,头发稀落而灰白,脸色灰暗,身穿土布长衫,脚穿布鞋,坐在一堆四川老乡中,如无人指点,已认不出当年搞新文化运动时的气概了。陈独秀很少说话,因为他的话别人不好懂。他喜欢微笑着听四川人说话,品味方言。这些川话,常常为他的文字学研究,增加了生动的例子。

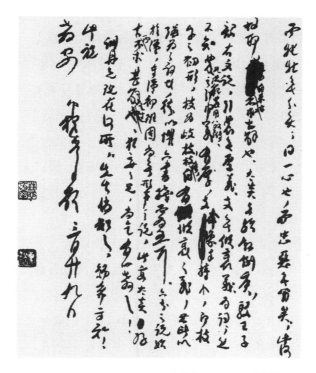

● 陈独秀3 月 29 日给黄粹伯信

1940 年 3 月 29 日,陈独秀给黄粹伯写了一封信。黄粹伯是晚辈,毕业于清华大学国学研究院,曾于 1937 年到金陵狱中拜访过陈独秀,谈了文字学的话题。屈指一算,已三年了。不久前,陈独秀给吴子馨写信,还问黄粹伯在哪里呢!同乡方孝博最近自重庆来信,提到黄粹伯现在重庆,并见到陈独秀油印的文章《韵表》(《古音阴阳入三声互用例表》),这叫陈独秀很高兴,找到了一个研究文字学的知音。

陈独秀写《韵表》时,征求了陈仲凡、台静农、魏建功等人意见。他在文章中指出了清人顾炎武、段玉裁、王念孙古韵分类之误,并将字音的韵部一一归类。

江津县城无人谈文字学。邓仲纯是医生,何之瑜是教历史的中学老师,台静农也不是搞文字学的,唯一的魏建功可以谈,却在黑石山,很难见面。陈独秀脑子里装满了文字学的东西,忍不住有时和潘兰珍说几句简单的道理,如与风俗有关的话。农村人做丧事,为什么叫做七,做七七四十九天,佛教念经,也是做七场,为什么不是六,不是八呢? 因为古代的七是最大数字,七七四十九也是满数,那时没有八。结绳也是到七字,打个结。后来发明了八,意味着分开了绳上的结了。所以"八"字造型,是一撇一捺,寓意分开。再深奥一点,谈前人的研究得失,潘兰珍就听不进去了。陈独秀想和懂行的人说话,发发自己研究文字学的感慨,便信笔写了这封信。陈独秀写道:

> 章黄之徒以其师但官阴阳对转,且云除缉盍外古无入声,遂以阴阳与入亦可对转为疑,更不信互用之说。鄙意以为独闭口韵有入声,他别无之,殊难解释;方言及后世音变既可对转,何以当时不能互用,亦难解释;旧派学者,本自读书不求甚解,殊不能满足吾辈求知之欲望也。又如依许书形声之说,同一牛也,而牝牡无分矣;同一心也,而忠恶无分矣。此何故耶? 自来亦不求甚解也。①

---

① 杜宏本主编:《陈独秀诗歌研究》,第334页,国际炎黄文化出版社,2005年版。

章太炎、黄季刚等人主张，除了"缉盍"（闭口韵）外，古无入声，因此怀疑阴阳与入声可对转，更不相信阴阳与入声可以互用。陈独秀认为，说只有闭口韵有入声，其他的无入声，不好解释。因为方言、后世音变可以对转，为什么古代阴阳与入声不能互用呢？章太炎、黄季刚是旧派学者，读书不求甚解，因此，不能满足陈独秀等人的求知欲望了。

许慎著的《说文解字》一书，介绍形声之说，同一"牛"字，却不分牝牡；同一"心"字，忠恶不分。这是为什么呢？从前的研究者不求甚解，未作说明。言下之意，陈独秀将这个问题搞清楚了。此外，陈独秀还指出章太炎写《文始·序例·庚》，只知其一，不知其二，好古而不求甚解。

收到陈独秀的两页信，黄粹伯如获至宝，小心翼翼地珍藏了起来。怀着对陈独秀的推崇和尊重，在陈独秀去世六年后，他于 1948 年将陈独秀的手书裱在长八十厘米、宽三十厘米的条幅的中下部，并将自己用小楷录的此信，裱在条幅上部。裱好后，黄粹伯请陈独秀的朋友之一胡小石教授题署《陈仲甫先生论韵遗墨》九个大些的字裱在右上方。陈钟凡教授应邀作跋，竖写了七行。黄粹伯将该"跋"裁开，右三行左四行，裱在陈独秀原信的两侧。

"文革"中，黄粹伯在南京大学中文系任教，该信被红卫兵抄去。因内容古奥，造反派没有明白内容，该信得以保存。"文革"结束，物归原主。①

6　世界战争及前途

1940 年 3 月 2 日，陈独秀谈反对抄袭列宁的信寄到云南后，迟迟未收到濮德治的回信。陈独秀意犹未尽，于 4 月 24 日又写了一长信。

这次，陈独秀提出两个信念：一是此次大战结果之前，甚至战后短时期内，大众的民主革命无实现之可能。二是德俄为国社主义及格柏乌（警

---

① 　根据黄粹伯先生遗嘱，其后人将该信捐赠南京大学中文系。

察或者保卫局)政治,意大利和日本是附从地位。人类若要前进,必须首先打倒国社主义与格柏乌政治。他说:

> 一切斗争(反帝斗争也包含在内)比起这个斗争都属于次要的地位,若是有害于这个斗争的斗争,更是反动的。我根据以上的见解,认为不但在英法美国内反对战争是反动的,即令印度独立运动也是反动的,民族斗争一脱离世界斗争的利益,便不能不是反动的,而且事实上,印度一旦脱离了英国,必然转入日本或俄国的统治,使希特勒对英取得决定的胜利,这不是反动是什么?我这一意见,不但连根兄见之骇然,即兄等亦未必认为宜慎重考虑,因为和我们脑中以前所学习的公式太冲突了。此信亦望转寄连根兄一阅,并前函一并抄给×兄,那便更好。①

"连根兄"指王文元。"前函",指3月2日函。去年8月23日,希特勒和俄国签订互不侵犯的条约,陈独秀将德俄并列视为共同的头号敌人。

收到濮德治的信后,陈独秀写了第三封信,继续谈不要抄袭列宁关于第一次世界大战理论的观点。陈独秀认为,濮德治信上的观点,仍然受第一次世界大战的理论和公式所拘因,未能用自己的脑子思索问题。

濮德治收信后,根据陈独秀意见,将信寄给上海的托派临委,并给陈独秀回了信。(濮德治在抄寄上海托派时,因担心日本人和汉奸的检查,隐去陈独秀给濮德治信中提到的人名。)

7　为杨鹏升父亲写墓志

1940年4月7日,陈独秀收到杨鹏升3月2日写的信,信中附寄了信

---

① 陈独秀著、水如编:《陈独秀书信集》,第491页,新华出版社,1987年版。

笺和信封。他给杨鹏升写回信时,提到了蔡元培的去世,并提到给他的父亲写墓志的事:

> 弟前在金陵狱中,多承蔡先生照拂,今乃先我而死,弟之心情上无数伤痕中又增一伤痕矣! 承示为尊府君志墓,敢不用命,请即将行述寄来,以便乘精神稍佳时,拟稿呈兄修正。拟寻何人书,亦望赐知。①

"敢不用命",不是夸大其词。陈独秀从前是反对为人写墓志的,1917年底,陈独秀写《文学革命论》,还批评"十八妖魔"中的归、方、刘、姚写文章"希荣誉墓"。现在,尽管自己的身体不好,也不乐意写,但为了杨鹏升,他不能不写。人家不仅三番五次地寄钱,见自己的信笺是随处找到的纸,连信纸也寄来了。人情太重了!

4 月 30 日,陈独秀收到杨鹏升本月 22 日夜写的垂询之函。杨鹏升听说江津被日本飞机轰炸,故连夜写信。去年 6 月,成都被炸,陈独秀写了几封信问平安,叫杨鹏升夫妻十分感动。这次问平安,是投桃报李。

九天来,江津县城天天有警报,所幸敌机一掠而过,没有扔炸弹。城中未见敌机,更无被炸之事,不知成都怎么有了这样的消息? 陈独秀立即回了明信片,告诉杨鹏升自己和潘兰珍平安无事。②

5 月 20 日,已经回到鹤山坪的陈独秀,听说成都前日和昨日两天被炸,担心杨鹏升一家人的平安,立即写了一个明信片问平安,并且告诉他,自己已经移回鹤山坪乡间,但来信仍然给邓仲纯转。

6 月 1 日,陈独秀看报纸,成都数次发生空战,乡下传言五花八门。十天前写了明信片后,一直未收到杨鹏升的回信。他当天写了一信说:

---

①② 陈独秀著、水如编:《陈独秀书信集》,第 493~494 页、第 494 页,新华出版社,1987年版。

尊寓平安否,至以为念,接此信请即回示数字,以慰悬念！夏来空袭恐多,天气又热,嫂夫人及女公子以移居青城数月为宜。刘启明君前嘱,弟书一联,早已寄去,至今未回复,不知收到否,晤时请代询之。①

"女公子"是杨鹏升的女儿。

8　编译馆按月给稿费

1940 年 4 月 29 日中午,陈独秀给台静农写信:

今晨明信片发后即获读二十六日手书,知前上两函均已达览。馆中有款,望直寄弟寓,或由农工银行转下,万万勿再寄第九中学邓季宣转,请即切告馆中出纳室办事者！任北大讲座固弟之所愿,然以多病路远,势不能行;为编译馆编书(不任何名义)事或可行,惟馆中可以分月寄稿费,弟不能按月缴稿,馆中倘能信任,弟亦受馆中之钱,必有与钱相当之稿与之,不至骗钱也。余待面谈,不赘。②

"馆中有款,望直寄弟寓,或由农工银行转下",指坐落在白沙镇的国立编译馆,每月给陈独秀一笔写《小学识字教本》的稿费。因为陈独秀稿子还在写,所以是分月寄稿费,不是一次性付清;"直寄弟寓",说明这时候,陈独秀已经不在康庄住,而是回到自己租住的寓所了。"万勿再寄第九中学邓季宣转",前一次请邓季宣转过一次;当时,九中校长是陈访先,人住在重庆,平时不到江津办公,偶尔来看看,学校的事,实际上由邓季宣负责。

---

① 陈独秀著、水如编:《陈独秀书信集》,第 495 页,新华出版社,1987 年版。
② 靳树鹏:《陈独秀晚年书信三十八封》,《书屋》,2000 年第 11 期。

1940 年,陈访先辞去国立九中校长,就由邓季宣继任校长了。"任北大讲座",是同学给陈独秀找事做,以解决生活困难。但陈独秀的身体已经不适合站课堂了,写点书,能够解决生活费,对于他的身体,还勉强对付。因为写累了,可以随时休息。

"弟不能按月缴稿,馆中倘能信任,弟亦受馆中之钱,必有与钱相当之稿与之,不至骗钱也。"陈独秀希望能够按月寄钱,并保证自己有稿件写出来。本月 14 日,陈独秀给台静农写信,说:"编译馆尚欠我稿费二百元,弟以尚未交稿,不便函索,希兄向该馆一言之。"

敌机连续轰炸重庆和成都,陈独秀受不了警报的惊吓,决定回鹤山坪去了。自今年元月离开鹤山坪到重庆看病,在外已四个月了。2 月 20 日自重庆到江津,已在江津县城呆了两个月。

离开江津前,台静农到江津来见陈独秀。两人谈好,陈独秀回鹤山坪后,一心一意写《小学识字教本》,计划 6 月份完成上卷。因为有编译馆的稿费,陈独秀写这本书稿有了经济动力,估计完成问题不大。他将已经写好的上卷的一部分稿子,交给台静农,请他誊抄,作付印的准备。

为了感激台静农的帮助,走前,陈独秀将自己的《实庵自传》手稿送给台静农。他在手稿后面写道:"此稿写于 1937 年 7 月 16 日至 25 日中,时居南京第一监狱,敌机日夜轰炸,写此遣闷,兹赠静农兄以为纪念。"

编译馆前后预付了陈独秀稿费两万元钱。抗日战争中,四川物价飞涨,1939 年上半年,鹤山坪一斗米三元钱,到 1940 年 10 月,鹤山坪一斗米三十余元,1940 年 12 月,江津县城一斗米要七十元,陈独秀夫妇及一仆人在鹤山坪每月要花二百元,在江津县城每月要花费三百元。有了这二万元,对于陈独秀等于雪中送炭。

孔夫子曰,耕者,食在其中;学也,禄在其中。陈独秀很高兴,像他这样的人,只要能动笔,总不会没有饭吃。

第八章 重返鹤山坪

(1940年5月～1940年11月)

1 续写《小学识字教本》

1940 年 5 月上旬的一天,陈独秀和潘兰珍回到鹤山坪石墙院。在鹤山坪,陈独秀常常想到 1910 年前后的西湖岁月,曾集一联语赠台静农:

坐起忽惊诗在眼,
醉归每见月沉楼。

陈独秀自注:上为祝枝山诗,下为余在杭州时旧句。

"醉归每见月沉楼",写月的倒影在小池塘里的情景,视角上给人感觉月亮不是在天上,而是在水中楼里。这样朦胧的感觉,正是酒醉的效果。台静农很惊讶,这么久了,先生居然还没有忘记。

5 月 18 日,陈独秀在收到编译馆寄来的二百元后,给台静农写信说:

回乡已十余日,贱恙并未见剧,识字教本已勉强续写若干,倘病不再发作,上卷大约在下月内可以完成,兄带去之稿亦望能于下月半抄好,届时建功兄倘能偕兄来江津城一游,即可将原稿带来,弟亦可将续写之稿交兄带去也。兄等如能来游江津城,务于动身前十日函告我,以便按期入城也。兄带去之稿尚遗漏一字,今附上,望加在甲介字前后。编译馆二百元已寄来,收据附上,请交该馆会计。①

"贱恙并未见剧",高血压和心脏病没有加剧;"识字教本",即《小学识字教本》;"届时建功兄倘能偕兄来江津城一游,即可将原稿带来,弟亦可将续写之稿交兄带去也。"陈独秀计划下月中旬去江津,面见台静农和魏建功;"前十日函告我",收信时间和到江津的时间,再放宽一点,约十日。

从前的塾师上课,不释义,只叫学生诵书,如念符咒。桐城派代表刘大櫆,就主张诵读。陈独秀考过秀才,小时候读书,挨了祖父的板子,其中之苦,一直不忘。现在的学校,不仅诵书,也释义了。但识字仍然和念符咒一样,死记硬背二三千字,对于学童的脑力伤害很大。即便一个中学生,记字也很难。因为学习国文耗眼睛,并因此影响到学生学其他科目。因此,中小学学习国文、识字的方法,亟待改良。这就是陈独秀写《小学识字教本》的初衷,与当年在新文化运动中主张改良教育,是一脉相承的。

陈独秀写《小学识字教本》时,选择常用字三千多个,研究字根、半字根五百多个,作为一切字的基本形义。掌握了这五百多字根,其余三千字乃至数万字,即可迎刃而解。因为一切字都是字根结合而孳乳(衍生)产生的。

● 1940 年 5 月陈独秀送台静农对联

该书上篇释字根及半字根,下篇释字根所衍生的字。每一字,均解释

---

① 靳树鹏:《陈独秀晚年书信三十八封》,《书屋》,2000 年第 11 期。

形、义,使读者知其然和所以然,使读者产生兴趣、帮助记忆,也帮助学生奠定了科学思想训练的基础。

中国人不穷究事物的所以然,以至中国的科学不发达。有人认为,文字训诂学,宿儒皓首研究,也难尽通,怎么童蒙呢? 陈独秀认为,中国文字训诂所以难通的根源,是汉儒未见古文,不知形义,写了《六书》谬说。许慎著《说文》,将班固的象形、象事、象意、象声之说,改为指事、象形、形声、会意,导致文字训诂之学步入歧途。其实,经文几经传写,往往讹错,但一些学者依经为义,穿凿附会,故为艰深,以欺浅学。结果,文字学的书愈多,文字形义的研究愈晦,原本是小学的内容,越来越复杂化,居然变成了一门专业了。

依据汉代法律,学童十七岁以上,参加考试,须掌握形义书九千字,才可写文。那时,他们并不依赖老师宿儒,因为古代造字,观象于天,观法于地,近取诸身,远取诸物。这些都是视而可见,察而可识,并不艰深。

陈独秀认为,今天的老师如果按自己写的这本书,口讲手绘,学生如看画图,即便很笨的学生,也可知晓,如拨云雾而见青天,但自己"作始者或不易"。陈独秀写这本书,参考了黄生和顾炎武等人的研究成果。

2 部中"谣言"

1940 年 5 月 28 日,邓仲纯来鹤山坪看陈独秀,带来台静农三天前给邓的一封信。其中说,台静农的同事听说,陈独秀每月收到教育部给他的三百元,又在编译馆领到稿费。陈独秀见了,十分生气,当即写信给台静农说:

> 顷见兄于二十五日致仲纯书,愤怒异常。前有友人金君自重庆来江津看我,亦云闻之教部中人告诉他,部中月给我三百元;今编译馆中又有人云弟从部方领到稿费;想必都是部中有意放此谣言,可恨之至,

请兄为我严厉辟之,是为至感!

倘陈馆长亦闻此谣言,可将此函与他一阅! 又及。①

台静农给邓仲纯的信提到了这个"谣言",所以,陈独秀"愤怒异常"。"今编译馆中又有人云弟从部方领到稿费",是台静农给邓信中的内容;"倘陈馆长亦闻此谣言,可将此函与他一阅!"因为陈独秀没有生活来源,编译馆给陈独秀稿费是照顾,倘若教育部已经给了每月三百元,编译馆不一定要照顾给陈独秀稿费了。这话,已引起编译馆的议论了,所以,陈独秀要台静农在编译馆陈可忠馆长知道的情况下,把此信给他看看。如果不知道,就不需要多此一举了。

陈独秀收到北大同学会的每月三百元钱,即国民政府按蒋介石的意思,通过教育部"维持"陈独秀生命的费用。因陈独秀性格刚直,不愿意受国民党的钱,教育部请北大办理,北大请北大同学会出面,隐瞒了真实的情况。陈独秀坚信这是北大同学会的钱。现在,他听到了这个"谣言"后,果然愤怒。

北大同学会不是经济实体,没有经济来源,陈独秀太书生气,没有想许多。"谣传"中教育部给他的数字和北大同学会给他的数字,都是三百元,陈独秀也没有去思考这之间的联系。他没有想到蒋介石会维持他的生命,故没有上述念头。

这年 7 月 17 日,朱家骅送了一千元给陈独秀,实际也是国民政府维持陈独秀的公费。朱家骅知道陈独秀知道真相必不收,故以个人名义,委托张国焘面交。朱家骅给陈独秀写信说:

仲甫先生大鉴:

暌违既久,咨觐末由,时寄消息于风声,托旧情于思想,念此何堪

---

① 靳树鹏:《陈独秀晚年书信三十八封》,《书屋》,2000 年第 11 期。

别也。比者侧词文旆，入川体颇不适，便欲诣前叙其恫愫，绊于部务，未果所怀。故请张国焘同志代致拳拳之意，并面奉医药费一千元，幸善摄卫，早日复安，临楮布臆，不任迟悬，敬颂痊祺。

弟朱家骅
7 月 17 日①

"故请张国焘同志代致拳拳之意，并面奉医药费一千元"，说明此信由张国焘带到江津鹤山坪，并转交一千元钱。

1941 年 1 月，张国焘到江津，带来了朱家骅的信。陈独秀给朱家骅写回信，说"国焘兄来津，奉读手教"。张国焘带来五千元，明确说是朱家骅给的。陈独秀后来给张国焘写信说"却之不能，受之有愧，以后万为我辞"。

3　大姊今又亡

1940 年 6 月，大姐因脑溢血，死于江津上游四十余里地的油溪镇，年六十九岁。这是继嗣母谢氏去世后，陈独秀第二位亲人死在江津。嗣母的死，对大姐是一个打击，加上丧事忙碌，母亲去世一年以后，她就去世了。

大姐去世后，陈独秀写了诗悼念：

兄弟凡四人，惟余为少焉。长兄殁辽东，二年共和前。二姊老故乡，死亡逾廿年。大姊今又亡，微身且苟延。大姊幼勤谨，祖父所爱怜。及长适吴门，事姑姑称贤。相夫营市贾，勤俭意拳拳。夫亡教子女，商读差比肩。余壮志四方，所亲常别离。抗战军事起，避寇群西移。率家奔汉皋，姊彦犹未衰。卅年未见姊，见姊在颠危。相将就蜀

---

①　左双文：《晚年陈独秀有无接受国民党资助？》，《南方都市报》，2008 年 4 月 24 日。

道，欢聚忘百罹。卜居江津城，且喜常相随。诸甥善营贾，市利可撑持。姊性习勤俭，老益戒怠侈。纨素不被体，兼味素所訾。家人奉甘旨，尽食孙与儿。强之拒不纳，作色相争持。针帚恒在手；巨细无张弛。如何操奇赢，日夕心与驰。生存为后人，信念不可移。肥甘既失养，身心复交疲。行年六十九，一病遂不支。今春还山居，余病静是宜。姊意愿谐往，临行复迟疑；送我西廊外，木立无言辞。依依不忍去，怅怅若有思。骨肉生死别，即此俄顷时。当时未警觉，至今苦追忆。

胞弟独秀挽于蜀之江津鹤山坪①

陈独秀的兄弟四人，哥哥1909年去世，二姐辛亥革命后去世，也已二十多年，大姐现在去世，只剩自己了。大姐小时，白胡子老爷爷喜欢她，因为她从小勤劳、谨慎。嫁给吴家后，丈夫做生意，自己操持家务。丈夫去世后，承担了教育孩子的任务。那些时候，陈独秀因为奔走革命事业，几十年不见大姐的面，还是前年在武汉，见到了大姐一家人。那时，大姐的样子，还很健康。到江津后，陈独秀可以和大姐常常见面了，加上吴季严兄弟开了米店，做了小生意，维持一家人的生活。大姐十分忙碌，既操心生意，又针线不离手，加上省吃俭用，好的让给孙子吃，自己的身体越来越差了。

上个月，陈独秀回鹤山坪时，大姊原打算一起到鹤山坪小住，临行又犹豫了。不料，这是陈独秀和大姐的最后一面。

"怅怅若有思"，人在生死离别时，仿佛有某种暗示，当时不觉得，后来才意识到。大姐最后一次和陈独秀分别时的情景，历历在目，叫陈独秀不能忘记。

1941年秋天，大姐的遗骨自油溪运至江津城安葬。先定在10月20日，后改在10月22日，陈独秀在此日前，自鹤山坪进城，小住了几日，为大

---

① 《陈独秀研究参考资料》第1辑，第101页，安庆市历史学会编，1981年版。

姐安排了后事。陈独秀因身体不好,很少出门。

4　恩来昨日来蓉

1940 年 6 月 12 日,陈独秀连日闻成都有警报,两次致函询问杨鹏升不得复,正惶恐不安时,获杨鹏升 5 月 30 日写的信,喜慰之至! 杨鹏升信上说,他在乡间筑屋,陈独秀想,成都附近的青城山已经很好了,那可是道教的名山呢! 为什么还到乡下盖屋? 想必是久居之计。杨鹏升说他将陈独秀的信珍藏,并提到了周恩来,陈独秀写道:

> 拙札草率不恭,竟蒙积藏,惭惑无似。示函云:"恩来昨日来蓉",不知是否周恩来,兄曾与彼接谈否? 此人比其他妄人稍通情理,然亦为群小劫持,不能自拔也,彼等对弟造谣诬蔑,无所不至,真无理取闹。①

夏天,周恩来从西安到重庆,经成都时会见了地方实力派和一些民主人士。住在蓉城的杨鹏升听说周恩来来了,写信告诉了住在鹤山坪的陈独秀。陈独秀是一石击起千层浪,情绪波动很大。

周恩来与延年、乔年一起在法国勤工俭学,后来回国任广东区委会军事部长,和区委书记陈延年是战友。大革命时期,陈独秀和周恩来一起工作过,共同领导了上海工人第三次起义。"此人比其他妄人稍通情理,然亦为群小劫持,不能自拔也",这几句话,陈独秀把周恩来和别人作了区别;"彼等对弟造谣诬蔑",即指王明、康生说他是汉奸。当时,周恩来还托人带信,劝陈独秀不要讲话。所以,陈独秀说他"稍通情理"。

陈独秀不知道,1938 年苏联处决米夫后,王明已失势。"真无理取

---

① 　陈独秀著、水如编:《陈独秀书信集》,第 496 页,新华出版社,1987 年版。

闹",带有过去"老头子"家长制的口吻,有当家的余味。

6 月 19 日,陈独秀收到杨鹏升本月 6 日的来信,其中说,敌人前次曾轰炸成都郊外斑竹园。陈独秀不知是何目的? 敌机本月 12 日炸重庆,听说掷下传单,要炸平蓉、渝两市,虽然是吓人的话,但一定会增加轰炸的。陈独秀建议杨鹏升的夫人移居成都附近的新都等县,那里和乡下比,不仅安全,而且生活方便。自己住在鹤山坪,虽然安全,但生活不方便。杨鹏升夫人怀孕了,容易受惊小产,陈独秀希望他们即日迁移,不要犹豫。他写道:

> 敌得宜昌,距程益近,将来警报与紧急警报必相距不多时,孕妇临时向乡下跑警报,绝对不宜,愚者千虑之一得,望兄切勿忽视之! 弟移居乡间已月余,李雅髯君回江津城时恐不能相遇也。鹤山坪在江津县城西南二十余里,此时尚平安,来示仍寄城中可以转到也。①

"移居乡间已月余",即到鹤山坪已经一个多月了;李雅髯,书法家。

5 担心书稿被炸

1940 年 6 月 8 日,陈独秀的《小学识字教本》已经完成,部分稿件在台静农处誊抄。久未收到台静农的信,是不是他的病发了呢? 想到此,陈独秀给台静农写了明信片,说:"前寄上补稿一条及收据一纸,至今未见赐复,不知收到否? 弟稿已写完成,再校阅三四日,即可交卷,不知兄带来之稿已抄若干? 如此时局,弟极盼弟此书能早日印好出版,以免原稿丧失,失则不可再写矣。""收据一纸",指续写费五千元中的二千元收条。早日出版此书,心中的石头才落地,而人家的钱,才可以放心去花。

6 月中旬,日本飞机每日飞过江津城,天天有警报,人心慌乱,邓仲纯

---

① 陈独秀著、水如编:《陈独秀书信集》,第 497 页,新华出版社,1987 年版。

几乎天天跑警报,不在家。陈独秀本来打算月底赴江津和台静农聚会,不得不延期了。《小学识字教本》完成后,编译馆提出陈独秀在一个多月,增加一部分内容。陈独秀为了写这部分新增稿子,每日写五六小时,十分疲惫,以至左耳轰鸣之外,又加以右脑时作阵痛。写信长了,脑子也受不了。他不得不休息若干日了。

6月15日,陈独秀收到台静农本月4日写来的信。《小学识字教本》书稿已全写好,并校对过,陈独秀拟本月廿日前后,派房东家杨家雇的火房(厨师)送至白沙编译馆,亲手交台静农收。这样当面递交,可以防止丢失。陈独秀一笔一画写的书稿,里面有不少篆文等各种古体字,写起来、查起来很费事,丢了可不是儿戏。他希望以前请台静农抄的那部分稿件,能早日抄好,以便将这部分的原稿,交来人(厨师)带回。

陈独秀给台静农写信说:"下卷略成,虽非完璧,好在字根半字根已写竟,总算告一大段落。法币如此不值钱,即止此不再写给编译馆,前收稿费亦受之无愧也。"以前,陈独秀收编译馆的稿费,不好意思,因为书稿没有写好。现在,陈独秀完成了书稿,可以心安理得拿此钱、花此钱了。等到全部结束的时候,陈独秀突然意识到,自己是划不来的,因为法币贬值了。

给台静农的信发后,邓仲纯来鹤山坪,带来了台静农本月12日写的信。本来,陈独秀请人20号去白沙镇,既然台静农催自己,可以提前去了。

第二天,陈独秀派焦姓火房带了书稿五册,送到白沙镇面交台静农。陈独秀写了一短函给台静农,希望他一收到,即交编译馆速抄速印,最好能在秋季学校开课前出版。编译馆花钱买陈独秀的书,可以给学校提供教材,不是单纯地帮助陈独秀。因担心书稿遗失,陈独秀左叮咛,右嘱咐,叫他路上小心。焦师傅是白沙乡下人,陈独秀请他明后日回白沙时,到台静农处取回信。台静农上次带去稿件一册,如已经抄好,即带回鹤山坪。

敌人的飞机天天乱炸,此稿一天不出版,均有散失的可能。陈独秀不同意在香港印刷,因为香港随时有被日本占领的可能。倘四川能刻篆文,陈独秀赞成台静农的建议,在四川雕版,但成都不一定适合,因为太远,校对不方便。这本书专业性强,一般人校对,容易出错。此外,欧阳竟无借了自己在江津雕印的一些书给陈独秀,印得不错,因此,在江津雕版也是可以的。陈独秀给台静农写信说:"欧阳先生在江津城所刻诸书,均可用,词品用小字刻颇精美,毛诗石印,稍次之,均附上一阅。馆中如同意,兄可函仲纯兄向欧阳一调查刻印处在何所及刻价纸价若干也。弟意好的毛边纸亦比洋纸价贱,最好馆中自己买纸,雇工到白沙开雕。"

欧阳竟无(1872~1943),江西宜黄人,1922年在南京成立支那内学院,抗战时逃难入川,住在江津县城支那内学院。

6月17日,陈独秀因担心白沙比江津城还要危险,自己的稿件容易被日本飞机轰炸而遗失,写了一短明信片寄给台静农,建议国立编译馆到黑石山聚奎中学借屋一二间,存储要件,包括存放自己托人刚送去的稿件。万一稿件被日本人的飞机炸毁了,自己哪里有精力去重新写一遍啊?

7月10日,陈独秀收到台静农本月1日的信和前一信。台静农说,编译馆的书现在归商务印书馆出版了,并说要特别筹款刻自己的《小学识字教本》。陈独秀看了,心情大坏。原来指望很快雕刻,想不到出了这么大的纰漏。

台静农的话,似乎是一句搪塞的话。倘陈馆长真的拟刻自己的书而又筹款不得,不妨将后来寄的稿费五千元全部或一部分收回,作为雕版费,最近寄来的三千元,陈独秀刚好未写收据,收回去的手续很简单。

当天,陈独秀给台静农写信说:"可否以此意告之陈馆长,请兄酌之。弟日来头痛大致已好,惟耳轰头昏重仍如旧。"

6　历史是不会重演的

1940年7月下旬,邓燮康托人转来连根(王文元)来信,信上讲,上海托派临委作出决议,认为陈独秀致濮德治(西流)的信,视托派为极左派,仍坚持机会主义路钱,所以无法接近,无法合作。

7 月 31 日,陈独秀给连根回了一封信。陈独秀身体不好,耳朵轰鸣,不能写字,但有话想说,不能不用力回他们一短信,但写起来,信就写长了,要说的话太多了。陈独秀认为,他们错误的根由是:

第一是不懂得资产阶级民主政治上之真实价值,(自列托以下都如此)把民主政治当着是资产阶级的统治方式,是伪善,是欺骗,而不懂得民主政治……都是大众所需要的,也是十三世纪以来大众以鲜血斗争七百余年,才得到今天的所谓"资产阶级民主政治",这正是俄意德所要推翻的,所谓"资产阶级民主政治"和无产阶级的民主只是实施的范围狭广不同,并不是在内容上另有一套无产阶级的民主。十月以来,拿"无产阶级的民主"这一空洞抽象名词做武器,来打毁资产阶级的实际民主,才至今天有史大林统治的苏联,意德还跟着学话。现在你又拿这一空洞名词做武器,来为希特勒攻打资产阶级民主的英美。①

"(自列托以下都如此)",指包括列宁和托洛茨基在内,不懂得资产阶级民主政治的真实价值;"这正是俄意德所要推翻的",因为苏联和德国去年 8 月签订了互不侵犯的条约,陈独秀把苏联纳入希特勒、墨索里尼一边。

陈独秀认为,上海的托派不知道法西斯和英法美不同,不知道后者是金融寡头、中产阶级,可以容忍一点无产阶级,而法西斯是金融寡头、流氓无产阶级、右派急进小资产阶级,根本不容无产阶级。上海的托派不懂得"中间斗争"的重要,只指望着最后斗争;幻想英法失败后革命起来,推翻整个资产阶级统治。他们这样想,无非是玩弄抽象公式。

陈独秀写道:"自然科学的公式有时还可推翻,社会科学的公式更脆弱得多,历史是不会重演的,拿旧的公式当做万应丸,永久演绎的用在现时日

---

① 陈独秀著、水如编:《陈独秀书信集》,第 497 ~ 498 页,新华出版社,1987 年版。

益变动的复杂的事件上,自然牛头不对马嘴。"①

陈独秀该信写了不久,托洛茨基在墨西哥被人暗杀了。

7　失　窃

石墙院外有大黄桷树,夏天树叶茂密。树旁有一个小杂铺店。吃过晚饭,陈独秀喜欢站在树下和村人闲谈几句。陈独秀方言很重,川南人听了似懂非懂,只是笑。

1940年8月2日夜,黄桷树叶一动不动,整个山坳子像闷在蒸笼中。坐在树下,陈独秀漫不经心地摇着扇子,想着如烟的往事。身旁的竹床上,潘兰珍已发出了轻微的鼾声。半夜时,昏昏欲睡的陈独秀叫醒了潘兰珍说,房间里像是有什么东西? 潘兰珍迷迷糊糊地应了一声,野猫吧? 再听了一会,没听到动静。潘兰珍翻过身,又睡着了。不知什么时候,黄桷树叶终于摇动了,陈独秀叫醒潘兰珍,说:"进屋吧。"

进门时,潘兰珍差点给地上的被絮绊倒,她双手发抖地点上灯,橱子里的里外衣服、被褥行头散落一地,她的驼绒被、羊皮袄,还有陈独秀的皮袍都不翼而飞。床下,陈独秀的一箱书稿,其中包括《小学识字教本》下卷草稿,也失去了。对于靠写作维持生活的人来说,没有比这个更痛苦的了。陈独秀的几个印章也一起丢失,其中有杨鹏升在武昌为他刻的阳文"独秀山民"。

屋漏偏逢连夜雨,帆折又遭顶头风。陈独秀是流落异乡之人,书稿不能顺利出版,耳朵日夜轰鸣,小偷竟不放过,还以为他是有钱的主子呢! 现在,陈独秀才知道,江津虽好,盗风太炽。他打算离开鹤山坪,下个月初赴重庆治病,然后在重庆南岸找一安静、方便的地方。他不知道杨鹏升在赤水、江安二县城有没有朋友? 重庆北有嘉陵江,南有长江。赤水在贵州和

---

① 陈独秀著、水如编:《陈独秀书信集》,第498页,新华出版社,1987年版。

四川交接的地方,属于贵州省;江安在宜宾的东面,四川省西南角,重庆的西北。

第二天,杨鲁氏和潘兰珍去石桥镇报了案。杨老先生遗墨不在陈独秀的房间,幸免遭殃。到鹤山坪后,陈独秀帮杨家整理了《皇清经解》《杨鲁承先生遗作六种》。杨家在合作印刷所自费印了一千本《皇清经解》。

这天,陈独秀给杨鹏升写了一信。失窃前一天收到杨鹏升的信,知道其妻子和女儿已送往青城山了。因为其妻子临产,陈独秀觉得住在青城山不方便,没有住在成都附近的县城内方便。7月24日,成都发生空战,想杨鹏升的家大约平安吧!谈到失窃,陈独秀淡淡地说了几句:

> 敝寓昨失窃,窃去衣被等十余样,惟失去兄在武昌为刻阳文"独秀山民"四字章及弟尚未出版书之草稿,甚为可惜也!弟拟求四个好友各写一个小斗方,四个女画家各画一小斗方,装成四条屏,以为纪念,近已各得其三,想求兄为写一小幅(纵横皆写),嫂夫人倘喜作画,更为画一小幅,则成为完璧矣。倘蒙许可,得书即将纸寄上(纸幅大小一致,故必由弟寄上)。①

陈独秀在南京监狱,曾写信请章士钊等四个朋友各写一幅字,拼成一小屏挂在监狱的墙上。这次,他"得寸进尺",要四男四女,书画相配,凑成条屏,比数年前的更可看。陈独秀不想在杨鹏升面前叫穷,失窃谈多了,有"申请"救济的嫌疑,故失窃淡淡一提,即转言其他。

这次失窃,使本来就心情压抑的陈独秀,雪上加霜。陈独秀希望离开此地了,他忍不住写道:

> 弟对大局素不敢乐观,近益情见势绌,倘一旦不支,成渝水陆大

---

① 陈独秀著、水如编:《陈独秀书信集》,第500页,新华出版社,1987年版。

道,必为敌人及汉奸所据,乡间又属土匪世界,无军队或秘密会党势
力,亦不能生存,兄为川人定无大碍,弟为老病之异乡人,举目无亲,惟
坐以待命耳!①

9 月 14 日,陈独秀给杨鹏升写了一信。失窃后第二日,陈独秀给杨鹏
升一信,到现在已经四十一天,按理,该有回信了啊! 陈独秀收不到回信,
心中不安。最近也没有报道说日本的飞机轰炸成都,想必杨家平安吧!

近来,陈独秀不能用脑,写作久了,头部即感觉胀痛,耳轰加剧。他几
次听说中大医学院戚先生内科极好,现在成都,不知杨鹏升可有办法联系?

8　章士钊:《独秀遇盗诗》

失窃后,陈独秀脑胀、耳轰加剧,写文差多了。当时鹤山坪的大米涨到
三十余元一升,县城的米还要高出一二倍。杨鹏升寄来鹿茸后,陈独秀患
高血压,不知道不能吃鹿茸,吃了鹿茸后,大便带血。整个 8 月,陈独秀没
有心事动笔,连濮德治转来守一(王文元)的信,也没有回。

章士钊闻陈独秀家中失窃后,作《独秀遇盗诗》一首,慰问陈独秀。
诗云:

乱世百不道,盗道亦互轻。

朱门不敢动,翻劫鹤山坪。

坪中伊何人,寂寞一陈生。

陈生旷无有,残稿东西横。

并此且略去,贼意吾难名。

恭元不可贺,好爵非所萦。

---

① 陈独秀著、水如编:《陈独秀书信集》,第 500 页,新华出版社,1987 年版。

吾异洛阳守,贼曹非所令?

聊以诗慰之,为腾故旧情。

此情不可市,敢曰压子惊。①

"乱世百不道,盗道亦互轻。"乱世无道,道盗混淆;"朱门不敢动,翻劫鹤山坪。"小偷不敢偷豪门,欺负穷人;"坪中伊何人,寂寞一陈生。陈生旷无有,残稿东西横。"陈独秀家无长物,只有书稿到处乱放;"并此且略去,贼意吾难名。"小偷连书稿也偷去了,不知道拿去做什么;"吾异洛阳守,贼曹非所令?"作者不是"洛阳守"(指包公)不能安排人去抓小偷;"聊以诗慰之,为腾故旧情。"只能够写诗,慰问朋友了;"此情不可市,敢曰压子惊。"这样的事少些好,此诗无非给老兄压惊而已。

得章士钊诗,陈独秀写诗相和。章士钊吟诗《寄独秀》两首,其一云:

西风吹彻古渝州,遥望幽棱动客愁。

长物有时令盗借,不才何用遣官忧。

河山懒与人期老,蜀洛看同水并流。

偶忆何郎归骨句,未知曾过几春秋?②

"古渝州",指重庆;"长物有时令盗借",指陈独秀书稿被窃,此处不讲"偷",而讲借,君子之量;"不才何用遣官忧",陈独秀在江津,暗中受到特务的监视。

其二云:

四十年间事,轻风并作声。

晓腾梅福里,瞽孽鹤山坪。

---

① ② 姚金果:《陈独秀与章士钊的交往》,《党史文苑》,2005 年第 1 期。

也听诗流落,何妨世浊清。

秃翁森两个,隔水话无成。

屏迹衰颜惯,怀哉愿薄游。

地宜违贼火,屋欲近书楼。

吾意亲灵岳,平生本楚囚。

应须同放棹,一访石船秋。①

　　"四十年间事",1903年认识以来,四十年过去了;"晓腾梅福里,瞢孽鹤山坪",早期在上海梅福里办报纸,现在住鹤山坪;"也听诗流落,何妨世浊清",写诗消愁,不问世间变化;"秃翁森两个,隔水话无成",指两人无官亦老,隔江而住;"屏迹衰颜惯,怀哉愿薄游",常写书法屏联,更希望常见面;"地宜违贼火,屋欲近书楼。"住的地方应该离小偷远些,而离图书馆近些;"吾意亲灵岳,平生本楚囚。"本意喜高山,生来就是楚囚(陈独秀是楚人,含有自己一生与楚人打交道);"应须同放棹,一访石船秋。"广州有石船,希望一起徜徉山水之间。

　　一天,章士钊读到沈尹默答陈独秀的诗。写了一首《读尹默答独秀诗》:

久阔陈生讯,忽见沈子诗。

意如矢过楹,只恨拙言辞。

凄绝鹤山风,遥对鹰崖吹。

谁云不识路,翻怯相逢时。

我行入衡岳,频梦相扶持。

盗贼既塞途,老病心亦危。

当年豪意严,津梁已告疲。

不须重搔首,天意吾安知。②

①② 《章士钊全集》,第7卷,第273页、第274页,文汇出版社,2000年版。

"久阔陈生讯,忽见沈子诗。"好久未见陈独秀的消息了;"凄绝鹤山风,遥对鹰崖吹。"陈独秀仍然住在鹤山坪,时间在寒冬季节;"我行入衡岳,频梦相扶持。"经常梦见陈独秀;"盗贼既塞途,老病心亦危。"在陈独秀失窃后写此诗;"当年豪意严,津梁已告疲。"和潘赞化的观点一样,豪气因为操心粮食而消磨殆尽;"不须重搔首,天意吾安知。"对于未来,无法预料。对于老朋友的命运,颇为担忧。

9 苏联的经验教训

1940 年 9 月,陈独秀给西流(濮德治)写了一封六七千字的长信。

在此之前,陈独秀寄给濮德治一函,附了郑超麟自上海寄来的信。7月 21 日,陈独秀收到西流的信以及"守一"(王文元)的信,因为失窃,拖了一个多月没有回。这封信,因为精神不好,陆陆续续写了二十余日才写好。

濮德治来信说,"他(指陈独秀)对民主的了解,和对于世界的局势过于乐观,我觉得还不免一些稚气"。陈独秀认为,自己和大家争论,不外两个问题:大战失败国有无革命;是否应当保护民主。关于第一个问题,陈独秀认为,大战失败国没有革命,这个观点得到了何资深(何之瑜)和希之的赞成。与这个问题相关联的,是第二个问题,即民主问题。

自 1932 年入狱后,陈独秀就在考虑民主问题,"已深思熟虑了六七年",要说的很多。他在信上说:"苏联二十年的经验,尤其是后十年的苦经验,应该使我们反省。我们若不从制度上寻出缺点,得到教训,只是闭起眼睛反对史大林,将永远没有觉悟,一个史大林倒了,会有无数史大林在俄国及别国产生出来。"[1]

陈独秀认为,列宁看到了民主的重要,但没有认真实行;托洛茨基直到自己倒霉了,才意识到民主的问题的重要,但已经迟了。陈独秀说:

---

[1] 陈独秀著、水如编:《陈独秀书信集》,第 501 页,新华出版社,1987 年版。

列宁当时也曾经警觉到"民主是对于官僚制的抗毒素",而亦未曾认真采用民主制,如取消秘密政治警察,容许反对党派公开存在,思想,出版,罢工,选举自由一等。LT直至独裁这把利刃伤害到他自己,才想到党,工会,和各级苏维埃要民主,要选举自由,然而太晚了![①]

"LT",即列·托洛茨基。

陈独秀在信中反驳了刘仁静、陈其昌的观点,最后说:

> 史大林派很巧妙的第一步以反帝国主义战争的口号,代替了反法西斯的口号,第二步便对英法美放冷箭以掩护法西斯,你们和他们取了同样的步骤,你们的第二步骤,在破晓——即守一与我函中充分表现出来了! 守一等对大战的见解,是由于估计苏联性质及民主态度出发的,我皆与之相反,而彼此却都是一贯的,惟有你老兄对大战态度同意于守一等,对苏联与民主似乎还是和我接近,此真不可解。[②]

陈独秀关照濮德治看了后,抄给老赵(赵济)、守一看看,然后把原信及以前写去的信函都寄回来。他打算将来出一本书信集。

陈独秀主张对斯大林问题,要从制度上找出缺点,找经验教训。十六年后,南斯拉夫领袖铁托也谈了类似的话。

10　以竟《新青年》之未竟之功

1940年9月,陈独秀没有去成重庆看病。他本来希望搬离鹤山坪,也没有走成。失窃后,反正是一个穷光蛋了,小偷再多,已没有什

---

①② 陈独秀著、水如编:《陈独秀书信集》,第503～504页、第505页,新华出版社,1987年版。

么可偷了。

秋天的一个雨夜,陈独秀吟一首小诗《寄杨鹏升成都》云:

连朝江上风吹雨,几水城东一夜秋。

烽火故人千里外,敢将诗句写闲愁。①

陈独秀住在江津城东,故云"几水城东"。"烽火故人千里外",是指上海的朋友。

9月15日,陈独秀将五六年前在南京狱中写的《中国古史表》寄给台静农,请他找编译馆搞油印的人油印二十余份。自己身体不好,一时无力详考写定出版了。油印若干份分寄给同好,可以作为他们商讨的材料,也不枉自己一番工夫。

寄之前,陈独秀详细看了《中国古史表》,在不当的地方,用铅笔勾画了一下,做了记号。他给台静农写信,谈到自己研究文字学和打算研究历史与办早年《新青年》的关系。他写道:

中国文化在文史,而文史中所含乌烟瘴气之思想,也最足毒害青年,弟久欲于此二者各写一有系统之著作,以竟《新青年》之未竟之功。文字方面始成一半,史的方面更未有一字,故拟油印此表以遗同好,免完全散失也。史较文字更难,新材料未发见以前,旧材料势不能尽废,惟有加以合理的整理,以期减少乌烟瘴气耳。②

陈独秀认为,《新青年》的任务还没有完成,他写文字学和准备研究历史,是《新青年》事业的一部分。这一部分,他目前只做了一半,即写好了

---

① 转自杜宏本主编:《陈独秀诗歌研究》,第 142 页,国际炎黄文化出版社,2005 年版。
② 靳树鹏:《陈独秀晚年书信三十八封》,《书屋》,2000 年第 11 期。

文字学的一部分。另外,中国史的研究,自己还没有开始。这也是《新青年》的继续,惟有把历史研究进行了,自己办《新青年》、梳理中国文化,才真正完成了使命。

台静农回信后,陈独秀又收到侄孙女陈秀清从德感坝(国立九中)来函,她说自己从白沙镇刚回,台静农卧病在家。陈独秀对潘兰珍说,台静农不知近日好了没有?

9 月 18 日,台静农来信问:《中国古史表》如何印?是不是贴合为一张直表?9 月 25 日,陈独秀收到台静农的信,回信说,照原文分三段连续横印,装订成册。

陈独秀认为,写中国史,只可断代或分门,如经济、艺术等,需要一个人专力为之,全部史不是一个人的力量能够胜任的。在金陵狱中,陈独秀曾计划写《宋末亡国史》及《明末亡国史》两种,以此作今人之鉴。现在看,这个愿望已经实行不了!人到低头处,不得不低头。他不知道台静农有没有这个愿望?倘编译馆能出版,陈独秀倒希望台静农不妨写一写。

陈独秀担心日本人占领四川,那时,不知道自己到哪里去?不知邓鹤丹(邓六)有可靠的亲友在乡间能容自己避居?高语罕搬到万家山住,也不知怎么样?敌人入川,土匪一定多,黑石山肯定不能安居了。因此,台静农住的地方,是不适合躲避的。

10 月 14 日,农工银行转来台静农本月二三两日的函及《中国古史表》补文。陈独秀对《中国古史表》补文略作修改后,寄给了台静农。台静农对于陈独秀建议自己研究宋、明亡国史,很感兴趣,想写一部《晚明讲史》。陈独秀建议叫《明末亡国史》。但他主张写历史,而不是写小说。历史小说如《列国》、《三国》,虽流传极广,而对于历史和小说,均无价值。人在年轻时,烂漫情怀,喜欢小说;人到老时,经历沧桑变化,喜欢历史。

关于文字学手稿付印一事,陈独秀已给陈馆长写信,主张倘寄给商务印书馆也不成,不如在白沙油印,比束之高阁好些。遇到会油印的,刻好后可印个五百份,择其清晰的装成二三百份。

台静农希望陈独秀到白沙乡间住一阵子,租邓六先生的屋很方便。但陈独秀不打算去,那里医药不便。等天冷了,陈独秀与潘兰珍打算移居江津城。在此前,陈独秀已托邓仲纯在江津租屋了。

11　章士钊"疏懒异常"

1940 年 10 月 19 日,陈独秀收到杨鹏升本月 5 日和 9 日的两封信,并转来某先生送的钱。此翁有古人风范,做好事不留姓名,或者有所顾忌?只说某翁,以至陈独秀连收条也不好写。在这之前,陈独秀给杨鹏升写了两信,一次寄上《中国古史表》一份,一次寄上一张宣纸及《中国古史表》补文一纸。

当日,陈独秀给杨鹏升去了一信。鹤山坪的米价三十余元一斗,每斗六十斤,陈独秀怀疑江津的斗比成都的斗大。他研究文字学,很注意这些细小的问题。如古人为什么说"一石"是"十斗",为什么用"石"作量词等,均是他感兴趣的。第一次世界大战,德国因战争,国内物资天然不足,今中国粮食危机,人为因素占了一半。陈独秀认为,四川谷物暴涨,全属人为,日本人的封锁,加上奸人横行,就没有办法了。

杨鹏升夫人生产已满月,估计出医院住到城外九里堤了。此地距成都市太近,陈独秀劝杨鹏升还是远迁为宜。报纸上说,本月 12 日成都西城又被炸了。

因为写文字学手稿,耽误了为杨鹏升父亲写墓志的事。此外,陈独秀对于写墓志,是没有办法的,完全是还人情。信中,陈独秀告诉杨鹏升,最近将写其父亲的墓志。一个月后,陈独秀写好了其父亲的墓志和表,了却了一件心事。

11 月 17 日,陈独秀在收到杨鹏升本月 5 日来信后,将其父亲的墓《表》草稿寄给了他。《表》与《志》虽然详略不一,但杨鹏升提供的资料,已经足够了。自己"行文陋劣"是一方面,更重要的是,年月日还要详细审核。杨鹏升提供的《事略》,说其父亲生于光绪庚辰年,即光绪六年(1880),即陈独秀出生的第二年,但杨鹏升旁注说光绪二十几年,这就对不上了。因为光绪二十几年无庚辰。光绪在位三十四年,距民国三年(1914)杨鹏升父亲去世只六年。其父亲不会止活了二十岁左右,若生于庚子(光绪二十六年,1890 年),岂不与杨鹏升出生相差只数年?

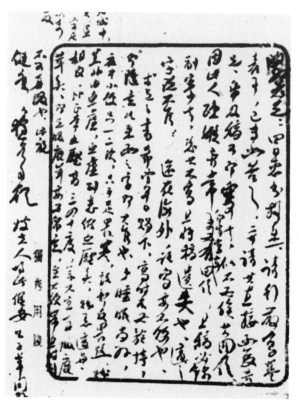

● 陈独秀 1940 年 12 月 13 日给杨鹏升信

12 月 4 日,杨鹏升写信请陈独秀转托章士钊,为其父亲写墓表。接信后,陈独秀写一函告诉章士钊,并请他直接复信给杨鹏升。在此之前,杨鹏升和章士钊还没有直接通信呢! 12 月 13 日,陈独秀给杨鹏升写信,叫他将纸及父亲的事略直接寄给章士钊,不必候他回信。因为章士钊拖拉,等他的信不知道等到何时。他写道：

> 因此人疏懒异常即肯写亦未必有回信,且稿必钞副寄去,恐不写且将稿遗失也。适之字既不佳,且远在海外,托写亦不便也。弟求兄之书希望早日赐下,写时不必矜持,即随意如来函之字即大佳也。①

杨鹏升也希望得到胡适的字,陈独秀说"适之字既不佳",搪塞了。其实,胡适的字佳又如何？此时如何和他联系？

---

① 陈独秀著、水如编:《陈独秀书信集》,第509～510页,新华出版社,1987年版。

第九章 江津过冬

(1940年11月~1941年4月)

1 和罗宗文县长谈控制米价

1940年初冬,天气渐冷。陈独秀晚上睡觉用大被子压得严严的,手伸到被子外面。身上怕冷手怕热。半夜要起来解一两次小便。在11月中下旬,陈独秀和潘兰珍搬回江津县城住。城中新租的屋还没有谈定,陈独秀暂住在邓仲纯家。

11月23日,陈独秀给台静农写了一封信。日前,他接到台静农18日写的信,说下月能来江津面谈,陈独秀十分高兴。台静农在信上把"延年医院"写作"延寿医院",邓仲纯说,台静农交友失人,心绪不佳,以至出错。

陈独秀的稿件前部分,请魏建功校正、修改或加注。陈独秀很满意,后半部分,未见其提出疑问,想尚未校完。他希望早日校完,好早日交陈馆长寄给商务印书馆付印。陈馆长问文字学手稿下篇的字数,陈独秀估计,下篇字数与上篇相等,或稍微多点。

信中,陈独秀谈到写该书的用意:"弟写此书用意本在便利现代高初小学教育,非以考古,人们视为普通读物,那便最好,衡以古义,识字本属小学,亦可通也。"

　　陈独秀到江津县城后①,9 月刚上任的新县长罗宗文,在江津县动员委员会干事王某陪同下,拜访了陈独秀。罗宗文是四川乐山人,三十来岁,毕业于成都大学英语系,在此之前,曾任江津、重庆教育科长、双流县长、永川县长。新县长来看望陈独秀,乡镇保甲长安排人打扫了街道。

　　寒暄后,陈独秀问:"现在米价飞涨,怎么办?"

　　罗宗文说:"省府最近的命令是要各县将当地粮价压到 7 月 15 日的水平,不许自由上涨。"他在邻县永川花费了大力气,把米价控制住了,从 6 月 15 日到 9 月,一直保持稳定,军民相安。

　　陈独秀说:"压也不是办法。"

　　罗宗文说:"当然,硬压是无效的,我刚到,对地方情况不够了解,还没有制定平抑粮价的具体措施。省府的命令,也要因地制宜才行。"

　　半个月后,陈独秀到江津县府回访罗宗文。罗宗文县长当时疏散在东门外鲤鱼石临时办公处,离城约两华里。陈独秀没有要潘兰珍陪,一个人独自步行而来。进了罗宗文办公室,陈独秀走近墙壁观看悬挂的字画,这是四川颇有名气的大老、兰草画家刘豫波(咸荣)给罗宗文画的一幅兰草。画上题了一首诗云:

> 咸称贤者从政,养成和气融融。
>
> 静对讼庭花落,幽统最好春风。

　　刘豫波原籍双流,常住成都。

---

　　① 罗宗文回忆他在 1940 年 9 月上任江津县长不久拜访了陈独秀。陈独秀 1940 年 11 月从鹤山坪到江津住。因此,罗第一次见陈独秀的时间,应在陈独秀 11 月来江津城之后。

　　陈独秀注视良久,连声说:好!好!坐下后,陈独秀说:"孙哲生又在放大炮了,你看见没有?"孙哲生即孙科,国民党政府立法院长,在中央纪念周作了《抗日时期的经济政策》演讲,其中说到重庆的米价,已涨到一百五十元一担。如果粮食由国家来经营,操纵囤积等弊端就会一扫而空。该演讲见报后,陈独秀读报知道的。

　　罗宗文说:"看见了。"

　　陈独秀说:"这是行不通的,因为中国的农民很分散,生产规模很小,是小农经济,每年秋收以后,自己就把粮食保存起来,连罐罐、坛坛,都是他们收藏工具,遇到需要钱的时候,就拿一部分出来,自己设法加工成米,或者舂,或者碾,或运到邻近的水碾去碾。全家人员,肩挑背负,运到邻近的米市去卖,然后买回所需要的油盐、农具和其他日用必需品。这就是说,他们的家,既是仓库,又是粮食加工坊;农民既是仓库保管员,又是加工工人,又是搬运工人,又是销售商人,是十分方便的。如全部由国家来包干,既要修仓库,又要修加工厂,又要组织运输,又要设店销售,要花多大的人力、财力、物力,哪里是容易办得到的啊!不比在苏联有集体农庄,美国有大农场,是机械化耕种,生产规模大,办起来方便。"陈独秀大姐的儿子做米店的生意,故知道其中的曲折。

　　罗宗文听了陈独秀的一番言论,觉得很有道理。[①]

　　罗宗文知道陈独秀的字写得很好,也不拒绝送字给别人,村民盖房,陈独秀也送字呢!这次交谈后,罗县长请陈独秀的外甥女吕秀珍送纸去,为自己写张条幅,当时,吕任江津私立几江女子中学校长。陈独秀写了杜甫的《曲江二首》之二的后四句:

　　　　　穿花蝴蝶深深见,点水蜻蜓款款飞。
　　　　　传说[语]风光共流转,暂时相赏莫相邀[违]。

---

　　① 罗宗文:《江津三晤陈独秀》,《世纪》,2004 年第 6 期。

条幅是陈独秀擅长的草书,行草兼备,墨重纸满,笔走龙蛇。

一天,陈独秀在鲤鱼石附近的四川省柑桔研究所闲谈。柑桔研究所在县府附近,树木很多,环境幽静,布置得体,很像一个小型公园,宜游览休闲。罗宗文和所长张文湘是熟人,常来坐坐。这天,罗宗文碰巧也来了,见陈老也在那里,彼此高兴地聊起来。

罗宗文问他的健康情况,陈独秀说:"不好,血压高,肠胃也不好。"

罗宗文说:"民间单方:用苞谷须泡水喝,可降血压,不妨试试。"

陈独秀也推荐罗宗文多吃柚子。他说:"柚子含丙种维生素很丰富。"

这次分手后,两人偶尔在街上碰见。罗宗文坐的是轿子,陈独秀多半是手提中药包步行。罗宗文拱手向陈独秀致意,陈独秀拱手还注目礼,不说话。

2　我的根本意见

1940 年 11 月 28 日,陈独秀写信给何之瑜,即《我的根本意见》一文,其中说:

> 应该毫无成见的领悟苏俄廿余年来的教训,科学的而非宗教的重新估计布尔雪维克的理论及其领袖之价值,不能一切归罪于史大林,例如无产阶级政权之下民主制的问题。……民主主义是自从人类发生政治组织,以至政治消灭之间,各时代(希腊,罗马,近代以至将来)多数阶级的人民,反抗少数特权之旗帜。"无产阶级民主"不是一个空洞名词,其具体内容也和资产阶级民主同样要求一切公民都有集会,结社、言论、出版、罢工之自由。特别重要的是反对党派之自由,没有这些,议会或苏维埃同样一文不值。①

---

① 陈独秀著、任建树等编:《陈独秀著作选》,第 3 卷,第 560 页,上海人民出版社,1993年版。

为什么写《我的根本意见》呢？次年 12 月 23 日，陈独秀在看到郑学稼来信对自己有误解后，写回信作了解释。他写道：

> 此提纲式短文，乃为托派国内以至国外先生们的荒谬见解而发，因为弟精神仍不佳，无力为长文，未能详细发挥，或不免为人所误解也。列托之见解，在中国不合，在俄国及西欧又何尝正确。弟主张重新估定布尔什维克的论理及其人物（老托也在内）之价值，乃为一班"俄迷"尤其是吃过莫斯科面（包）的朋友而发，在我自己则已估定他们的价值，我认为纳粹是普鲁士与布尔什维克之混合物，弟评论他们仍用科学的态度，并非依任何教派的观点，更不屑以布尔塞维克正统自居也，鄙见很难得人赞同，读来书"布尔塞维克与法西斯为孪生儿"之说，不禁拍掌大悦！①

"吃过莫斯科面（包）的朋友"，指留苏的学生。

1941 年 1 月 19 日，陈独秀给 S（孙洪伊）和 H（胡秋原）二人写了一信。与胡秋原见面是来江津前见的，与孙洪伊已经二十多年未见了。最近，陈独秀见到他们给何之瑜（Y 兄）的信，其中提到自己上次的信。陈独秀解释道：

> 近作根本意见，亦未涉及何种主义，第七条主张重新估计布尔什维克的理论及其领袖（列宁托洛斯基都包括在内）之价值，乃根据苏俄廿年余的教训，非拟以马克思主义为尺度也。倘苏俄立国的道路不差（成败不必计）即不合乎马克思主义，又谁得而非之。"圈子"即是"教派"，"正统"等于中国宋儒所谓"道统"，此等素与弟口胃[味]不合，故而见得孔教道理有不对处，便反对孔教，见得第三国际道理不对处，

---

① 陈独秀著、水如编：《陈独秀书信集》，第 521 页，新华出版社，1987 年版。

便反对它，对第四国际第五国际，第……国际亦然。适之兄说弟是一个
"终身的反对派"实是如此，然非弟故意如此，乃事实迫我不得不如
此也。①

陈独秀探讨"真理之总态度"，强调用事实说话的思想。他一生与共
产党闹矛盾，与共产国际闹矛盾，与国民党闹矛盾，不是说他天生的反骨，
天生的不好说话，而是"事实迫我不得不如此也"。谈自己对真理的态度
时，陈独秀提到胡适对自己的评价。至于胡适什么时候说他是"终身的反
对派"，陈独秀没有说，留下了悬念。

陈独秀给孙洪伊和胡秋原的信，附在给何之瑜（Y）的信里。他给何之
瑜（Y）写信说：

H 等希望我跳出马克思主义圈子，（陶孟和也是如此）乃彼辈一
向之偏见，不足为异，我辈最好与之讨论实际问题（历史的及现状的）
使之无可逃遁，不必牵涉抽象的理论及主义的圈子，免得缠夹不清也，
陶孟和不是不懂，仲纯弄错了。②

"H 等"指胡秋原、孙洪伊。

陈独秀久有写一册《俄国革命的教训》的计划，"将我辈以前的见解彻
底推翻"，可惜精神不佳，一时尚不能动笔！陈独秀除了写《文字学》外，计
划写《自传》，还计划写《俄国革命的教训》，此外，他还打算写《宋史》等。
1933 年，在监狱的陈独秀，曾打算两三年写出《古代的中国》、《现代中国》、
《道家概论》、《孔子与儒家》、《耶稣与基督教》、《我的回忆录》。

这些计划，因生病，全未实现。

---

① ②　陈独秀著、水如编：《陈独秀书信集》，第 512 页、第 513 页，新华出版社，1987 年版。

3 章士钊：回首自凄凉

1940年12月23日，陈独秀给杨鹏升写信，说自己已写信嘱章行严写墓表，不知道他回信了没有。数月以来，物价飞涨。在鹤山坪，每月用二百元，主仆三人每月食米一斗五升，花一百元，移居城中，一月用三百元，还不及一年半前，每月用三十元之宽裕。那时，一斗米价只要三元，现在要七十元，长此下去，怎么得了？

昨天，陈独秀接到成都省立传染病院某医生来信，说成都除房屋人工外，其他食用物价比重庆还贵。杨鹏升在成都，每月非五百元不能维持，或者，还不只如此呢！而他的收入不到五百，其困难可知。他不知道杨鹏升是否在想别的谋生办法。

12月27日，一位朋友自重庆来江津，带来章士钊的口信，杨鹏升的纸一收到，他必写墓表。章士钊旧居毁于轰炸，目前正在修理，暂居重庆市通远门外两路口重庆村8号。

陈独秀得知章士钊的住处遭到日本飞机轰炸，写信问候。章士钊写诗《独秀书来以吾寓被轰炸为忧》云：

> 饭颗山头讯，浑疑禹穴荒。
>
> 盯猜应不远，欲杀似难防。
>
> 人鬼艰为界，虫鱼愿徙乡。
>
> 洞同新活计，歧路旧伴狂。
>
> 贾谊欲无舍，周额何处墙。
>
> 卅年梅福里，回首自凄凉。①

---

① 陈独秀著、水如编：《陈独秀书信集》，第511页，新华出版社，1987年版。

"饭颗山头讯,浑疑禹穴荒。"仿佛生活在古代社会;"盯猜应不远,欲杀似难防。"对于生死,无法猜测,敌机乱丢轰炸,防不胜防;"人鬼艰为界,虫鱼愿徙乡。"住在重庆,生死不定,动物都想离开;"卅年梅福里,回首自凄凉。"回忆1903年在上海办报的日子,十分凄凉。

12月28日,陈独秀给杨鹏升去信,问他可把纸及稿子寄给章士钊了,倘未寄,赶快寄去。陈独秀知道章士钊丢三落四,说:

> 惟稿必钞副,恐其失去或有第二次甚至第三次向兄索稿之事,因此人疏懒生活无秩序,自幼即如此,老来更习名士派,不可治矣。至于写,弟可担保其终必践约也。①

"弟可担保其终必践约也",后来,章士钊耽误了许久,叫陈独秀费了许多事。

4 社会影响得到肯定

到江津后,陈独秀睡眠还好,夜中小便只一两次,但手足怕冷寒,手部反而怕热。估计不是血虚引起,因为血虚要患低血压。陈独秀的血压比正常血压高三四十度,所以,不能够再服鹿茸了。他写信嘱杨鹏升服鹿茸时要注意,大便带血时,不可再服。

在此之前,杨鹏升不知道鹿茸是否降压,寄了鹿茸给陈独秀。按中医理论,血压高是阴不制阳,鹿茸益阳,服之以薪投火。西医认为鹿茸为补品,但高血压不宜补。陈独秀血压高,不能食鹿茸,结果因吃了鹿茸,大便带血。

郑学稼想研究陈独秀的人生,写信问他过去的事件和有关情况。1941

---

① 《章士钊全集》,第7卷,第67页,文汇出版社,2000年版。

年 1 月 6 日,陈独秀回信说:

> 承询各事略答如下:(一)无人有此主张,只守常以与白坚武同学之故和吴佩孚见过面,说不上合作。(二)当日反对我者以瞿秋白为首,由第三国际派来代表公开主持,何只暗中指令,开除党籍在此后一年余。(三)以前毛和我私人无恶感,我认为他是一个农运中实际工作人员,政治水平则甚低。(四)在广暴前,是否成立苏维埃,在中国党内无此问题发生,毛自传所云不实,此书弟未阅过。

"说不上合作",指和吴佩孚的合作;"反对我者以瞿秋白为首",指八七会议和中共六大;"毛",即毛泽东;"毛自传"指《西行漫记》。

郑学稼收到陈独秀信,来信问陈独秀当初反对北伐的事。1 月 26 日,陈独秀回信说:"C. P. 不赞成忽促北伐,为时甚短。"当时,维经斯基在蔡和森的影响下,不主张北伐,陈独秀因此改变了主张。他和郑学稼谈此事,没有展开,只说中国共产党反对北伐,因为他一度公开反对北伐,不是自己的个人观点。

去年 9 月,朱蕴山由重庆来看陈独秀,仍"力劝他回延安"①。陈独秀对他说:"中共中央里没有他可靠的人了,大钊死了,延年死了,他也'落后'了,他们开会,我怎么办呢? 我不能被人牵着鼻子走,弄得无结果而散。"②

1941 年 9 月 13 日,毛泽东在延安对中央妇委和中共中央西北局联合组成的妇女生活调查团讲话,提到了陈独秀,说:

> 记得我在一九二〇年,第一次看了考茨基著的《阶级斗争》,陈望

---

① 《纪念朱蕴山文集》,第 130 页,中国文史出版社,1987 年版。
② 唐宝林著:《陈独秀传——从总书记到反对派》,第 268 页,上海人民出版社,1997 年版。

道翻译的《共产党宣言》，和一个英国人作的《社会主义史》，我才知道
人类自有史以来就有阶级斗争，阶级斗争是社会发展的原动力，初步
地得到认识问题的方法论。可是这些书上，并没有中国的湖南、湖北，
也没有中国的蒋介石和陈独秀。我只取了它四个字：阶级斗争，老老
实实地来开始研究实际的阶级斗争。

毛泽东是在陈独秀的介绍下读马克思主义的，这次谈话，毛泽东肯定
了陈独秀在当时的影响。

1942 年 3 月 30 日，毛泽东在延安中共中央学习组作《如何研究中共
党史》讲话时，谈到陈独秀在五四运动中的地位和作用：

在五四运动里面，起领导作用的是一些进步的知识分子。大学教
授虽然不上街，但是他们在其中奔走呼号，做了许多事情。陈独秀是
五四运动的总司令。现在还不是我们宣传陈独秀历史的时候，将来我
们修中国历史，要讲一讲他的功劳。

"将来"，指革命胜利以后，估计那时陈独秀已经不在世了。

5 老 而 多 病

1941 年 1 月 11 日，台静农给陈独秀写信，说他旧历年后来看陈独秀。
除夕是 1 月 26 日，算了一下时间，台静农来要在此后了。当时，谈锡山的
妹妹住在邓仲纯家，她是上海美专图工科毕业的，曾在中学教过书，想要陈
独秀和台静农说说，看看聚奎中学和新本女中两所学校可需图画或劳作科
教员，薪金不计较。陈独秀乐于助人，1 月 20 日给台静农写了一封信，请
他推荐。

年前，陈独秀还帮助何之瑜（何资深）找工作。台静农问何之瑜在聚

奎任课,薪金给多少。陈独秀觉得,薪水由校中决定,何之瑜是重礼貌的人,薪金不甚计较。他在博学兼课,记得一月不过百元。

自己的书稿,编译馆自印是不可能了,商务印书馆如不能在其他书稿前排印,陈独秀希望台静农代话给陈馆长,干脆付油印算了。油印虽不佳,聊胜于无。

上月 27 日,台静农给陈独秀写信说,商务印书馆积压了书稿数十种未印。陈独秀见了,心情沉甸甸的,这么一来,自己的书稿无论铅印、石印都渺茫了。自己与王云五无深交,他怎么会不顾别人而帮助自己呢?

陈独秀给台静农写信说:"此人但认得势力,不认交情,弟虽函托亦未必发生效力,鄙意想请陈馆长发稿后特给王云五一信,问其可否提前即时排印,倘回答是个否字,仍望由馆中油印二三百份,分散各省,以免川乱将原稿散失,拙稿虽未臻完善,而弟颇自矜贵也。"商务印书馆总经理王云五是胡适的好朋友,与陈独秀很少打交道。

2 月 25 日,老朋友汪孟邹在上海给胡适写信,再次提到陈独秀:

久来通信,实因环境艰危,生活逼迫,工作极窘,心绪不宁之故。记得二十八年春曾有一信托友人带香港由航空邮呈,是为仲甫兄病事,迄未得复信,不知已收到否,仲甫兄自入川后,即患高血压症,时轻时重,医云是川地太高,移地或可较好。但为势所阻,又无法离川。今年已六十三岁,老而多病,深为可虑,还要带病工作,近著《小学识字课本》,售稿于国立编译馆,以资生活,亦太难矣。现住川东江津县黄荆街八十三号,并闻。[1]

---

① 中国社会科学院近代史研究所编:《胡适来往书信集》(中),第 514 页,中华书局,1979年版。

"记得二十八年春曾有一信托友人带香港由航空邮呈,是为仲甫兄病事,迄未得复信",说明 1939 年托朋友带的信,汪孟邹一直没有收到回音;"近著《小学识字课本》,售稿于国立编译馆,以资生活",说明陈独秀告诉汪孟邹自己的书稿写作情况;"现住川东江津县黄荆街八十三号",此系陈独秀当时通信地址。邓季宣回忆,嫂子骂陈独秀后,陈独秀再也没有回到这里。

当时,胡适忙于消除国民党发动皖南事变、镇压新四军在美国引起的坏影响,对于陈独秀,胡适是照顾不上了。绳子太短,不能打深井里的水了。《庄子·至乐》云:"绠短者,不可以汲深。"

对陈独秀晚年论"主义"的信,胡适在 1949 年见到了,大为赞赏。2 月 23 日,胡适在上海读何之瑜收集整理的《陈独秀最后论文和书信》后,在日记中写道:"深喜他晚年大有进步,已不是'托派'了,已走上民主自由的路了。"

6　春日忆广州

1941 年 1 月 20 日,陈独秀给杨鹏升写了信。本月 5 日、9 日,杨鹏升寄来两信,并寄来书条(书法作品)。其父亲的墓表,章士钊虽然答应写,但他过懒,如果日久不寄上,可写信给自己,再去信催他。物价上涨,杨鹏升的经济也不好,快过年了,寄了点白木耳来,表示一点心意。

2 月 26 日,杨鹏升寄来挂号信,内附一千元汇票,信上未说款作何用,陈独秀想,一定还有别的信来解释此款子的用途,等了半个多月,也未见来信说明。杨鹏升工资低,每月亏损,该不是他送自己的吧? 3 月 23 日,陈独秀给杨鹏升写了一信,一来问他此款的用途,一是问上次写了大字联寄给他,不知道收到没有。此联寄出时,一时疏忽,未曾挂号,如果途中失去,如何是好? 因为纸是杨鹏升专门寄来的,上面还有别人的字。

书不能印刷,陈独秀停下了写作计划,与此同时,他的血压又高了。除了回信和必要的写字应酬,陈独秀很少动笔了。陈独秀到江津后,陶亢德、汪孟邹还催他写自传。陈独秀想写完《小学识字教本》,再写《实庵自传》。他认为,学者以文立身,《小学识字教本》是学理研究,对中国文字学意义大,可以流传下去。

3 月 24 日,陈独秀一人在江津城东的江边散步,他遥望江南方向,目送飞鸿远去,看着远处的隐约重叠的山峦,想到了自己在广州的春天,海边水阔,荔枝满树。自 1923 年夏天开完中共三大离开广州,差不多二十年过去了。在回家的路上,陈独秀吟诗《春日忆广州》七绝,送陈仲凡。诗云:

江南目尽飞鸿远,隐约罗浮海外山。

曾记盈盈春水阔,好华开满荔枝湾。①

"江南目尽飞鸿远",极目南望,朝广东方向看;"曾记盈盈春水阔",1921 年春天,陈独秀在广东任教育委员长,1923 年春天,陈独秀到广东,并在夏天开了中共三大;"好华开满荔枝湾",广东荔枝多。人到老年,容易想起过去的事。近来,陈独秀常冷不丁地想起从前的事。

7　章太炎研究连语的一个错误

1941 年春天,陈独秀写了《连语类编》自序。

什么叫联绵词? 陈独秀说,联绵词是"复声母所演化"的,因复声母无法用单音汉字准确记录,故"以联绵字济其穷"。联绵字包括连语、骈字、联字、双声假借字、联绵词、联绵字等。陈独秀在《中国古代语音有复声母说》中用"联绵字",在《连语类编》中用"连语"。

---

① 陈独秀著、任建树等编:《陈独秀著作选》,第 3 卷,第 569 页,上海人民出版社,1993 年版。

连语分两类,一是构成连语的单字均无义,全是借音;一是其中一字有义,其他的字(一字或多字)为借音。连语的共同点,复音语,包括一些译词。

1933 年以后,陈独秀在南京监狱写了《连语类编》,一来消磨时间,一来取得一点稿费。此外,研究文字学,寄托了自己多年爱好。其学术价值,是反驳了中国语言系单音节的说法。陈独秀认为,中国语不是单音节,这不仅可以今天的语言去证明,而且,古书籍中也保存了古代语言含复音的遗迹,能证明中国语言不是单音节发展为复音节。复声母在上古汉语中是否存在,虽然难以确证,但汉语中的许多语言有复辅音,甲骨文里有联绵字,则是可以证明的事实。联绵字记录复声母,如同用多个汉字翻译英语复辅音,是一个道理。

陈独秀认为,自宋人张有以来,连语(联绵字)开始为研究文字学的人注意,但明确认识连语为一字复音的人,则是章太炎先生。联绵字的特点:不可分、字形不定和语音有联系等。除了章太炎,王念孙已看到联绵字“不可分训”(分开解释不成立)。但自张有到章太炎,都犯了一个错误,即把连语与双声叠韵混为一谈。陈独秀发现,连语有双声叠韵,也有非双声叠韵,从而纠正了这个错误。

陈独秀写《连语类编》一书,收入了三字联绵字十五个,四字联绵字一个,如“阿得脂”、“恶来革”、“医无闾”、“钩辀格磔”等却很难否定它是真正的联绵字。陈独秀不把叠音字归入联绵字。

有人说,“切脚语”是联绵字的来源,陈独秀认为是本末倒置。他说:

> 东汉末,应劭以来之反切,(反切之名虽始于应,而《考工记》终葵首注:齐人谓槌为终葵;僖二十五年《左传》寺人勃鞮注云:即寺人披;此皆远在应劭以前之反切法也。)虽上下二字,不尽共韵,其法必脱胎于联绵字,否则其时梵书字母犹未入中国,势难绝无所承而自生,容斋三笔所谓切脚语……实皆二声共一韵之联绵字,世或不信古有复声

母之说,并联绵字而亦谓为切语,实为颠倒见。①

这段话,陈独秀对于"反切法"始于何时,提出了新见解。

在《连语类编》自序的最后,陈独秀谈到自己研究连语(联绵词)的意义:

中国拼音文字之难行,单音及方音为二大障碍,古今语皆多复音之义明,拼音文字之障碍去其一矣。故此书非徒以考古。②

陈独秀写此稿,目的是证明中国古代语言"有复声母"。新文化运动时期,陈独秀和钱玄同等人讨论在中国推行拼音文字,即类似英文的语言,因为中国人习惯了中国语言的单音,加上中国方言多,不好实行。倘若了解中国语言过去就包含复音,推进中国拼音文字,就好办些了。因此,陈独秀写文字学的书,不单纯是考古,而是完成新文化运动未竟的事业。或者说,他晚年醉心文字学研究,和他早年鼓吹新文化运动,是一脉相承的。

《连语类编》油印好了后,陈独秀分送给邓仲纯、胡小石等人,包括请台静农分寄给成都华西坝金陵女子文理学院陈觉玄(陈仲凡),以及沈尹默、沈兼士等外地的熟人。这些都是所谓秀才人情,带有报答的意思。

① 王闰吉:《论陈独秀的联绵字观》,《汉字文化》,2007 年第 2 期。
② 陈独秀著、任建树等编:《陈独秀著作选》,第 3 卷,第 570 页,上海人民出版社,1993 年版。

第十章 三到鹤山坪
(1941年4月~1941年10月)

1 世无朋友更凄凉

1941年4月11日,天气转暖以后,陈独秀和潘兰珍移回鹤山坪住。朋友的来信,仍然寄邓仲纯转交。4月16日,陈独秀收到台静农10日写的信后,给他写了回信,希望台静农把自己到鹤山坪的消息告诉何之瑜。

春天,鹤山坪的田野景色很美。一日傍晚,陈独秀站在门前,看着田里嫩秧如茵,落日将西边的天际染得火红,吟诗四句:

> 嫩秧被地如茵绿,落日衔天似火红。
> 闲倚柴门贪晚眺,不觉辛苦乱离中。①

一个佝背老人,倚柴门贪看落日,忘记了自己是在逃难之中,孤独寥落,尽在画中。后来,他将此诗写给了胡子穆。

---

① 陈独秀著、任建树等编:《陈独秀著作选》,第3卷,第535页,上海人民出版社,1993年版。

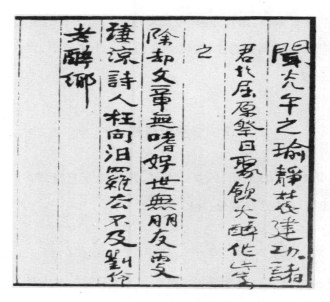

● 1941 年 7 月陈独秀诗书

5 月 30 日端午节这天,聚奎中学校长周光年、何之瑜、台静农及魏建功夫妇聚餐喝酒,酩酊大醉,陈独秀后来知道了,十分羡慕,吟诗《闻屈原祭日友人聚饮大醉赠建功》,诗云:

> 除却文章无嗜好,世无朋友更凄凉。
> 诗人枉向汨罗去,不及刘伶老醉乡。①

> 民国三十年七月于蜀之江津
> 闻光年之瑜静农及建功夫妇于屈原祭日聚饮大醉作此寄之建功兄。②

"世无朋友更凄凉",是陈独秀的心里话。他现在做什么事,都离不开

---

① 陈独秀著、任建树等编:《陈独秀著作选》,第 3 卷,第 571 页,上海人民出版社,1993 年版。

② 1941 年 7 月,陈独秀在鹤山坪。此诗落款江津,而非鹤山坪,虽大地点不错,但不精确,对照陈独秀笔迹,疑后人所加。

朋友的照顾了。刘伶,西晋沛国(今安徽宿州)人,竹林七贤之一。晋武帝时,对朝廷策问,强调无为而治,以无能罢免。平生嗜酒,曾作《酒德颂》,宣扬老庄思想。

2　求罗希成赐拓片

杨鹏升4月3日来信,因身体不好,陈独秀一直拖到5月20日才回信。章士钊的墓表还没有写,陈独秀说:

> 久未作复,至歉。行严官僚习气又加以名士习气,书法又不足被之金石,吾兄何必定欲彼书之耶? 谢无量君闻近在成都,兄必识之,彼为弟四十年前老友,晤时希告以弟之住处及近况,武昌别后,已数年不见矣。有泸县罗希成君,寄居成都之北郊,收藏颇富,有蜀石经一方,最驰名。吾兄如识其人,请转求赐拓片——纸见寄,是所望也。日来又有空袭,劲草园想平安无恙。①

"吾兄何必定欲彼书之耶?"陈独秀见章士钊不给自己面子,有些生气了。"武昌别后,已数年不见矣。"和谢无量见面是1937年底或1938年;"劲草园"是杨鹏升的住处。

7月1日,陈独秀读报,见成都被敌机轰炸数次,不知道杨鹏升家是否平安? 5月,他寄函给杨鹏升,请他问谢无量的消息以及向罗君要蜀石经拓本,一直没有回信,也不知道收到没有?

过了十余日,陈独秀仍然不见杨鹏升的来函,更加担心了。杨鹏升的身体如何呢? 或者因公出差了吗? 7月16日,又写了一信,问杨鹏升平

---

① 陈独秀著、水如编:《陈独秀书信集》,第515页,新华出版社,1987年版。

安。在信封背面,陈独秀特意写了"倘鹏升先生因事离蓉,即交夫人拆阅赐复"。①

万一杨鹏升出事,这信只有他的夫人回了。人到老年,陈独秀想的问题越来越细了。

3　书名亦望勿改

1941年7月10日,陈独秀收到邓仲纯本月6日写的信以及邓燮康的信。最近数日,无敌机到鹤山坪来,不知何故。和战问题,柏文蔚在重庆,或许知道一些,陈独秀希望邓仲纯设法向柏文蔚打听打听。如果日本飞机倘继续轰炸重庆周围的县,江津必不可免,白沙与江津城差不多,聚奎左边邓六先生的房屋,一定炸不到。邓仲纯家眷如一定要离开江津城,陈独秀建议他们去邓六(邓鹤丹)家住。邓仲纯因为打算搬家躲避轰炸,陈独秀认为,如一定去,就早些去! 住在柳马冈的台静农不一定安全,陈独秀希望台静农也去邓六家住。

欧阳竟无托邓仲纯带话,希望陈独秀写一幅作屏风的字,并开了一个屏格式。陈独秀遍寻不得,估计欧阳先生以前没有寄来。陈独秀当日给邓仲纯写信,请欧阳先生再开一个屏格式寄来。

夏天,陈独秀知道国民党教育部有人反对自己的书出版,但不知道是教育部长陈立夫从中作梗。刚写好《古音阴阳入互用例表》三分之一,分量不多,只有二万字左右,他打算自己买纸,请编译馆代写油印送人。

原来,陈立夫在审查陈独秀《小学识字教本》书稿时,见内容全是研究

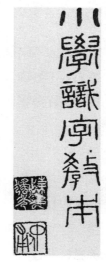

●《小学识字教本》油印本

---

①　陈独秀著、水如编:《陈独秀书信集》,第516页,新华出版社,1987年版。

古代文字和读音,如《中国古代语言有复声母说》、《广韵东冬钟汇中之古韵考》、《中国古史表》、《老子考略》、《禹治九河考》、《荀子韵表考释》、《实庵字说》等,觉得内容无大碍,但"小学"两字不妥,容易和小学校混开来,他提出改书名中"小学"两字。

7月13日,陈独秀仍然不知道是陈立夫提出修改书名的事情,写信给台静农说:"拙稿如能真付印,望即就近在白沙石印,万勿木刻,书名亦望勿改!"

"小学"指声音训诂、说文考据,古来有之。改了这两个字,陈独秀的书名和内容就文不对题了。所以,陈独秀不同意修改。早在1917年8月1日,陈独秀在《新青年》上写信《答冯维均》说:"大学文科,自应以小学为主要科目。盖国语学,发声学,比较言语学,皆近代微妙最新之科学。是则吾国声音训诂之学,乌得不于大学求深造之士,未可以'小学'之名而轻之也。"①

因为不知道这是陈立夫的意见,国立编译馆也不好和陈独秀明说,台静农也不好说。见陈独秀不同意改,印《小学识字教本》的事就拖了下来。因为蒙在鼓里,陈独秀只觉得不舒服,吃了一个闷葫芦。

4 悼李光炯

1941年夏天,陈独秀听到李光炯4月8日在成都去世的消息,十分伤感。李光炯1870年生,比陈独秀大九岁。早年,李光炯办安徽公学时,和陈独秀共过事。

几日后,陈独秀梦见李光炯推门而入,惊讶地问:"闻君病已笃,何遽至此?"李光炯紧握陈独秀的手,笑而不答。梦醒后,陈独秀吟诗《悼老友李光炯先生》:

---

① 陈独秀著、水如编:《陈独秀书信集》,第198页,新华出版社,1987年版。

自古谁无死，于君独怆神。

撄心唯教育，抑气历风尘。

苦忆狱中别，惊疑梦里情。

艰难已万岭，凄绝未归魂。①

　　"撄心唯教育"指李光炯一生从事教育；"苦忆狱中别"指李光炯1936年，到南京监狱看自己，并嘱其女儿李相珏及女婿、金陵大学理学院教授余光烺时做小菜送到狱中。想不到那次是他们最后的一面。当时，李光炯也体弱多病，这会竟先自己而去。

● 悼李光炯

　　①　安庆市陈独秀学术研究会编：《陈独秀诗存》，第132页，安徽教育出版社，2006年版。

诗写好,陈独秀写跋云:

> 六年前,老友李光炯先生视余于金陵狱中,别时余有奇感,以
> 为永诀。其时余生死未卜,先生亦体弱多病也。抗日军兴,余出
> 狱避寇入蜀,卜居江津。嗣闻光炯先生亦至成都,久病,颇动归
> 思。闻耗后,数日梦中见先生推户而入,余惊曰:闻君病已笃,何
> 遽至此? 彼但紧握余手,笑而不言。觉而作此诗,录寄余光烺君,
> 以纪哀思。光烺笃行好学,足继先生之志,先生无子而有婿矣。
> 民卅夏日。①

"别时余有奇感,以为永诀。"分别时,陈独秀突然产生一感觉,是最后
一面。自己生死未卜,李光炯体弱多病,故有此念。

"录寄余光烺君,以纪哀思。光烺笃行好学,足继先生之志,先生无子
而有婿矣。"余光烺即李光炯的女婿,安徽桐城人。1956 年,他在金陵
大学理学院数学系任教授,对南京大学历史系老师、老乡刘敬坤说:
"陈仲甫判刑后,关在南京老虎桥模范监狱里,我和我内人李相珏每月
都到老虎桥监狱去看望陈仲甫,把他的换洗衣服拿出来洗洗,也给他
做些小菜送去。"②

7 月 22 日,陈独秀将此诗抄寄台静农。因为台静农说他的文字学手
稿可以印,陈独秀一方面很高兴,一方面对稿件有些放心不下,说:"拙稿倘
真能付印,切望即在白沙石印,铅印木刻均河清难俟。兄等均劝之瑜兄仍
回聚奎,而于环境容否他再回,似未深加考虑,虽劝无益;情势如能回,瑜兄
不待人劝也。"

"河清难俟",指没有指望;"切望"二字旁,陈独秀画了一个圈;似未深

---

① 杜宏本主编:《陈独秀诗歌研究》,第 13 页,国际炎黄文化出版社,2005 年版。
② 刘敬坤:《陈独秀流寓江津的前前后后》,《档案与史学》,2001 年第 2 期。

的"深"字旁,陈独秀画了一个圈。

到 8 月下旬,何之瑜兄决定在九中教历史,和陈松年一起工作。

5 古音不同今音

1941 年 7 月 19 日和 24 日,台静农给陈独秀写了两封信。8 月初,陈独秀打算油印《古韵表》二十份,自己出纸钱,台静农请人刻印。八份留给台静农,十二份托农工银行寄给陈独秀。此外,陈独秀写了三千来字的"自序"。他希望魏建功写一序,放在前面。

8 月 6 日,陈独秀给台静农写信说:"识字教本初以教部与馆间有误会未能印,今闻误会已释,而仍未付印,不知其症节究竟何在?《拼音文字草案》,早已售与商务,韵表仍初稿,此时不拟正式付印,《连语类编》已约与北大,弟并无他稿可以出售,兄与瑜兄函所谓弟之稿费问题尚谈不到,不知何所指也?"

隔日,陈独秀未收到台静农的信,又去了一信。他对于编译馆迟迟不印刷自己的著作,已不耐烦了,写信说:"拙著馆中已着手开雕否?倘无开雕之意,下卷不必续写矣。工人江津可雇,何必远求之于成都。弟处前日被窃,草稿失去,倘寻不回,下卷写时益觉困难,馆中若无心付印,弟更无心续写矣。"

《古音阴阳入互用例表》的"自序",因修改《古韵表》耽误了,到 8 月 27 日才写好六页纸。

数百年来,许多人研究古韵,陈独秀只赞赏顾、戴二人,其他人只是补缀,甚至是抛精华而续纰缪。在顾氏之前,郑庠明确了古音不同今音,得到段玉裁称赞。凤鸣高冈,从此啁噍之喙尽息。

陈独秀认为,切韵、广韵大多采用魏晋以后的语音,需要区别开来,否则,与古韵不合。既然区别了,而又不明白古音的阴阳入相通互用的道理,结果读古文,不仅不通文字谐声,而且难通古书韵文,也不懂近代方言。①

例如："我们"，在宋、元人读"我每"。河南、山东一带，"门"读眉；四川及安徽若干处，"谋"读蒙；淮河流域，"观"读歌，"丸"读俄。"张"安徽读查；北平读"两"为 liɑ。"你"的敬语为您，"他"字敬语读滩。"栅栏"读 sɑlɑ，北方"咱"字读 tzɑ，或 tzɑrŋ。"打"字北方读 tɑ，上海一带读 tɑŋ。"母"字湖北读猛。蓖麻的"蓖"，四川读宾；"那"字绍兴读罕，四川读朗，说明古代阴阳相通。

"拉"字，今天阴入并读，安庆说"到底"言"到笃"，如一个人到乡下去，即说是到笃下（hɑ）去了；"底"是阴，"笃"是入声，即阴入相通。"目"、"木"二字，湖北人读成梦，"扩"字自宋代到今天，都读旷廓二音，这是阳入相通的例子。

研究古韵而不明白阴阳入互用的道理，必然是谬见横生。顾氏明知《诗三百篇》中往往用入声字，其中，入与其他入声为一诗之韵的，占十分之七，入声与平、上、去声为一诗中之韵的，占十分之三。但他不理解，为什么《诗三百篇》中这十分之三的诗，阴阳入相通互用？于是，顾氏创立了"入为闰声"、"入声可转为三声"之说，以释其疑，这个观点，后被发挥为古无入声之说了。

与顾氏不同的是，段氏创立了"周秦汉初之文有平上入而无去"之说，以解释古文阴阳入相谐的原因。段氏说古音有入无去，将古入声看成去声，解释古文阴阳入相通，不知道古音阴、阳、入，本来互用，不需要累赘地说古音"无入"或"无去"。

陈独秀认为，阴阳入虽因声附不同而区别，但其韵母相同者，古音本相通互用，不需等凿孔栽须。世界各国语音都有阴阳入，今日的中国语也有，为什么独怀疑古音无入声呢？说古音不分平上去，或许可以，即是说有平上，但为什么说无去呢？如果无去，入声两种怎么分别？难道是以塞声附之

---

① 陈独秀著、任建树等编：《陈独秀著作选》，第 3 卷，第 574 页，上海人民出版社，1993年版。

清浊,而分为两种吗? 今日闽粤的入声,其语尾各塞声均只读前流而无后流(阳声收声之鼻声 ŋ、n、m 也如此),前流无清音 k、t、p 与浊音 g、d、b 之分。

或者说,古音入声语尾,读如今日中国话中的"帽子"、"鞋子"、"桌子"、"架子"的"子"字,系轻微的全音,与闽粤入声只读前流的不同。但实际上,轻微音都有清而无浊,浊音所以不同于清音,因其发音时气流震动音带,与韵自然结合不可分。说入声有二,即是说阴阳声之有平上去三声。

6 差可支持

1941 年 8 月 6 日,陈独秀给杨鹏升写了一信。7 月 8 日,杨鹏升来了一信,未见陈独秀回信,又于 7 月 24 日写了一信,内附一张省行千元兑票。陈独秀后回信写道:

● 陈独秀 1941 年 8 月 6 日给杨鹏升信

屡承吾兄垂念鄙况,既感且惭,先以答雅意,如何可安!弟生活一向简单,月有北大寄来三百元,差可支持,乞吾兄万勿挂怀!前求兄转向罗君觅取蜀石经拓片,已有所得未!①

陈独秀提到"月有北大寄来三百元",未提朱家骅送的钱,怕人嘴杂,说不清楚。因为有了这两笔钱,尽管陈独秀、潘兰珍和一个佣人每月要花六百元,日子"差可支持"。加上杨鹏升不时的支持,过日子还马马虎虎。杨鹏升自第一次送钱,到现在,算起来已经送了好几千元了。

8月上旬,陈独秀给杨鹏升写了一信,并附致晋公一短信。这个晋公,就是送了几次钱救济陈独秀的"某先生",但杨鹏升没有说"某先生"就是晋公。

过了几天,陈独秀听说7月成都被炸得很严重,十分不安。这时,收到杨鹏升来信,附了罗希成给杨鹏升的信。该信是防空司令部代发,也不是杨鹏升的笔迹,叫陈独秀疑虑重重。难道杨的寓所被轰炸了吗?8月11日,陈独秀给杨鹏升写信,问他寓所究竟平安否?

实际上,杨鹏升8月3日夜、8月12日和8月20日给陈独秀连写了三封信,信的内容,一是告诉陈独秀,自己的寓所平安;二是打算自己书一对联,写好后寄给陈独秀,请陈独秀题识,这样也算是和陈独秀的合作。

但陈独秀没有按时收到杨鹏升的信,直到9月6日,三封信才一起自江津转来。

杨鹏升问及江津7月的轰炸,是否影响陈独秀?那次轰炸,江津城和白沙镇各落了一枚炸弹,但估计不是日本飞机有意轰炸,因为炸弹没有目标,没有什么伤亡。陈独秀因为住在鹤山坪,离城二十余里,没有大碍。

到鹤山坪,一月用三百元,生平未有。住城里当多一二倍。杨鹏升在成都,每月花销是陈独秀的十倍。陈独秀9月6日给杨鹏升写信说:

---

① 陈独秀著、任建树等编:《陈独秀书信集》,第517页,新华出版社,1987年版。

倚薪俸为生者,将何以堪!物贵由于币贱米昂,币贱乃自然之理,无法可设,米贵则大半由于人为,挽救之法甚多,政府何不急图之以自救邪?罗希成君之石经拓片想尚未寄至兄处也,谢无量兄近日见面否?……实物税只能解决军食问题,于民众绝无好影响。①

10 月初,陈独秀正在焦灼没有杨鹏升的消息,突然一天内收到杨鹏升 9 月 20 日、24 日、25 日三封信,十分高兴。原来,杨鹏升的妻子 9 月 11 日生下一儿,这是第三胎,前面生的是两个女儿,这次是儿子,连陈独秀也替他高兴。10 月 4 日,陈独秀给杨鹏升写信说:"兄似颇重生男,且母子平安,不得不遥为恭贺也。"②

杨鹏升转来某先生送的六百元,也由省行寄到。既然是杨鹏升转来的,也不好辞了。但"某先生"是谁?陈独秀希望知道。1938 年在汉口,刘辅丞听说陈独秀将入蜀,曾托一位朋友送川资五百元,存起来一直等入蜀时,才真的用它。陈独秀打算今后去重庆,再动用"某先生"送的钱。

不久前,被窃的衣物大半追回,可惜,杨鹏升刻的篆章以及自己的书稿,已经丢失了。据小偷交待,当时打开箱子,见是书稿,怕暴露自己,一把火烧了。陈独秀原也不指望追回失物,现在见追回了大半失物,唏歔了半晌。

杨鹏升希望陈独秀去成都,但听说成都气候温暖,倒适合自己的高血压病,但道路遥远,恐怕乘车受不了。即便到了成都,陈独秀也只能居新都,因为外县城可以不跑警报。自己的身体,已经跑不了警报啦!

7　请魏建功为《古韵表》写序

1941 年 8 月 29 日,魏建功给陈独秀回了一信。陈独秀 8 月 27 日给魏

---

①②　陈独秀著、水如编:《陈独秀书信集》,第 518 页、第 519 页,新华出版社,1987 年版。

建功写信,寄了自己写的序。魏建功认为,陈独秀的文章"开古音学界一新纪元"。以前,魏建功也曾经想写《古阴阳入三声考》、《阴阳桥》文,想以此纠正中国写韵家埋没了一种鼻韵读音。鼻韵读音分属于阴或阳,如河南、山东一带"门"字与"眉"音读一样,因此,宋元人"我们"读"我每";四川"谋"字读"蒙";湖北入声"目"、"麦"、"木"读"蒙",等等。细细思考,阳声实际为鼻韵。他写道:

> (吾辈皖苏淮域之观丸如歌俄亦此故也)。先师玄同先生赞否参半,十数年来,荒落未有以更证己说,春间闻先生言已有所感,此次归来,百务纷集,然必欲於赴昆之前作一文将以就正。大著拟即进行油印,拙文如过长则清钞一本奉览,功当别谋发表印刷处所也。①

"吾辈皖苏淮域之观丸如歌俄亦此故也",魏建功是安徽人;安庆说小石头,叫"鹅卵九"。"先师玄同先生赞否参半",在北大时,钱玄同对自己的意见,一半赞同,一半反对。钱玄同已于 1939 年去世,故说"先师";"春间闻先生言已有所感",今年春天,魏建功在江津和陈独秀当面谈过。

应陈独秀要求,魏建功为《古音阴阳入互用例表》写了一序。

陈独秀性格急,到 9 月 5 日,还没有收到台静农的信,不知道自己寄去的《韵表》修改稿和《自序》收到没有,也不知道编译馆到底可能代印? 如能印,印纸及蜡纸共需钱多少? 陈独秀希望台静农说一声,不能因为没有钱,耽误了油印。万一不能印,手稿暂时放在台静农黑石山寓所,不要寄江津,因为江津城及白沙场更有被炸的危险。重庆的朋友最近来说,日本的广播就是这样播的。因担心油印不清楚,陈独秀给台静农写信,叫他删掉一点密集的字。他写道:"韵表格子颇小,写字太多,油印时恐甚糊涂,各格有收录字过多者,望兄等酌量将其不必要者删去若干可也。"

---

① 《陈独秀音韵学论文集》,第 87 页,中华书局,2001 年版。

这么久没有收到台静农的信，陈独秀怀疑他病了，但又不好乱怀疑。果然，这次台静农真的生病了。病好了后，他于 9 月 8 日、16 日、18 日、21 日，接连给陈独秀写了四封信，好在一封信的印花(邮票)不贵，每张六分。

这些信，不是陆续收到，而是 9 月下旬一个星期内先后收到。台静农在信上说，《韵表》已由编译馆代印，而且用了编译馆的蜡纸，陈独秀不知道陈馆长可知道，如果不知道，是台静农的人情，如果知道，就要请台静农替自己谢谢他。台静农信中说编译馆遇到困难，陈独秀怀疑，是教育部部长陈立夫想将该馆据为己有。

台静农说，国立女子师范学院国文系主任胡小石寄了东西来，他不好擅自拆开看，也不知是什么。陈独秀想了半天，也猜不到，或许是好久以前请他所写的小斗方？

双十节快到了，陈独秀希望《韵表》在这段时间可以订成寄到江津。

9 月 10 日，陈独秀给魏建功写了一封信。

上月 29 日，魏建功写来一信后，本月 5 日陈独秀回了一函，附寄《韵表》的增改稿。他告诉魏建功，作《韵表》并非自己首创，完全是袭用顾、江、戴的旧法子。前人似乎不太注意这个方法，自己无非发挥它吧！

关于音韵的基本道理，陈独秀认为，阳声即鼻音，不是鼻韵。韵必须由喉出口而无阻，如苏州读"恩"字。一般阳声(鼻音)，音由鼻出，不由口出。音由声韵二者合成，声由舌根、舌尖、唇等节制，韵无阻碍。

写到这里，陈独秀修改了自己上月写的序文中的一段。该段说："考诸发音学，阴声加三种鼻声附皆成阳声，加三种塞声则成为入声。"这段话过于简单，对于熟悉发音学的人，一说即懂，但对于老派人，需要解释详细些。陈独秀改为：

按之发音学，阴声加三种鼻声附皆成阳声，因气流受舌根鼻声($ŋ$即 ng)舌尖鼻声(n)或唇鼻声(m)前流之阻，改由鼻出。是为鼻音，即阳声；阴声加三种塞声附则成入声，因气流受舌根塞声(k 或 g)舌尖塞声(t 或 d)或唇塞声(p 或 b)前流之阻,音由阻塞而短促,是为入声。①

简单地说:

阳声 = 阴声 + 三种鼻声

鼻音(阳声),因 ŋ(即 ng)、n、m 形成;

入声 = 阴声 + 三种塞声 k 或 g、t 或 d、p 或 b

在序文里,陈独秀说:"不知阴阳入相通互用之理,匪独于文字谐声及古书韵文多音读不谐,即于近代方音亦往往费解也。"如宋元人读"们"字,河南、山东人读"门"字,湖北人读"母"、"幕"等字,四川、安徽若干处读"谋"字,湖北人读"目"、"木"等字(但"麦"不读阳声,不能加入)。

陈独秀希望魏建功写一序,与陈独秀的书一起印出。陈独秀原来打算印二十份,算一下该送的人,恐怕不够,他希望印二十五份。纸和蜡纸费需要多少,也希望魏建功告诉自己。这笔成本钱,陈独秀打算自己掏。

8 请魏建功校对《韵表》

1941 年 9 月 13 日,陈独秀给魏建功又写了一信。陈独秀不知道油印是否已经开始,也不知道前几次增改稿赶得上印刷否。印好后,陈独秀嘱魏建功留八份,代寄重庆沈尹默、顾颉刚各一份,北平沈兼士一份,昆明唐立厂一份,白沙胡小石一份,剩余的三份,魏建功、台静农和国立图书馆各一份。其他的十二份或者十七份,陈独秀请魏建功寄江津的谈锡珊转自己收。

9 月 19 日,陈独秀给魏建功写了一信。《小学识字教本》为什么到现在不能印刷呢?陈独秀希望魏建功问问陈馆长,实在不行,自己退了稿费

---

① 陈独秀著、任建树等编:《陈独秀著作选》,第 3 卷,第 579 页,上海人民出版社,1993 年版。

为好! 他写道:

> 此书迟迟不能付印,其症结究何在耶? 若教部有意不令吾书出版,只有设法退还稿费,别谋印行耳(请问问陈馆长,如有此事,嘱他直言勿隐,以便弟早日筹备退还稿费)。如何,希有以示知!①

9 月 26 日,魏建功给陈独秀写了一封信。

魏建功上次说"鼻韵",是指鼻音以外的半鼻音。如上海读"三"为纯粹阴声,一些韵书传统读法附-n 者,即陈独秀所说的附鼻音之阳声,如江北一带读"三"为 sã,也为通常视同阳声的意思。但并非鼻音而为半鼻音与元音同时发出。此种阳声读法,音韵学家不细分,魏建功曾偶尔以"三"字观察地理上的分布,发现北方(包括关外)河北、山东、河南为-n,江苏北部以淮河分界,其南为 ê 或 ã,江以南直至温州又或为纯阴声,入福建为阳声转读为-ŋ,广东为-m,广西为-m,云南为 ã,贵州、四川为-n,湖南北、江西为-n,陕、甘、山西为 ã,安徽北寿颖、江苏徐淮及东豫为-n,江流两岸以至徽州与南京一系为 ã。

大概苏皖东楚吴越故地、晋秦陇界及古滇的 m 变 n,三字阳声多为半鼻音。中国古人知道阴阳对转,不知道半鼻音,今天的西方人知道半鼻音,而不知道阳对转,魏建功觉得很奇怪。

陈独秀提出了三类相通互用一说:阴无声附,向来混作阳,阳行声附鼻音;无声附有半鼻音;此音失半鼻音应为阴;鼻音明朗化为鼻音半;声附即为阳。魏建功认为,只有在将全体字例搜得完全时,可以此法说明其音理互用的关系,如此,半鼻音的作用就可以体现了。②

言下之意,要完全归纳法,才能证明这个观点。

---

① 陈独秀著、任建树等编:《陈独秀著作选》,第 3 卷,第 583 页,上海人民出版社,1993 年版。

② 《陈独秀音韵学论文集》,第 91~92 页,中华书局,2001 年版。

10 月 4 日,陈独秀收到魏建功 9 月 26 日来信后,给他回了一信。

魏建功认为,半鼻音之阳声 h 或 ŋ 声附之入声,与阴声更接近,但陈独秀认为,这是近代音的流变,非古音,古音 m 附之阳声;今只有闽、粤如此,但凡韵字也变为 n 附,读寒韵,他处则由 m 变 n 或由 m 变 n(ŋ)。苏常一带,不仅有古 m 附者读 ṅ,即 ŋ 附者也或读 ṅ。

信中,陈独秀提到胡适的观点:

> 适之即主张古无阳声,乃由阴声失去收声之韵母变成阳声,例如关关雎鸠之关关,古音读 kuana kuana,后去 a,乃读 kuan kuan,其说如此,谬误显然,此诗全体皆四音节一句,若如适之之说,则惟首句六音节,是何故耶? 适之又举北京语"甚么"以为证,我不知北京语中有保存最古语音之可能耶。①

陈独秀不同意胡适的观点,认为以今世方音来证古音,虽是一法,但必须谨慎,必须有其他证明,防止孤证。

n 为颚化符号,古代无颚化音,东汉末以后渐渐出现。所谓半鼻音(半鼻音容易丧失,地域不广,时期不长),由 m 附变为 ŋ(ǔ)附,即闭口声附渐趋丧失,因此,陈独秀认为,半鼻音非古所有。ŋ 为影母塞声,古时即有;h 为声门通声,起于最近;陈独秀的生活的长江流域,此等入声,由 k、t、P 渐变为 ŋ、h,即声附渐趋丧失的现象,非古所有。

10 月 9 日,魏建功给陈独秀写了一信。一方面,魏建功说:"先生论入声晚起之说极获我心。"另一方面,他认为,陈独秀所谓半鼻音与(ŋ)符所示音值不是一回事。(ŋ)音是颚部鼻音,半鼻音指与韵母同时读出。半鼻音可为陈独秀互用说提供说明,但诸部字并非一一可以互用,而且,诗文协

---

① 陈独秀著、任建树等编:《陈独秀著作选》,第 3 卷,第 584 页,上海人民出版社,1993 年版。

韵现象有地域条件。半鼻音较早。陈独秀所说的近代音之流变,大概后代
已渐加多。古音之变,不能整齐划一。

关于纸钱,魏建功说:"纸买两刀,才十余元。将来再致写蜡纸酬若干
可耳。"①

9　章行严确已赴湘

1941 年 10 月 14 日,陈独秀听说本月四五两日,蓉市连遭空袭,算起
来,杨鹏升的妻子是 9 月 11 日生产,到 10 月 4 日,还未满月呢! 如果仍在
城中医院产房里,不知平安否? 杨鹏升家居离蓉市太近,为什么不移居郫
县、新都等处呢?

当天,陈独秀寄上白纸一张,求杨鹏升大笔书一直幅。本来,陈独秀还
想请其夫人画画,求一夫妻书画珠联璧合之意,因在产中,不便求她画了。

鹤山坪离县城二十余里,暂时很安静,自己的病和以前一样,没有好,
也没有坏。

10 月 23 日,陈独秀给杨鹏升写信,告诉他,"章行严确已赴湘,写件已
如约寄兄否? 前托兄向罗君所求之拓片想尚未到手也。闻成都米价下跌,
确否?"②

原来,章士钊在收到杨鹏升的纸和草稿后,果然如陈独秀预料,没有立
即写墓表。陈独秀因为已经承诺章士钊虽然拖拉,但一定会写,不得不写
信去催。因为拖拉的时间太久,陈独秀有点不耐烦了。章士钊一来拖拉,
二来的确要去湖南,于是写了《独秀书来促写杨鹏升父墓表》诗:

懒性从来作答迟,多君笃老重风期。

---

① 《陈独秀音韵学论文集》,第 92~93 页,中华书局,2001 年版。
② 陈独秀著、水如编:《陈独秀书信集》,第 520 页,新华出版社,1987 年版。

> 剧伤羊祜碑仍□，为识扬雄字失奇。
>
> 笔债偿从积薪后，作家误被隔怜嗤。
>
> 恰逢湘水归休日，定与书成当去思。①

"懒性从来作答迟"，承认自己性格懒散；"恰逢湘水归休日，定与书成当去思。"指章士钊打算去湖南，等从湖南回来了，一定写此文。

章士钊写文字喜欢拖拉，但吟诗很快。这年6月，他在重庆吟诗《初出湘》，再次谈及与陈独秀1903年在上海办《国民日日报》的情形：

> 我与陈仲子，日期大义倡。
>
> 《国民》既风偃，字字挟严霜。
>
> 格式多创作，不愧新闻纲。
>
> 当年文字友，光气莽陆梁。②

"格式多创作，不愧新闻纲。"谓当时的许多新闻格式、栏目等，是他们首创，在中国办报史上有一席地位。

10　去江津葬大姐灵柩

1941年9月30日，陈独秀给台静农和魏建功写了一封信。在这之前，本月26日，陈独秀给台静农写了一函，不知道收到否？大姐安葬时间，改在10月22日。陈独秀打算10月20日或21日进城。魏建功动身赴云南，恐怕没有这么早，他原来打算去云南顺道到江津见陈独秀，这么一来，江津城见面也就难了。

---

① 《章士钊全集》，第7卷，第279页，文汇出版社，2000年版。
② 《近诗废疾》，《文史杂志》，1941年5月第1卷第5期。

何之瑜写信答应双十节后,10 月 13 或 14 日到鹤山坪来小住一二日。陈独秀希望台静农和魏建功一起来。到鹤山坪,先坐木船至龙门滩,然后登陆走八里路,即到石墙院杨宅。如果坐滑竿,自江津直接到鹤山坪,单趟花十元。

大姐的灵柩将于 10 月 20 日由油溪运至江津城安葬。陈独秀计划进城一趟,如无警报,打算提前于 10 月 15 日即动身,拟在城小住一星期或十天;即使有警报,19 日亦必进城,住二三日。他希望至少在此期间,《韵表》能订好寄到江津城,这样,自己就可以拿到了。他希望魏建功动身赴滇前,能够专门来江津一见,时间在 19 日、20 日、21 日这几日来江津。因为陈独秀这次在江津,只住几天。如无警报,可于十六七日来。《韵表》能带来更好,《韵表》写好不必订,即检一份送与胡小石,征求他的批评。陈独秀估计,他必大不以为然。

10 月下旬,陈独秀到江津参加大姐的葬礼,见到了魏建功,晤谈甚欢。陈独秀回鹤山坪后,10 月 31 日,魏建功写了一信,陈独秀一直没有回复。其后,台静农前后寄来《韵表》十三份。台静农自己留了八份,说寄给魏建功两份,含送唐立广先生的一份。

魏建功认识的史存直,来鹤山坪拜访了陈独秀。陈独秀觉得,他的学力似不够,而且不肯轻信他人之说,自己过于深思了。陈独秀认为,《广韵》韵目同读音各有不同,守温字母一母不读二音,盖以明认为读音相同而分二韵,读音不同而归一母,太不合情理也。① 史存直于此二说均不接受,叫陈独秀没有办法。

寄信时,陈独秀将给徐老的一篇近作油印论文放入信封,请魏建功转交。"徐老"即徐旭生,或称为旭老。

---

① 陈独秀著、任建树等编:《陈独秀著作选》,第 3 卷,第 586 页,上海人民出版社,1993 年版。

这次深秋到江津城,是陈独秀最后一次到江津。他的心情不错,居然写了几首诗。其中一首云:

匆匆二十季[年]前事,燕子矶边忆旧游。

何处渔歌惊梦醒,一江凉月载孤舟。①

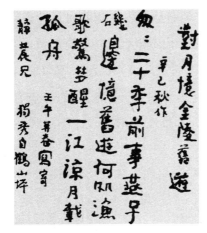

● 对月忆金陵旧游

过了半年,1942 年 4 月,陈独秀将该诗抄寄给台静农。在诗稿抬头,陈独秀写"对月忆金陵旧游　辛巳秋作",下款写"壬午暮春写寄静农兄　独秀自鹤山坪"。

这次到江津,陈独秀把牙痛治好了。但没有拔,另外一颗缺的牙,也顺便补好了。陈独秀和台静农、邓仲纯见面时还约定,冬天一起到黑石山看梅花。他的这个约定,后来没有兑现。

---

① 　安庆市陈独秀学术研究会编:《陈独秀诗存》,第 116 页,安徽教育出版社,2006 年版。

第十一章　病鹤残年

(1941年11月~1942年5月27日)

1　给陈立夫的信

1941 年 11 月 13 日，陈独秀回到鹤山坪后，给台静农写了回信。台静农本月 3 日来信，并寄来代借的高书一大册，内有重阳日（10 月 28 日）信，因为书籍慢，先寄而后到。陈独秀读书慢，高书读后，约一个月内还。《韵表》正文及"自序"印好后，陈独秀希望不要装订，即检一份清楚的代寄"成都华西坝金陵女子文理学院陈觉玄教授"收，因陈仲凡来函，要此文作为授课的参考材料。装订好了后，送胡小石一份，台静农留一份，再代寄沈尹默、沈兼士弟兄各一份，这样，要去掉五份，剩下的十五份，托农工银行寄给陈独秀。陈独秀收到油印本后，寄了一份给傅斯年，但他没有收到。

在给台静农的信里，陈独秀给陈立夫写了一信。原来，10 月 11 日，陈立夫亲自给陈独秀写信，谈更改书名的事：

大著《小学识字教本》，斟酌古今各家学说，煞费苦心，间下已意亦多精辟，自宜付梓以期普及，惟书名称为《小学识字教本》，究属程度太高,似可改为《中国文字基本形义》,未审尊意何如? 即希示复为荷,顺候撰祺!

陈立夫拜　十·十一①

陈独秀 11 月 13 日给陈立夫的复信,只是对于"小学"作了解释,但没有表态是否同意陈立夫的话,实际是委婉拒绝了。他写道:

> 十月十一日惠书诵悉。许叔重造说文意在说经,章太炎造文始意在寻求字原,拙著识字教本在便利训蒙,主旨不同,署名遂异。以其内容高深,不便训蒙者,朋辈中往往有之,此皆不知拙著第一种乃为教师参考而作,儿童课本别有一种,但编排单字三千余,不加诠释,绝无高深可言,俱见全书,疑虑自解也。②

陈独秀给陈立夫的信,是托编译馆的馆长陈可忠转。他给陈可忠写了几个字:"闻拙著行将付印,至慰。惟极望即在白沙石印,以木刻工费太巨,寄港沪铅印出版期又河清难俟也。出版时拟请赠我五十部,如何? 复陈部长书,希便中转致,为荷!"

陈独秀以为,既然陈立夫给自己来信了,文字学手稿大概没有问题了。他希望得到五十本书,用来送朋友。

2　陈仲凡不同意陈独秀的"互用"论

1941 年 12 月 11 日,陈仲凡(觉玄)给陈独秀写了一封信。

月初,白沙转来陈独秀的《古音阴阳入互用例表》,陈仲凡碰巧失眠症发作,加上早晚练习太极拳,扭伤腰,卧床休息,最近好了,才读了几遍陈独

---

①②　靳树鹏:《陈独秀晚年书信三十八封》,《书屋》,2000 年第 11 期。

秀的文章。

陈独秀认为,凡古阴阳入互用之字,其元音必属从同。换句话说,即元音相同的字,不问其声附如何,古代均可互用。陈仲凡则认为,古代谐声、假借、押韵,必取其音相同或相近,才可互用。至于异时异地而有异读,如由阴声加声附而为阳声或入声,这是古今音转变的由来。若在同时同地,不至于以阴声之 a 与阳声之 an 、aŋ、am,入声之 ak、at、ap 任意互用。譬喻今天的北平音"利"(li)、"吝"(lin)、令(liŋ),显然有别;广州音"连"(lin)、"廉"(lim)、"猎"(lip)、"列"(lit),音读迥殊,不能任意互用。有时,地方变化,发生音韵变化。古人互用时,音必为同部,或相近,逐渐演变成后来的阴阳入转变现象,非古人用时,就有阴阳入的分别而互用。

陈独秀在序中提到皖音"读张如查"的例子,"张"、"查"均读 a 韵,所以可以互用。不是 a 与 aŋ 异读互用。因此,后来的所谓阴阳对转,只说明音韵变化的过程,而不是解释互用的条例。因此,今天所说的古人阴阳互用的字,当古人互用时,其音究竟何如,还需要精密的研讨,不能仓促加以断论。

西方人高本汉,认为古声附遗失了。如说"至"字古音有 d 声附,故可与有 t 声附的"室"、"窒"、"垤"谐声或押韵,"背"古有 g 声附,故可与有 k 声附的"极"、"克"、"力"押韵。虽然高氏仅仅解释了一部分,也不失为考证古音的一种方法。①

12 月 18 日,陈独秀收到陈仲凡来信,次日将其原信转寄给魏建功。依陈仲凡的口气,高本汉的观点尚可商量,而自己的"互用"简直不能成立。陈独秀是不接受的,他给魏建功写信道:

> 鄙意高说即段氏所谓入声转去,照觉玄的说法,古音但有阴声,阳入乃后代之变音耳(不知弟看法有误否)。如古音本无阳入,近世阳

---

① 《陈独秀音韵学论文集》,第 94~95 页,中华书局,2001 年版。

入又有消失之趋势,特中古有此一现象,则殊可怪也。觉玄函阅后尚
希寄还,因对拙作持反对意见者必不乏人,拟汇齐将来作一后序总讨
论之也。①

陈仲凡是陈独秀在北大时的学生,自己在南京监狱,时有照顾,出
狱后还曾住在他家里。他不同意自己的观点,陈独秀也没有办法,学
术讨论,师生可以有不同意见。陈独秀写这封信,是希望得到魏建功
的支持。

魏建功对于陈独秀和陈仲凡的意见,都有不同的看法。1942 年 2 月 6
日,他给陈独秀写信说:

陈觉玄君书读过,(函附还)先生之互用表,建功所敢从同者在以
此解释现象。其阴阳入分界,以私意揣之,恐先生与觉玄皆不能有混
一不分之说也。先生大著,以未明言"互用"之条件,恐读者误解滋多
耳。觉玄之说阴声加声附而为阳声入声云云,颇似主古只有阴声,惟
其引高说则又不尽然矣。……

觉玄似误以先生主张阴阳入互用为"任情"而无条件,然正代表
一般观感也。建功往与先生论"鼻韵",本为解释互用之理,而互用之
条件一事则未尝提出请益。先生之意,功能会心,颇欲以此重检古诗
韵例,而一般意见之所争执者实又一事耳。然与先生所指明之事实本
身似无可动摇。②

魏建功认为,陈独秀的书没有说清楚阴阳入互用是有条件的,容易引
起读者如陈仲凡的误解。

---

① 陈独秀著、任建树等编:《陈独秀著作选》,第 3 卷,第 587 页,上海人民出版社,1993
年版。
② 《陈独秀音韵学论文集》,第 95 ~ 100 页,中华书局,2001 年版。

3 借欧阳渐《武荣碑》

1941 年年底一天,朱蕴山带几只鸭子来看陈独秀。正逢陈独秀胃痛,在床上打滚。老朋友来了,陈独秀精神好些,胃痛也好转。临别,朱蕴山请陈独秀题诗留念。陈独秀写了一首诗:

> 贯休入蜀唯瓶钵,山中多病生死微。
> 岁晚家家足豚鸭,老馋独噬武荣碑。①

贯休,五代僧人;《武荣碑》,即《执金吾丞武荣碑》,该碑在山东济宁。陈独秀在江津时,曾问欧阳渐(竟无)借了一本《武荣碑》。

陈独秀去世后,朱蕴山在写诗纪念陈独秀。其一云:

> 掀起红楼百丈潮,当年意气怒冲宵。
> 暮年萧瑟殊难解,夜雨江津憾未消。②

"夜雨江津憾未消",朱蕴山写此诗的地点在江津,时间是一个有雨的夜晚。

其二云:

> 一瓶一钵蜀西行,久病山中眼塞明。
> 僵化到头终不变,盖棺论定老书生。③

---

① 陈独秀著、任建树等编:《陈独秀著作选》,第 3 卷,第 597 页,上海人民出版社,1993 年版。

②③ 《朱蕴山纪事诗词选》,第 136 页,安徽人民出版社 1981 年版。

"一瓶一钵蜀西行",缘自"贯休入蜀唯瓶钵",含有生活靠人施舍的意思;"老书生",来自陈独秀的诗"依然白发老书生",即陈独秀本质上是一个书生,而不适合搞政治。

1942年5月底,欧阳渐得知陈独秀逝世消息后,托高语罕转送五十元赙金,并给高语罕写了一封信,云:"人生如潮落,有何悲痛?送片金五十元烦公带至鹤山坪去;更恳为我查检仲甫所借之字学书数种及武荣碑还与渐,不胜铭感!此请道安!"

"人生如潮落,有何悲痛",佛教观点,人有往生、今生和来生三生,所以生死轮回,用不着悲痛;"所借之字学书数种及武荣碑",欧阳渐分别于1940年春天、1941年冬天两次借给陈独秀的;"更恳为我查检",说明欧阳非常在意这些书,怕遗失。欧阳渐本人次年在江津去世。

4 已无多剩此残年

1942年,抗日战争迎来了最艰难的一年。六十三岁的陈独秀稍稍伛偻的身子已明显不如入川之初了。他喜欢在日光下漫游,看着异乡的山水,偶尔吟诗几句,排解寂寞。1月7日,陈独秀抄录近作,寄台静农:

峰峦山没成奇趣,胜境多门曲折开。
蹊径不劳轻指点,好山识自漫游回。①

"峰峦山没成奇趣,胜境多门曲折开。"四年前,陈独秀刚到鹤山坪时,给台静农写信说:"此间毫无风景可言",现在,他了解这里的风景后,承认风景很好了。"蹊径不劳轻指点,好山识自漫游回。"陈独秀常常一个人散步,走了很远的路。路偏僻,一般情况下,他不问人,自己可以找路回来。

---

① 安庆市陈独秀学术研究会编:《陈独秀诗存》,第134页,安徽教育出版社,2006年版。

陈独秀去世后,台静农重阅陈独秀的诗,掐指一算,离去世不到五个月,疑是陈独秀的绝笔诗。他在是诗后写跋云:"先生逝世于五月廿七日,距是诗之作,才四个月又二十日耳。"

这些天,陈独秀病情加重,经常失眠,吟诗《病中口占》,云:

> 日白云黄欲暮天,已无多剩此残年。
> 病如垣雪消难尽,愁似池冰结愈坚。
> 斩爱力穷翻入梦,炼诗心豁猛通禅。
> 家麟[邻家]藏有中山酿,乞取深卮疗不眠。①

"日白云黄欲暮天",写诗的时间在傍晚时分;"已无多剩此残年",预感自己将不久于人世;"病如垣雪消难尽",石墙院的墙壁下有残雪;"愁似池冰结愈坚",陈独秀不舒服,身体、生活、写作以及战争等,使他忧愁;"斩爱力穷翻入梦",失眠难入睡;"炼诗心豁猛通禅",吟诗得佳句,忽然有了通禅的感觉;"家麟[邻家]藏有中山酿",中山酿,名酒"千日醉";"乞取深卮疗不眠",向房东(杨家)讨了点酒,以治疗失眠。陈独秀不喝酒,家中不备。

喝了酒,陈独秀心情好了些,写《寒夜醉成》云:

> 孤桑好勇独撑风,乱叶颠狂舞太空。
> 寒来万家蚕缩茧,暖偷一室雀趋丛。
> 纵横谈以忘形健,衰飒心因得句雄。
> 自得酒兵鏖百战,醉乡老子是元戎。②

①② 陈独秀著、任建树等编:《陈独秀著作选》,第 3 卷,第 565 页、第 566 页,上海人民出版社,1993 年版。

"孤桑好勇独撑风,乱叶颠狂舞太空。"站在风中看风景吟此诗;"寒来万家蚕缩茧,暖偷一室雀趋丛。"时间在冬季,蚕成了茧子,麻雀躲在屋梁上防寒。

诗是人之精华,此后,陈独秀精华消散,不复吟诗。

5　劝杨鹏升出外做官

1942 年 1 月 9 日,陈独秀给杨鹏升写了一信。两月前寄了大字联,寄《韵表》也近一个月,均未收到回信,也不知收到没有?

去年 11 月 22 日,陈独秀给杨鹏升写信,还劝他做官:

> 此时弟居乡亦月需费用六百元,比上半年加一倍,兄竟至多我数倍,如何可支? 为兄计,唯有出外做官(只有县长或管理粮食之职务,可以发大财),及移家出川(黔、湘、桂之生活费都比川省要少一半)二策。以弟之年力,此二策均不能行,惟有转乎沟壑已耳!①

以前在重庆,陈独秀曾劝包惠僧出来做官。现在,陈独秀劝杨鹏升做实惠的县长了。

因四川物价上涨,尽管身体不适宜乘车远行,陈独秀仍有冒险乘车去贵阳的打算,因为贵阳的物价比四川便宜一半,这次写信,他希望杨鹏升帮自己拿拿主意。

1 月 26 日,杨鹏升回信说,已"入览"《韵表》,但未提陈独秀寄出的大书对联。陈独秀怀疑没有收到,否则,他是一定会提到的。这副对联,是杨鹏升写的,然后请陈独秀等人题款,如果丢失,损失是无法挽回的。2 月 22 日,陈独秀给杨鹏升写了一信,说:"心中至为不安,以《韵表》遗失尚可补

---

① 陈独秀著、水如编:《陈独秀书信集》,第 521 页,新华出版社,1987 年版。

寄,对联倘有失,无以偿之也。"

杨鹏升想陈独秀写印谱叙文,陈独秀婉言拒绝了,因为"弟于此道过于外行,殊难着笔。兄尚有兴趣作花酒麻雀之游戏耶!"①后一句话,是说在此国难之时,大家饭也吃不饱,你的闲情逸致却不减呢! 陈独秀身体不好,已无杨鹏升的雅兴了。

6　不能去黑石山看梅了

1942 年 1 月 9 日,陈独秀给台静农写了一信。上月 25 日、27 日和本月 3 日,台静农给陈独秀写了三封信。台静农面部中风,此外痔疾严重。何之瑜曾在聚奎教书数月,身体大衰,因食物太差。陈独秀估计,台静农的病和营养不足有关。

台静农在信中提到,中大想聘陈独秀去讲学,但陈独秀自己没有听说,即使有这么回事,以政治环境,自己的病体,都不可行。重庆商务印书馆已在大事扩张,《小学识字教本》一定可印了,但需要陈馆长请教育部陈部长与王云五交涉,始可提前付印,否则出版仍然遥遥无期。他给台静农写信说:"因王云五是一势利小人,陈馆长与之接洽,未必有效。希兄代达鄙意于陈馆长。弟方开始续写识字教本。"

本来,陈独秀和台静农等约了冬天去黑石山看梅,因邓仲纯医院走不开,何之瑜 1 月 26 日以后,国立九中才放假,大家凑不到一起了。

台静农 1 月 11 日和 17 日写了两封信给陈独秀,请邓燮康带到江津交邓仲纯转陈独秀。隔日,陈独秀给台静农写信,请陈馆长寄来《小学识字教本》副本一部。因担心遗失,陈独秀希望放在台静农处,不必寄来。一般情况下,笨重邮件不如托银行寄,虽然慢些。

编印馆在进行人事变动,台静农也面临调整的可能。陈独秀希望他最

---

①　陈独秀著、水如编:《陈独秀书信集》,第 523 ~ 524 页,新华出版社,1987 年版。

近和陈可忠谈谈,请他和王云五商量,既然编译馆不能印《小学识字教本》,就把该稿卖给商务。

天气颇寒,行动不便,去黑石山看梅的愿望是不能够实行了。

2月26日,陈独秀给台静农写信,附寄了给编译馆陈可忠馆长的信,请他将自己的书稿油印二十份,防止遗失:

> 拙稿虽未尽善,而创始不易,弟颇自矜贵,希望能于足下在馆期间,油印五十份(弟需要二十份赠朋友)分寄全国。此时虽有原稿一份副本三份,一旦川中有乱,难免纷失也。区区之意,请勿以过虑而忽之!①

原来,春节前,朱家骅送了一笔钱,陈独秀的经济有了好转。尽管书印不出来,陈独秀的经济压力小了,只要书稿不丢失就行了。

7 接受朱家骅"私人"馈赠

1942年1月17日,陈布雷致朱家骅写信说:

> 骝先我兄大鉴:
>
> 日前所谈仲甫近况艰困,经呈奉谕示一次补助八千元,以吾兄名义转致。当饬公费股周股长奉上,送到时请察收赐复(电话告弟即可)为荷!即颂时祉。
>
> 弟陈布雷
1月17日②

---

① 靳树鹏:《陈独秀晚年书信三十八封》,《书屋》,2000年第1期。
② (台北)中研院近代史研究所档案馆藏"朱家骅档案",全宗号:301,宗号:395,册号:2。转自左双文:《晚年陈独秀有无接受国民党资助?》,2008年4月24日《南方都市报》。

"经呈奉谕示",指向蒋介石汇报,并同意补助八千元,但以朱家骅的名义,防止陈独秀不要。陈布雷叫公费股周股长将钱交朱家骅。

朱家骅 1 月 20 日给陈布雷写了回信:

布雷吾兄勋鉴:

　　十七日手笔敬悉,关于一次补助仲甫兄八千元由弟名义转致一节,俟收到后,当即派张国焘同志送去也。知关厪注,敬先奉复,祗颂勋绥。

弟　朱家骅

1 月 20 日①

朱家骅收到钱,即请张国焘送去了。其身边的工作人员在 1 月 17 日的陈布雷的来信上写了"收到后当即派张国焘同志送去"字样。

朱家骅 1 月 27 日给陈独秀写信说:

仲甫先生大鉴:

　　顷来不审道履何似,屡思趋候,以职事牵人,迄今未果。兹托张国焘兄转奉国币八千元,聊将微意,至祈俯察哂存,幸甚幸甚,尚颂时绥不宣。

弟　朱家骅

1 月 27 日②

"转奉国币八千元",说明陈布雷所说的八千元如数转交;"聊将微意",是以自己的名义;该信稿右边注:"已由甘秘书呈签后送交张君",即

---

①②　(台北)中研院近代史研究所档案馆藏"朱家骅档案",全宗号:301,宗号:395,册号:2。转自左双文:《晚年陈独秀有无接受国民党资助?》,2008 年 4 月 24 日《南方都市报》。

交张国焘。

1月29日,张国焘到江津鹤山坪,将钱交给陈独秀。陈独秀给朱家骅写了回信,由张国焘转交:

> 骝先先生台鉴:
>
> 　国焘兄来津,奉读手教,并承赐国币八千元,远道将来,不敢辞却,无劳而领厚赐,受之实深惭愧也。弟寓人口既少,生活又简单,去年赐款尚未用罄,今又增益之,盛意诚属过分,以后如再下赐,弟决不敢受,特此预陈,敬希原谅,并谢高谊,余不尽焉。
>
> 弟独秀启
1月29日①

"不敢辞却",说明陈独秀经济困难,收下了这笔钱,无劳而领厚赐,受之实深惭愧也。"去年赐款尚未用罄",去年春天,朱家骅给了五千元。前年夏天,朱家骅给了一千元,三年下来,一共给了一万四千元。"以后如再下赐,弟决不敢受",陈独秀不知道是国民政府给的钱,以为是朱家骅私人的钱,所以这次还是接受了。

另一方面,陈独秀不一定不知道这笔钱是国民党的钱,因为朱家骅说是私人给的,他假戏真做地接受了,毕竟自己的生活没有来源。正因为知道这些钱是官方的,所以陈独秀的回信并不含有多少私人的情分,而有些公文化。杨鹏升送的钱没有朱家骅给得多,陈独秀感激之情,倾诉笔端,与给朱家骅的信比,大相径庭。

朱家骅是陈独秀北大同事,1917年在北大教德文,1924年任北大地质系教授兼德文系主任,1927年后任过中山大学校长、中央大学校长,1931

---

① (台北)中研院近代史研究所档案馆藏"朱家骅档案",全宗号:301,宗号:395,册号:2。转自左双文:《晚年陈独秀有无接受国民党资助?》,2008年4月24日《南方都市报》。

年任国民政府教育部长,此时任国民党中央组织部长,1940 年春天蔡元培去世后,兼中央研究院院长。

8 想去贵阳

1942 年 2 月 6 日,魏建功给陈独秀写了一封长信。

陈独秀去年 12 月 12 日的来信,16 日收到;19 日来信,21 日收到。因当时警报频频,尤其是 12 月 18 日敌机临空,大家仓皇隐蔽,20 日、22 日、24 日均有警报,魏建功因跑警报,精疲力竭。今年 1 月 3 日,魏建功徐旭生约请,到其山居看茶花,走了二十余里路回家,因天快黑,急急赶路,肺病复发,吐血潮热,精神萎靡,息养一个星期,才勉强上课。现在是学生寒假考试时间,不需要上课,是可大偷懒的时候了。因不上课,近日魏建功的身体已恢复了。这是许多时间未回信的原因,他怕陈独秀责怪,详细解释了一番。

《韵表》收到后,魏建功才发现自己写的《序》有不少问题没有校对出来。如第一页的"黄氏"错写为"董氏",第二页的"顾宁人"讹作"愿宁人"等。

魏建功认为,自古以来,韵书分韵并非绝对以读音为准,读音一般以同摄者相同为原则,不相同则属于后来的变化。

对于陈独秀打算去贵阳,魏建功不赞成。他在信中说:

> 滇中天气大佳。空袭近极少,敌在马来一带有如燎原,缅局如紧张,则不知如何。生活奇昂,所入不足赡家,内子在白沙,不能不稍谋自给。最近奎校纷更,亦不欲计其成败矣,闻之瑜兄照拂,将与爕康兄连意,固大佳也。伊来夏将分娩,故功暂不拟劝其他往作事,能在山中颇合宜。①

---

① 《陈独秀音韵学论文集》,第 100 页,中华书局,2001 年版。

"敌在马来一带有如燎原,缅局如紧张,则不知如何。"是说去贵阳,有战争波及的危险,不同意陈独秀去。"内子在白沙",指魏建功的妻子在白沙镇工作;"奎校",即聚奎中学。

9　凌铁庵指责陈独秀

苏德战争爆发后,陈独秀才发现,自己从前把第二次世界大战的双方阵线估计错了,即把苏德视为共同敌人。思考了几天,陈独秀写了《战后世界大势之轮廓》。信纸是杨鹏升寄来的军队八行书稿纸,格子间距大,适合陈独秀昏花的眼睛。他分析要么日德胜利,要么英美胜利,或握手言和。他有意地不提苏联,说:"美国胜利了,我们如果能努力自新,不再包庇贪污,有可能恢复以前的半殖民地的地位,倘若胜利属于德、意、日,我们必然沦为殖民地。"

这篇文章五六千字,时写时辍,直到腊月二十五日才写好。

3月21日,重庆《大公报》刊登了陈独秀《战后世界大势之轮廓》的一半。次日,国民党军事委员会战时新闻检查局审查该文,认为"内容乖谬,违反抗建国策",禁止刊登下半部分。

3月29日,江津县在东门外体育场举行纪念黄花岗七十二烈士大会,有民众四千人参加,县长罗宗文主持大会。辛亥革命的元老、双目失明的凌铁庵老人在女儿的搀扶下,走到前台,厉声指责陈独秀,说他在3月21日《大公报》上发表《战后世界大势之轮廓》,散布悲观情绪,不利于抗战,影响群众的抗战积极性,应群起而声讨之云云。

凌铁庵是安徽定远人,辛亥革命后任第五师师长,1913年任讨袁护国军淮南司令。散会后,《江津日报》社长张西洛问罗宗文:"凌铁老的讲话,上不上报?"罗宗文说:"没有必要。"但《江津县政府公报》还是报道了此事。

重庆卫戍总部派遣在江津县稽查室的李主任问张西洛:罗县长为啥

偏袒陈独秀?

　　会后,罗宗文离开江津,去铜梁任县长。离开前,他请吕秀珍送纸去求陈独秀,再写一副字。这次,陈独秀集《散氏铭》两句话,写成对联:"还师自西旅,祖道出东门。"并题款云:"宗文先生,长斯邑年余,今调赴铜梁,出纸索书,因集散氏铭以赠,即乞正之,独秀。"上联是希望抗战胜利,班师回到家乡,下联指眼前的分别。

　　罗宗文第一次见陈独秀是在 1940 年 9 月,即在他刚刚上任不久。1942 年春天离开,虽然跨度三个年头,实际时间不到两年,故陈独秀说"长斯邑年余"。①

　　《大公报》拒绝发表《战后世界大势之轮廓》下半截,陈独秀仍写了一篇三四千字的文章《再论世界大势》。他画了一个人类进化史表,认为近代世界是资产阶级民主制——法西斯蒂专制,未来世界是无产阶级民主制——全民民主制。他推断,世界大战后,人类将丧失数百年自由、民主,进入法西斯蒂专制时期。因为国民党当局的禁令,这篇文章《大公报》没有刊登。

　　5 月 8 日,延安《解放日报》刊出李心清文章《斥陈独秀的投降主义理论》,驳重庆《大公报》已经刊出的陈独秀《战后世界大势之轮廓》前半部分。

　　大陆解放时,凌铁庵到了台湾。1960 年 2 月 20 日,台湾《公论报》刊登《小型国大会议》,引用他发言反对蒋介石破坏宪法的话:

　　　　凌铁庵代表说:"我们是中华民国全体人民的代表,我们不是代表'汪政权'的,更不是代表'大世界'的。"他又说:"我们不要怕,他们有

---

　　①　罗宗文任铜梁县长后,因供应重庆不少的粮食,被国民政府粮食部长徐堪调为粮食部四川粮食储运局涪江区分局局长。抗战胜利后,被国民政府授予胜利勋章,任四川省粮食储运处处长、中央主计部、财政部司长、中央银行秘书处长。解放后,在重庆任民革中山学校校长、重庆市文史研究馆馆员。

四分之一的代表,可以否决修宪案,我们只要三百多人,也可以否决修订临时条款案。如果为修宪而死,这是光荣的。"①

报纸刊登的当天,胡适看了这篇文章,在日记里说:"此中凌铁庵是双眼全瞎的安徽代表,他说的'只要三百多人可以否决'的话是很对的。假定出席人数为一千四百人,只须三百五十人就有否决的能力。"但胡适不知道,就是这个凌铁庵,在抗日战争时期,曾公开指责过陈独秀。

10　与晋公素无一面之缘

1942 年 4 月初,陈松年带来了杨鹏升的信,里面又有某先生一千元钱。这次杨鹏升告诉陈独秀,某先生即"晋公"。这个晋公与陈独秀素昧平生,却三番五次寄钱,算起来,已寄了二千二百元了。

4 月 5 日,陈独秀给杨鹏升写了一信。这是陈独秀给晚年最好的朋友的绝笔信:

● 陈独秀 1942 年 4 月 5 日给
杨鹏升最后一信

鹏升先生左右:

三月十二日,二十日两示均敬悉。承赐信纸二百,信封一百,谢谢!以吾兄经济艰难,竟为弟谋及此,且感且愧!弟于印章过于外行,然累寄命,不敢坚辞,百集成时,拟勉强书数语以塞责也。前次移黔之

① 胡适著、季羡林主编:《胡适全集》,第 34 卷,第 663 页,安徽教育出版社,2003 年版。

计,主要是为川省地势拔海较高,于贱恙不宜,非为生活所迫。与晋公素无一面之缘,前两承厚赐,于心已感不安,今又寄千元,且出于吾兄之请求,更觉惭[愧]无状,以后务乞勿再如此也。前敬题大联,恐未曾寄到,来函云收到者,疑伪作此言以慰我耳,倘真收到,请示以弟所题语句,则始能相信也,如何？此祝

　　健康　和平嫂夫人均此

弟独秀手启
四月五日①

　　"弟于印章过于外行,然累寄命,不敢坚辞。"陈独秀上次去信,不想写杨鹏升的印章序,但杨鹏升仍希望陈独秀写,出于感激,陈独秀不好推辞了;"百集成时",指杨鹏升凑齐了一百枚印章作品;"前次移黔之计,主要是为川省地势拔海较高,于贱恙不宜,非为生活所迫",陈独秀不好说自己经济困难,将去贵阳的动机,说成是身体不适应四川。实际上,他还是考虑四川的物价高于贵州的物价;"与晋公素无一面之缘,前两承厚赐,于心已感不安,今又寄千元",前两次各送六百,三次共二千二百元。这是陈独秀接受的最后一次馈赠。"且出于吾兄之请求",晋公并不认识陈独秀的,但经济富裕,杨鹏升因自己的经济并不宽裕,特请朋友支持陈独秀。

　　一生不低头的陈独秀,晚年偏偏过起了寄人篱下的生活。"更觉惭愧无状",是他的心里话。"前敬题大联,恐未曾寄到",陈独秀直到去世,仍然不清楚这副对联是否寄到。杨鹏升50年代初,被作为历史反革命逮捕镇压,此对联下落,也无从稽考了。

　　6月初,杨鹏升在报纸上看到陈独秀去世的消息,大惊失色。他在此信的信封上写道,"此为陈独秀先生最后之函,五月二十七日逝世于江津,四月五四寄我也! 哲人其萎,怆悼何及。六月"。

---

① 陈独秀著、水如编:《陈独秀书信集》,第524页,新华出版社,1987年版。

11　再论世界大势

1942 年初夏,鹤山坪的田野里,油菜、蚕豆等农作物生机勃勃。天气转暖后,久病的陈独秀精神稍爽。

记得罗宗文县长以前说,玉米缨能治心脏病,叫潘兰珍找人去要一点。潘兰珍听说,蚕豆花开了,喝蚕豆花可以治高血压。陈独秀即叫潘兰珍去搞一点蚕豆花,当日开始泡水喝。

5 月 10 日上午,陈独秀喝了一杯蚕豆花泡的水。喝下后感到腹胀不适,当晚睡觉不安。原来,蚕豆花被雨浸后发酵生霉,陈独秀没有在意,结果喝了带菌的水,中了毒。

本月以来,陈独秀断断续续写了《被压迫民族之前途》一文。这是继《战后世界大势之轮廓》《再论世界大势》之后谈世界大战的文章,文章比前几文的短,但他自己称为画龙点睛之文。陈独秀说:

> 在资本帝国主义的现世界,任何较弱小的民族,若企图关起门来,靠自己一个民族的力量,排除一切帝国主义之侵入,以实现这种孤立的民族政策,是没有前途的,它的唯一前途,只是和全世界被压迫的劳动者,被压迫的落后民族结合在一起,推翻一切帝国主义,以分工互助的国际社会主义世界,代替商品买卖的国际资本主义旧世界,民族问题便自然解决了。①

陈独秀前一阵子谈了发展资本主义的话题,可自己的文章,在国民党统治区居然不能发表,自己的书不能够出版。时间冲淡了"汉奸"风波,他

---

① 陈独秀著、任建树等编:《陈独秀著作选》,第 3 卷,第 605 页,上海人民出版社,1993 年版。

又回到了社会主义的阵营。自 1919 年被逮捕,自胡适的"问题"派转到李大钊的"主义"派,陈独秀开始接受社会主义,并在广州期间作了多次社会主义的演讲。1923 年因为参加国民党,写了国民革命在资产阶级领导下进行的文章,但在中共三大和五卅运动后,陈独秀几次强调中国革命,依靠无产阶级。土地革命时期,因被开除党籍,他一度主张走国民会议道路,但始终摇摆。因为去不了延安,他入川后,主张先发展实业,搞资本主义。现在,自己的文章不能在国民党统治区发表,他又回到了社会主义的道路。

但陈独秀坚持认为,今天的苏联已经不是社会主义国家,而是把民族利益放在第一位的国家,是世界列强之一。他说:

> 前期苏联是站在世界革命的立场,后期苏联则站在俄国民族利益的立场。自苏俄领导者,因为西欧革命之顿挫,乃中途变节,放弃了以世界革命为中心的政策,代之以俄国民族利益为中心的政策,各国头脑清醒的人,乃日渐由怀疑而失望,直到现在,人们对于苏联虽然内心还怀着若干希望,而在实际上只得认为它是世界列强之一而已,若要硬说她是社会主义国家,便未免糟蹋社会主义了!假使俄国仍旧坚苦的守着当年国际社会主义的立场,中日战争一开始,她便应该以全力援助中国。[①]

陈独秀在大革命时期和苏联派出的共产国际代表打了多年的交道,知道他们在蒙古问题上,在中东路问题上,在支持孙中山问题上,都是以苏联的民族利益放在第一位的。

第二次世界大战爆发后,苏联与德国签订互不侵犯的友好条约,受到陈独秀的激烈抨击;苏德战争爆发后,陈独秀一段时间回避提苏联是反法

---

①　陈独秀著、任建树等编:《陈独秀著作选》,第 3 卷,第 606 页,上海人民出版社,1993 年版。

西斯的阵营;在这篇文章里,陈独秀批评了苏联的做法是以本民族利益为第一位,贻误了攻击法西斯德国的战机,给反法西斯阵营带来巨大的损失。他说:

> 她[俄国]的全民族政策之后果如何呢?她为俄国安全计,以向法西斯蒂妥协代替了向法西斯蒂进攻;其结果俄德战争不开始于希特勒在欧洲孤立之时,而开始于希特勒击败了欧洲各国之后,俄国不但向法西斯蒂妥协的代价之半个波兰和波罗的海三小国仍为希特勒所有,连欧俄的大部分土地人民也都沦陷于法西斯蒂军队之手,若没有英美的援助,莫斯科也未必守到今天。她为俄国安全计,始终避免和日本开战,连中国共产党都因此被人加以"游而不击"的恶名。[①]

12 发 病

1942年5月13日,包惠僧从重庆来看陈独秀。陈独秀见老朋友来了,十分高兴。他将正在写的《被压迫民族之前途》一文匆匆结束,托包惠僧经江津县城时寄信给Y(何之瑜),并给何之瑜写了一信:

> Y兄:
>
> 返校后来示敬悉,××带给你的《江津日报》,望寄给我,弟不愿送文章在该报登载,而×××已快走了。××已赴印度,前函已告兄,谅已收到了。兹送上一文,可以说是前三文的结论,更是画龙点睛了。给二位老寡妇看后,可与×××一看,愿抄与否,由他们自便。需否抄一份给××××诸君看看,由兄决之。倘需抄一份给他们看,可寄给

---

① 陈独秀著、任建树等编:《陈独秀著作选》,第3卷,第607页,上海人民出版社,1993年版。

×××。抄寄他人,可以不必,因请人抄写不易,寄去他们也不会理解和同意,第三文弟处已无存稿,望将原稿寄下。此祝

　　健康

弟独秀

一九四二年五月十三日①

　　"而×××已快走了",指县长罗宗文;信上的姓名,系何之瑜删去;"兹送上一文",即《被压迫民族之前途》;"前三文",即《我的根本意见》、《战后世界大势之轮廓》、《再论世界大势》;第三文《再论世界大势》,陈独秀说"望将原稿寄下",说明他没有想到自己近期会有生命的危险。

　　包惠僧来了后,潘兰珍到石桥镇买了一点猪肉,款待客人。中午,潘女士做了土豆烧肉,陈独秀因为高兴,加上好久没有吃肉,多吃了一些。因要赶回重庆,包惠僧吃过午饭就走了。和老先生分手时,包惠僧发现,老人的眼光十分慈祥,似乎有和以前不一样的眼神。

　　晚上,陈独秀腹胀难忍,不能入睡,半夜全吐掉了。此后一个星期,陈独秀耳鸣加剧,四肢无力。

　　5月17日早晨,陈独秀按往常一样起来盥漱,顿觉头目晕眩,赶快上床静卧。过了一会,他想上厕所,因头晕未上成。晚七时半,陈独秀上厕所时,全身冒冷汗,因便秘晕倒在地,一个小时后才苏醒。九点又昏迷,三刻钟后才苏醒,并伴有发烧,过了一刻钟,才稍稍恢复旧状。潘兰珍看先生几次昏迷,知道大事不好,吓得哭了起来。

　　第二天清晨,潘兰珍请杨鲁承的孙子杨庆余赶往江津县城找邓仲纯。邓本来准备去重庆,见陈独秀病重,托人过江到德感坝第九中学喊了陈松年、何之瑜,三人急急忙忙赶到鹤山坪。到了鹤山坪,陈独秀已处于昏迷状态,潘兰珍眼泪汪汪。邓仲纯忙给他打了一针,灌了一些药,陈独秀才稍稍

① 陈独秀著、水如编:《陈独秀书信集》,第525页,新华出版社,1987年版。

好了一些。邓仲纯给重庆的周伦、曾定天两医生写信,想请他们来会诊。但两位医生没有来,只是提出了诊治的意见,并赠送了药品。

在黑石山的台静农知道陈独秀病了,给邓仲纯写了两封信问情况。5月19日夜,邓仲纯在鹤山坪给台静农写信,报告了陈独秀的情况:

> 两奉来示,敬悉。尊恙已渐告全,至慰之!弟以仲兄突然卧病,于十八日再到鹤山坪。仲兄乃因食物中毒而起急性肠胃炎,十七日晚曾一次晕厥,颇形危险,今日虽经服药,已较平稳,然以年逾六旬而素患高血压症者,究属危险,实足令人惴惴不安为甚矣!……①

5月20日,邓仲纯在鹤山坪继续给台静农写信:

> 仲兄较昨日更见好。已略有食欲,不作呕,呼吸已平稳,精神亦稍觉安宁矣。仲兄嘱转达吾兄者,以后教本印稿不必寄来校对,径可付印,盖因此次一病,必须数月之休养,方能恢复健康,决无精力校对,以免徒延日期也。弟大约再留山上一二日,视仲兄病状如何!弟原拟于上星期日(十七日)赴渝一行,乃因仲兄病而终止也。②

鹤山坪是个高处,故言"再留山上"。

13　逝　世

1942年5月22日,陈独秀接连三次昏倒,邓仲纯打了强心针才苏醒。次日,江津县医院西医邹邦柱、康熙光到鹤山坪,给陈独秀用了肝油腔通了大便,但病情并没有好转。

---

①② 靳树鹏:《陈独秀晚年书信三十八封》,《书屋》,2000年第11期。

5 月 25 日上午,陈独秀精神稍好,仿佛回光返照。他知道自己不行了,断断续续地对何之瑜说,我要和你分别了。谢谢你照看我。我的书,由你经手,送给北大。我的书稿,你和松年、抚五等人商量处理。谈到潘兰珍,陈独秀说,她还年轻,之瑜帮她找一个工作做,莫拿我卖钱。遇到合适的,再找一个人,今后一切自主,生活务自立。他对儿子陈松年说:以后回家,把我的棺木和嗣母的棺木都带回去。

陈独秀说了这些,潘兰珍、陈松年痛哭失声。

第二天,5 月 26 日,包惠僧的妻子夏松云和张国焘的妻子杨子烈两人赶到鹤山坪。包惠僧回家后,和段锡朋等北大同学凑了三百元钱,给陈独秀看病。陈独秀见钱,说:"谢谢!"歇了一会儿又说:"要是惠僧来了多好啊!"说完,又昏睡了过去。夏松云和杨子烈当天下午就回去了。

5 月 27 日,农历四月十三日,星期三,包惠僧因陈独秀希望自己来,赶到了鹤山坪。陈松年告诉他,父亲从上午九时起就昏迷不醒了。包惠僧要进房间看陈独秀,何之瑜说:"先不要进去,老先生以前也昏过,一会儿就醒的。"潘兰珍听见声音,忙从屋里走出来,拉着包惠僧进屋看陈独秀。包惠僧站在床前,注视着昏迷的陈独秀,墙角旮旯里有一堆潘兰珍自种的马铃薯……

邓仲纯轻声说,交替打了强心针和平血压针,也没有醒过来。过了一会儿,邓仲纯对陈松年妻子窦氏说:"先给包先生弄点吃的。"窦氏怀里抱着刚出生不久的女儿长玙,身边站着大女儿长玮和侄子长文。

下午,邓仲纯翻了一会日文医书,怀疑陈独秀是大脑中枢出血。包惠僧后来写道:

> 到了晚上八点钟潘女士喊我进去,她一手托着他的头一手拉着他的手说,老先生,包先生来了,并拨开了他的眼皮,我紧紧地看着他,只见他的眼珠还动了一下,似有所觉,还流出了眼泪,然后就断了气……①

---

① 王树棪等编:《陈独秀评论选编》下,第 306 页,河南人民出版社,1982 年版。

邓仲纯看了一下时间,晚上九点四十分。

潘兰珍和陈松年的妻子等号啕大哭。邓仲纯、包惠僧等人默默伫立在陈独秀的遗体旁,向这位六十三岁的老人,作最后的道别。

陈独秀的桌子上,还有写给魏建功的一封没有写完的信,信中两次提到与史存直的不同意见。桌上堆着一摞《小学识字教本》(教师用)下篇书稿①,写了一个"抛"字,还没有来得及解释。"抛"字后,有先撰成的象声字一百五十六个。这个带有宿命论意味的"抛"字,遂成了陈独秀文字学研究的绝笔。②

挂在东方山冈的月快要圆了。月华如水,覆盖着肃穆的山坳。山风起处,黄桷树叶一阵簌簌作响,似乎在诉说一个异乡客人的风烛残生……

14　追悼会"因故延期"

陈独秀去世后,包惠僧在这里帮不上忙,第二天就回重庆去了。

潘兰珍见老先生死了束手无策,直晓得哭。幸亏邓蟾秋、邓燮康等张罗处理后事,净身、着寿服、作道场、找道士择日、找人抬高肩(棺材),等等,邓仲纯、邓季宣、何之瑜等人忙着接待客人和整理账目。1904 年,陈独秀在《安徽俗话报》上发表文章,反对打醮、念佛等,想不到自己去世后,这一套在他身上也照法过了一遍。

陈独秀没有想到自己会在江津去世,对于自己的后事毫无安排,既无棺材,也无葬地。棺木最棘手,棺材不能现打,因为潮湿的木料不适合入殓。四川香楠木是贵重树木,康熙年间,曾命令福建、广东等省份不准随意砍伐。楠木棺材很重,不易腐烂。按包惠僧说,楠木棺材系安徽同学会赠

---

① 陈独秀撰写的《小学识字教本》,在其生前未出版。陈独秀逝世后,由国立编译馆油印五十部,十六开本,粗纸油印线装,175 页。1971 年,台北语文研究中心将梁实秋收藏的一部影印出版,未署陈独秀的名字,删去《自叙》,将书名改作《文字新诠》。

② 《陈独秀音韵学论文集》,第 100 页,中华书局,2001 年版。

送。另一种说法,七十二岁的邓蟾秋先生,急人所难,让出了为自己准备的楠木棺材。

国民党和青年党、民社党准备在重庆开陈独秀的追悼会。国民党军委会政治部副部长梁寒操来动员郭沫若做发起人之一,郭沫若说:"我不认识这个人。"见郭沫若拒绝,梁寒操拿出陈立夫等人签名的单子,说:"已有不少人愿意做发起人。"郭沫若看了名单,说:"有这些大人物够了,我这个小人物起不了作用。"郭沫若拒绝后,陈独秀在重庆的追悼会"因故延期"。

郭沫若说,"我不认识这个人",一来受当时的所谓陈独秀是托派"汉奸"的影响,二来或许真地没有直接的交往。但郭沫若和陈独秀之间,确有过一次笔墨官司。

1937 年 3 月,郭沫若写《读〈实庵字说〉》,批评狱中的陈独秀在《东方杂志》(第二十四卷)发表的《实庵字说》。当时,国内发生了关于中国社会史的问题的论战,大多数托派认为中国没有奴隶社会,认为在氏族废墟上建立了封建社会,自秦汉以来,则是商业资本主义社会。陈独秀同意这些观点,他通过研究古文字,证明中国古代没有经历过奴隶社会。

郭沫若引用了大量的甲骨金文,指出陈独秀对古文字学是"外行",立论是"大误"。郭沫若说:"关于奴隶制这个问题,我敢于十分坚决地主张,中国也和希腊、罗马一样,对于马克思的那个铁则并不例外。"郭沫若的这篇文章,1942 年 4 月,即陈独秀去世前一个月,收入重庆文学书店出版的《蒲剑集》里。

郭沫若的文章发表后,陈独秀同狱中的濮德治谈过此事。濮德治回忆说:

　　《实庵字说》与郭沫若有过争论,他对郭沫若有些地方很钦佩,如郭说古代人不知人从何来,对生殖器崇拜,古文中"也"字很多,他说"也"字是女阴的象形,人从女阴中出来,人们觉得神奇。陈说这是郭的卓见,但有的地方,陈又说郭浅薄。郭曾为文答复,说陈在这方面是行家,是前辈,但他困在狱中,看不到许多书,所以孤陋寡闻。我不懂这个问题,之所以写下来,因确有这件事。①

"陈又说郭浅薄"这或许是郭沫若不乐意发起陈独秀追悼会的一个原因。照濮德治的意思,陈独秀和郭沫若说并非不"认识",至少有过学术争论。

农业家董退思(名时进)不认识陈独秀,他读 6 月 1 日《新民晚报》,看到陈独秀逝世的消息,感慨不已。隔日给高语罕写信说:"尝谓一般所谓革命家者,不成功,即成仁。成功者则富贵功名,生荣死哀;不成功者,死后亦往往有政府哀扬,社会追悼。陈先生无一于此,一生清苦,寂事以死,然而惟其如此,乃属难能可贵。"

陈独秀没有社会追悼,董退思觉得更值得同情,将自己的稿费五百元,托《新民报》主编张慧剑汇给高语罕转陈独秀遗属。

董退思的这笔捐赠款由高语罕转交给陈独秀的夫人潘兰珍时,陈独秀已经安葬,潘兰珍因遵从陈独秀生前不要以他卖钱的遗嘱,未予接受,仍由高语罕退还了。故何之瑜的记载馈送的钱中,没有了董退思这一笔钱。

15 安　　葬

1942 年 6 月 1 日清晨,陈独秀灵柩由鹤山坪抬到龙门滩,然后抬上一只江津粮站运米的木船,由龙门滩沿江朝东北方向,运到江津县城西门。陈独秀临时墓地选在江津县城大西门外鼎山山麓、桃花林邓氏康庄前坡,由邓氏叔侄主动捐出。墓穴不远处,是江津义字号龙头大爷李孔修墓地。陈独秀生前曾表示,此地风水不错。墓垄及墓道由邓氏叔侄捐钱修筑。墓碑上刻有欧阳竟无写的"独秀陈先生之墓"——此外,江津育才中学也愿

---

① 王树棣等编:《陈独秀评论选编》下,第 357 页,河南人民出版社,1982 年版。

提供陈独秀的安葬地。

下午一时半,江津县名流、绅士,附近各乡团丁、双石小学学生及陈独秀的亲朋好友百余人参加了陈独秀安葬仪式。邓季宣是国立九中校长,他安排在江津城内的九中高三分校部分师生去给陈独秀先生送葬。

殡葬仪式由邓燮康、周光年、方孝远主持,何之瑜、段锡朋、邓仲纯、程小苏及潘兰珍、陈松年等家人聚集墓垄周围。国民党官员中,只有段锡朋一人专程由重庆到江津来参加陈独秀的葬礼。

追悼会上,高语罕发表了《参与陈独秀先生葬仪感言》:

> 我应该先代表陈独秀先生及其家属和戚友,向江津绅耆邓蝉秋先生及其侄公子燮康先生致衷心感谢之忱！ 同时,同样地,向江津育才中学校董、孙茂池先生等致衷心感谢之忱！ 当独秀先生患病消息传到城内时,邓燮康先生即偕周弗陵先生与罕下乡探视,探视之后,燮康先生即和我们商量先生的身后问题,未等大家开口,他便毅然一肩担去。回城后,四处奔走,寝食不遑。所有衣衾棺木等等都办得十分美满。中因棺木问题,几经变化,几经周折,至于舌敝唇焦,声泪俱下,卒底于成。蝉老年逾七十,息影白沙,一闻先生噩耗,便急遽来津,登岸之后,毫不休息便马上赶至鹤山坪石墙院先生寓所吊唁。关于墓地,燮康先生早已慨愿以其大西门外桃花林边新建别墅康庄园地辟作先生墓地,蝉老又欣然力赞其成。同时,育才中学校董孙茂池先生亦代表育才中学慨然愿辟校中适当地区迎葬先生灵柩;并愿在先生墓旁独立建筑房屋数间,陈列先生遗物其中,俾资观感。此等情谊,纯出天真,此等苦心,非可力求,不唯在近时浇漓之俗,成为凤毛麟角,即求之古人,亦属不可多觏！ 现先生墓地终于选定燮康先生之别墅——康庄,殆有夙缘,盖先生居津四载,其平素过从最密者,就江津士绅说,厥为邓家叔侄。①

---

① 王树棣等编:《陈独秀评论选编》下,第406~407页,河南人民出版社,1982年版。

陈独秀病危时,高语罕、邓燮康、周弗陵、邓蝉秋等下乡探视;"所有衣衾棺木等等都办得十分美满。中因棺木问题,几经变化,几经周折,至于舌敝唇焦,声泪俱下,卒底于成。"没有说是蝉老让出棺木。

高语罕有感于邓家人的热心,口占绝句一首,云:

> 足下奔雷地底传,江风山月此长眠。
>
> 邓家叔侄多情甚,又结身前未了缘。①

最后,人们依次向墓碑行三躬礼,结束殡葬仪式。

16　捐款及揭墓仪式

陈独秀去世后,高语罕写了挽联,云:

> 喋喋毁誉难凭! 大道其容,论定尚需十世后!
>
> 哀哀蜀洛谁悟? 彗星既陨,再生已是百年迟!

"论定尚需十世后",估计陈独秀死后盖棺不定,要等百年千年,才有定论。

陈仲凡在重庆也写了一幅挽联,云:

> 生不遭当世骂,不能开一代风气之先声;
>
> 死不为天下惜,不足见确尔不拔之坚贞。

陈仲凡的意思,陈独秀在世不遭人骂,出不了名,开不了风气。

---

① 张湘炳:《陈独秀的逝世及安葬经过详叙》,《合肥学院学报》,2004 年第 5 期。

陈独秀去世后,《时事新报》《新民报》发了消息,说"青年时代的陈独秀,向宗教宣战,向偶像宣战,一种凌厉之气,不失为一个先驱者"。对于陈独秀晚年,该文说"他究竟是一个操守者,因为我们还得到他身后萧条的消息"。

负责管理陈独秀后事开支的何之瑜于 1942 年 6 月统计,陈独秀去世后,十来天收到社会各界捐款三万三千七百五十元(法币)。其中:许静人(世英)一万二千元,蒋介石一万元,朱家骅(骝先)五千元,陈立夫、段书贻(锡朋)、王抚五各二千元、余骐五百元,胡小石、金鸣宇各一百元,欧阳竟无五十元。

支出费用三万八千七百五十三元一分(法币):医药二千四百九十六元五角、衣棺一万一千二百九十五元三角、葬费二千二百五十四元、修墓九千二百五十五元、招待三千六百三十一元五角、酬谢二千二百九十九元二角、工资六百八十元、杂用三千三百九十二元五角一分、整稿二千二百四十九元。

收支相抵,超支五千零三元一分,不够部分,由北大同学会拨付。因为已经安葬,此时继续赠送的钱,一概不收了。

1943 年元月 1 日,在陈独秀墓道修筑好了后,段锡朋、何之瑜、邓仲纯、潘兰珍、陈松年夫妇等人举行了陈独秀"揭墓仪式"。十二岁的邓敬苏和十一岁的邓敬兰姐妹俩站在墓的两边,留下了合影。邓敬苏见"独秀陈先生之墓 1879—1942"的石碑,问父亲:怎么有人姓"独"呢? 父亲告说"他姓陈,是一个大学问家,独秀是他的名字,叫独秀是尊称他……"她又问:"为什么葬在我们家?"父亲说:"唉,一个外乡人,贫病交加,客死我乡,总不能让他无葬身之地吧!"①

葬仪结束了,潘兰珍扶住一棵橘子树,哭得非常伤心。邓敬苏、邓敬兰的母亲和邓仲纯、邓季宣都来劝她,说大家会帮助她日后的生活的,并留潘

① 庞国翔:《陈独秀与邓氏叔侄和邓氏兄弟》,《世纪桥》,2008 年第 6 期。

兰珍在邓家住了几天。

1943 年 2 月 20 日,何之瑜在重庆申家沟写了《独秀先生病逝始末记》,最后说:

> 墓道之修筑,先生入葬后,芟芜剔秽,竖碑砌道,莳花草、艺果树、敷布景物,差强人意,鼎山虎踞,几江龙蟠,岚光映耀,帆影出没,先生之灵,可以安矣。①

"几江龙蟠",指江津段的长江。

17 叶 落 归 根

父亲去世后,陈松年因经济困难,曾带了两张陈独秀生前写的扇面和几件古董,到重庆找包惠僧,想请他帮助卖一下,包惠僧因为没有门路,没有帮上忙。

1945 年 8 月 15 日日本投降后,流亡到重庆和江津的安徽人先后设法回家。一天,二哥邓仲纯对住在德感坝国立九中的三弟邓季宣说:"现在抗战胜利了,大家都复员回家,陈仲甫和我们一起逃难出来的,不幸他没看到抗战胜利就去世了。现在我们都回老家,不能让他一个人的尸骨留在四川。你到重庆找到赈济委员会委员长许世英,请他念及陈仲甫一生也是为国为民奔走呼号的人,由赈济委员会批一笔专款,雇一艘木船。"许世英是贵池人,1919 年孙中山营救陈独秀,就是和徐世昌总统的和谈代表许世英说的。许世英有家乡情节,当即同意批一笔专款,交邓季宣带到江津。

1946 年春,邓季宣和二哥邓仲纯两家都要回安徽家乡了。他们在江津雇了一艘木船,把陈独秀的棺材起出来装在船上,由陈松年押船,运往安

---

① 《陈独秀研究参考资料》第 1 辑,第 101 页,安庆市历史学会编,1981 年版。

庆。陈独秀的棺材什么时候运到安庆的,又是如何在安庆下葬的,邓季宣因不在安庆,就一概不知道了。①

另据史料,抗日战争胜利后,陈松年根据父亲的遗嘱,于 1947 年 6 月雇船,把父亲和祖母谢氏的遗骨从四川江津运回安庆,临时厝放在西门太平寺。

1947 年一个风和日丽的冬日,陈松年托人将父亲棺木由安庆西门太平寺移到北门叶家冲(现属十里铺乡,21 世纪初辟为陈独秀陵园)。陈松年雇人掘开母亲高晓岚之墓,将陈独秀棺木置于高氏棺木一侧,遂了母亲生不能同寝,死能合冢的遗愿。

新堆的坟茔比原来大一点,墓碑很小,正中刻着"先考陈公仲甫之墓"八个大字,右下方刻着"子延、乔、松、鹤年泣立"八个小字。根据当地风俗,女子妹和媳妇的名字,不上墓碑。

这个墓碑,在"文革"中一度丢失。陈松年 1980 年回忆说:

> 一九四七年,我把父亲的棺材,墓迁回到安庆北关,葬在现卫东公社林业大队(离市内二十里),有块墓碑"先考陈公仲甫之墓",现在已经没有碑了("文革"中林业大队种树毁了)。②

"文革"结束后,陈独秀的墓碑在附近的一户村民家的菜园子篱笆墙下找到了。因为没有墓碑,陈松年费了很大的事,才找到了父亲的坟包。

陈独秀去世后,三十四岁的潘兰珍,先在重庆一家农场做工。后与一个国民党下级军官结婚,不久这个男人也病故了。1946 年,潘兰珍带着陈独秀留下的部分稿费、文稿、字画和五个宋代古瓷碗等,重新回到上海,在浦东的一所小学做临时工(炊事员),与十八岁的养女潘凤仙相依

---

① 刘敬坤:《陈独秀流寓江津的前前后后》,《档案与史学》,2001 年 2 月。
② 王树棣等编:《陈独秀评论选编》下,第 323 页,河南人民出版社,1982 年版。

为命。

陈独秀安葬两年后,1949 年 10 月 30 日,潘兰珍因患子宫癌在上海一家医院去世,年仅四十二岁。

后 记

写一个人，必写一个人的晚年。此前，我写有关陈独秀的书，无不涉及其晚年。所不同的是，前者简约，并不展开，篇幅不允也。为此，我曾想写一部多卷本的陈独秀先生的书，使一书容量与其人分量相应，终因市场限制，未能遂愿。

去年冬季，忽得东方出版中心张爱民先生信函邀约，为纪念陈独秀诞辰一百三十周年、五四运动九十周年、建党九十周年，嘱我撰写一部陈独秀晚年的著作。这个想法与我上述念头契合，自然是乐此不疲了。

1994 年以来，我已写了八本陈独秀的书，如此不厌其烦地回到老课题，如同回到自留地种庄稼，比起开拓荒地，自然轻便；另一方面，虽是回到老地方，并非重烧一炉窑，而是重新堆柴，重新和泥，再烧一炉不同质、量的新窑。古人说，温故而知新。这种同一个井里汲油的方法，使我受惠无穷。它使我纵深探奇，曲中寻幽。许多从前没有留意的问题及没有消化的史料，得以融通。古人主张"十年磨一剑"，比较起来，吾人方法最笨，二十余年磨一人矣！

方法上，本书力求依时布行，兼顾经纬，并有幸得着了张爱民先生的鼓励。上大学时，我学的是哲学，走上写人物传记，半路出家，靠的是古寺青灯下"老和尚功夫教功夫"的钝法子。此法，无非是水中学游泳的法子。人在岸上，不长水性。感谢张先生和东方出版中心，给了我一次重新下池的机会。

陈独秀一生坎坷，个性鲜明。少年时代，祖父称他不是龙就是蛇；中年，胡适喻之为兔；壮年入狱，朋友调侃为大虫；晚年归老鹤山坪，章士钊喻之若鹤。至今，在许多人的眼里，他是一只大虫或一条小蛇。在另外一些人的眼里，他是一条龙。

对于一个思想家来说，太阳升起的时候，光芒四射，让人富于想象、憧憬；夕阳沉沦的时候，无声胜有声，让人深沉、生情。思想家的一生，晚年更珍贵。他一路走来，到了末端，聚集了无数从前的信息，于世界、社会和人生的思考，最为成熟。陈独秀发起了新文化运动、发起了中国共产党，早年辉煌，一度霞光万丈，世人瞩目。晚年，这一缕夕阳如何沉没？重温一下这位现代中国史诗般的人物归山心曲，或许，还能带来一点被埋没的思考。

对于每一个人来说，并非明天的太阳总会升起。在陈独秀先生的生涯中，1942 年 5 月 27 日傍晚的那一轮缓缓下沉的轮盘成为他生命中最后的太阳。而他本人的最后的岁月，如同那一轮夕阳的柔和、橘红以及对人世的眷念，永远定格在人们记忆的苍穹之中。

余生亦晚，与先生无同时之缘。陈先生去世十五年后，我有幸落地于他的家乡；二十六年后，得缘研究先生。时间飞快，于今又过去了一个二十六年。回首那一年的整个盛夏，吾人伏在三祖寺一位朋友即将拆迁的空房子里，嗅着窗外南瓜藤的草香，听着蝉和蟋蟀的嘶鸣，第一次恍恍惚惚写先生时的懵懂，真有不知天高地厚的糊涂和大胆。

光阴荏苒，其时如梦。

朱　洪

己丑年谷雨

图书在版编目（CIP）数据

陈独秀的最后岁月／朱洪著．—上海：东方出版中心，
2011.4

ISBN 978－7－5473－0319－1

Ⅰ．①陈…　Ⅱ．①朱…　Ⅲ．①陈独秀（1880～1942）－
生平事迹　Ⅳ．①K827－6

中国版本图书馆 CIP 数据核字（2011）第 051734 号

陈独秀的最后岁月

出版发行：东方出版中心
地　　址：上海市仙霞路 345 号
电　　话：021－62417400
邮政编码：200336
经　　销：全国新华书店
印　　刷：昆山亭林印刷有限责任公司
开　　本：710×1020 毫米　1/16
字　　数：240 千
印　　张：18.75
插　　页：2
印　　数：0,001—5,050
版　　次：2011 年 4 月第 1 版第 1 次印刷
ISBN　978－7－5473－0319－1
定　　价：38.00 元

稻